去唐朝

常华 著

To the
TANG DYNASTY

Poets
and the
Land of Living

诗人和人间世

Tang
Poems

GUANGXI NORMAL UNIVERSITY PRESS
广西师范大学出版社
·桂林·

去唐朝：诗人和人间世
QU TANGCHAO: SHIREN HE RENJIANSHI

图书在版编目（CIP）数据

去唐朝. 诗人和人间世 / 常华著. --桂林：广西师范大学出版社，2022.2
ISBN 978-7-5598-4421-7

Ⅰ. ①去… Ⅱ. ①常… Ⅲ. ①中国历史－唐代－通俗读物 Ⅳ. ①K242.09

中国版本图书馆 CIP 数据核字（2021）第 229510 号

广西师范大学出版社出版发行
（广西桂林市五里店路 9 号　邮政编码：541004）
　网址：http://www.bbtpress.com
出版人：黄轩庄
全国新华书店经销
广西民族印刷包装集团有限公司印刷
（南宁市高新区高新三路 1 号　邮政编码：530007）
开本：880 mm × 1 240 mm　1/32
印张：12.375　　字数：260 千
2022 年 2 月第 1 版　　2022 年 2 月第 1 次印刷
印数：0 001~8 000 册　定价：88.00 元

如发现印装质量问题，影响阅读，请与出版社发行部门联系调换。

序

摆在读者面前的近百万字的煌煌大作,其作者为高级记者、资深电视媒体人常华。常华曾出版《唐诗密码》《宋词密码》《诗词里的中国》(三卷本)等多部专著,多次举办过以"唐诗宋词里的中国"为题的公益讲座,是一位奔波于中古文史学界,勤恳耕耘有年,在国内颇有影响力的诗人、作家。

和常华认识相对较晚。记得2019年元月末收到常华发送的邮件,说是想加入中国唐史学会,介绍人是著名唐五代史专家、中国唐史学会会长杜文玉教授。从邮件中得知常华大学时就出版过《唐诗神韵》一书,后来专注于"以诗证史",开辟网络论坛专栏,和网友互动,拥有为数众多的读者,在网络新媒体领域极具影响。

当然,在此也应提及常华的家学渊源。他的父亲常万生教授毕业于东北师大历史系,出版有"亦文亦史"的《女皇武则天》《口蜜腹剑李林甫》等十余部著作,在学界形成自己独特的著作风格,深受读者的喜爱。常万生教授上世纪九十年代初加入中国唐史学会,我们在武则天学会及其他唐史学术研讨会上多有见面及交流,获益匪浅。

我本人喜欢学界同人的跨界研究，因其看问题的视角超乎寻常，论证思路也别出心裁，故往往有惊人的见解观点出现。就这样，常华成为中国唐史学会会员，我们不时通过微信互通消息。今年四月初，常华和我联系，并通过广西师范大学出版社编辑部寄来他的新作书稿，说是书稿准备出版，希望我审校稿件后能写一篇序。审校稿件，撰写序言，我当时感到有点为难。其一，本科、硕博生授课时间紧张，学会事务及其他杂事繁多，没有整块时间审阅书稿、撰写序言。其二，书稿以唐诗为主线素材，探讨唐代历史发展演变之规律，审视唐代文人的文化心理和精神轨迹、唐代民俗礼仪和世风流变，而我虽在以往的研习中对唐诗、唐代诗人行迹也有涉猎，但要说研究根本谈不上，所以存有顾虑。然而，常华打电话一再坚持，出版社编辑也耐心有加，我虽推辞再三但难能脱手，最后只好答应暑假抽时间先学习领会著作微言大义，再看能否完成如此命题作文。

暑假异常繁忙，带学生外出考察，出席学术会议，评审稿件，事情也一件接一件，直到七月末才有时间翻看常华的书稿。西安炎炎夏日，看着厚厚的书稿，虽有空调的吹拂，但仍然感到暑气升腾。不过，随着每日学习的深入，酷暑渐消，我也平静下来，逐渐领略到书稿字里行间的诸多新奇。如此，在看完书稿后，我愿意和读者朋友分享我的读书体会。

纵览全书，我认为本书有以下几个特点：

第一，全书分二卷：第一卷在讲唐史过程中穿插诸多唐人诗歌，以诗证史，颇多新意；第二卷从唐代诗人以诗作感应波诡云谲的时代风云，透视体察他们的宦海沉浮、人生旨趣，探讨唐代文人的文化心理和精神轨迹；第三卷从包罗万象百科全书式的唐诗中，找寻开放包容政策层面下大唐帝国多文化交融的现场密码，以及赋予帝国子民丰富多彩的礼仪风俗空间。通过上述三者的铺垫，作者力图展现历史兴衰中蕴含的诗韵、悲欢离合中富有的家国情怀，更有近三百年大唐芸芸众生的群体风尚，是一部区别于学界现有诸多唐史撰述的别样的唐史研究著作。

第二，众所周知，"以诗证史"为史学大家陈寅恪所首创，史学研究的新渠道由此肇启，为学界所敬仰和赞赏。区别于历史学者史料的旁征博引，本书作者以唐诗作为透视探讨唐代历史文化的得力抓手，发掘唐诗中特有的唐代政治、经济、军事、文化信息，追溯唐王朝的兴衰演变历程，寻觅值得我们今天借鉴的蛛丝马迹。如作者引用李世民《望送魏徵葬》《出猎》两首诗，阐述贞观之治开创者唐太宗李世民理政前后的差异，对帝国大厦形同天壤之别的影响；引用杜甫《忆昔》、李商隐《思贤顿》两首诗，反映唐玄宗不同时期的作为。

第三，全书的叙事风格也很有特点。因为作者专注于唐宋文学，不仅对唐诗发展演变历程颇多心得，而且对整个唐代历史多有爬梳，故而行文中以文学的语言阐述历史事件，用语也有别于一般的历史著作，读起来别具趣味和吸引力，有的章节用引人入胜来形容丝毫也不过分。同时，作者善于用优美并富含哲理的语言，分析历史事件涉及的人物心路历程，使读者对事件发展的前因后果有更深入的认识。

当然，由于笔者对以唐诗作为要件，探讨唐代丰富多彩的历史与社会涉及的问题了解有限，本书值得称颂的特点和价值绝非上述这些，其中挂一漏万可想而知，对此，敬请作者和读者谅解！另外，从上世纪末迄今，在唐都城长安、东都洛阳周边，以及其他唐人活动区域，考古工作者发掘清理了数以百计的唐人墓葬，唐人墓室壁画、志盖、志石、其他随葬品等考古资料不断出土面世。如果说能对本书提出一些建议或意见的话，笔者认为，作者可依据所述内容，在本书的某些章节穿插一些考古文物图片、地理分布图表，做到图文并茂，必然能够起到锦上添花的作用，增强论述的力度，有利于读者理解书中所论。

期待作者再接再厉，继续发掘唐诗中无穷无尽的闪光点，咏唱大唐开放包容编织出的繁荣昌盛，出版更多文史兼备的高质量著作，服务读者，造福社会。

拜根兴

2021年8月8日于西安南郊陋室

（作者系陕西师范大学东亚历史研究所、唐史研究所所长，中国史博士后流动站站长，教授，中国唐史学会秘书长）

自序：读着唐诗，重返唐朝

中国是泱泱诗国，而唐诗无疑是其中璀璨的瑰宝。中国人的思乡、怀旧、惜别、怀古、言志乃至悼亡，几乎都在唐诗里得到了淋漓尽致的呈现，更是我们无法超越的巅峰：张若虚的月亮被人们反复吟诵，如今，仍是张若虚的；王维的落日也始终是王维的，谁也没能越过公元八世纪的那道地平线；李白的金樽、杜甫的酒杯，直到今天，还在飘散着浓郁的酒香……当然，唐诗的意义又似乎远不止于此，它所蕴含的政治、经济、军事、文化、民俗等方方面面的信息，是我们取之不竭的矿脉。站在这条巨大的矿脉上，我们唯有俯下身去，认真地搜寻尘封千年的时间密码，走进无限深邃的历史秘境。

关于唐诗研究，前人之述备矣。面对这一巨大的文化宝藏，需要我们重新调整审视的目光，寻求不一样的挖掘角度，而这，也是我在研习唐诗的过程中努力坚持的东西。在缄默的卷册中寻找震撼，感悟文字背后的历史风云，你便真的会发现"沉舟侧畔千帆过，病树前头万木春"。

这部《去唐朝》，以三部曲的形式呈现，它们分别为《帝王和帝国事》《诗人和人间世》和《众生和烟火气》。

《帝王和帝国事》侧重审视唐朝政治格局的最初建构到最后崩塌。从唐高祖李渊晋阳起兵，到年仅十七岁的唐昭宣帝李柷被朱温鸩杀，这个在中国历史上走过近三百年的大帝国，经历了傲然定鼎的肇始，四海升平的盛世，硝烟四起的兵乱，风流云散的末日，最终成为夹藏在史籍里的风声。这样一个浩大的历史弈局，究竟有多少需要观照的细节？一些已成定论的历史细节，又真的那么可信吗？

《诗人和人间世》侧重审视唐代文人的文化心理和精神轨迹。中国文人的大悲喜、大起落，早已缝合进浩如烟海的唐诗中。从初唐到盛唐，从中唐到晚唐，每个时期的诗风有着怎样的不同？每个时期的代表诗人，又和波谲云诡的时代大背景产生了怎样的勾连？他们的宦海沉浮和生命意趣，又是如何走进了他们震古烁今的诗行？

《众生和烟火气》侧重审视唐代社会的民俗礼仪和世风流变。大唐，这个在公元七世纪到公元九世纪的世界版图上立于轴心位置的大帝国，曾是多元文化相互交融相互渗透的大容器。近三百年时间，在这个庞大的帝国之躯上，衍生传承了多少延续至今的民风民俗？生活在这个泱泱大国的子民，又以怎样的方式诠释了他们的存在？

好在有唐诗！好在我可以以唐诗为线索，以百万字的容量，搭建起"唐诗里的帝国"的样貌！唐朝的繁华决定了唐诗的繁华，而唐诗的繁华又记录下了唐朝的繁华。以唐诗为线索,走进唐朝的肇兴、全盛、动荡与衰没,以再发现的精神,审视大唐帝国的政治、经济、军事、文化,成为我写《去唐朝》的初衷。我想,读着唐诗,重返唐朝,也应是当今人们对一段历史风云、一种文化精神进行回溯的快捷方式!

我只是一位历史爱好者,专业的考据和研究自知力有不逮,但我更愿意亦文亦史、文史兼融地走进大唐三百年。循着唐诗的足迹,我愿意用历史随笔的方式,探寻王朝的沉浮起落,梳理史书的蛛丝马迹,表达自己的一孔之见。唐朝,唐诗,一个是历史,一个是文学,两条线索其实始终盘根错节,相伴相生,从来就不是两条平行线,而大历史没有边界,在诗歌与典籍中游弋,我愿乘不系之舟,享受书写的自由。

习近平总书记在2014年考察北京师范大学时,曾说他"很不希望把古代经典的诗词和散文从课本中去掉","应该把这些经典嵌在学生的脑子里,成为中华民族的文化基因"。生逢盛世,对经典的阅读与传承正在成为题中应有之义,而面对唐诗这座中国传统文化中令人仰止的高峰,我愿意虚心向学,日积跬步,攀登不止!

是为序。

常　华
戊戌初春

目 录

第一章 初 唐
柳叶开时任好风

王　绩：诗酒人生　003
杜审言：我本疏狂　014
王　勃：高悬阁顶的星斗　025
骆宾王：嬗变的生命意象　034
卢照邻：生兮生兮奈汝何?　044
杨　炯：不废江河万古流　055
陈子昂：孤独的斗士　064
上官仪：荣辱皆因文字　076
宋之问：文格与人格的背反　088

第二章　**盛　唐**
　　　　击剑酣歌当此时

　　张九龄："风度得如九龄否？"　105
　　李　白：月光里的骑士　117
　　杜　甫：沉落，也是上升　131
　　岑　参：策马突围　143
　　高　适：逆袭不怕晚　156
　　王　维：双面"诗佛"　168
　　孟浩然：仕隐两空　181
　　贺知章：杯里乾坤　194
　　王昌龄：冰心可鉴　205

第三章　**中　唐**
　　　　自古逢秋悲寂寥

　　韦应物：告别，在野渡无人处　219
　　刘禹锡：桃花之劫　231
　　柳宗元：寒江独钓　242
　　韩　愈：叩碎蓝关雪　254

白居易：醇厚的酒香　265

元　稹：情为何物　277

李　贺：被冻结的青春　289

贾　岛：当"推敲"成为惯性　301

孟　郊：苦闷的象征　312

第四章

晚　唐
山雨欲来风满楼

李商隐：虚负凌云万丈才　325

杜　牧：在桨声灯影中静坐　337

温庭筠：高傲的"枪手"　348

许　浑：日薄西山写挽歌　358

韦　庄：洛阳才子他乡老　368

跋　穿越唐朝，坐望喧嚣　378

第一章

初唐
柳叶开时任好风

中国唐诗浩浩荡荡，而作为这条文化长河的开端与肇始，更多的却是基于从汉魏六朝诗歌中延宕开来的涓涓细流。当它们流过大唐这个崭新的帝国，历经初唐诗人群体的融合与提纯、创新与变革，一条从宫廷台阁到山水田园、从边关冷月到喧嚣市井的近百年诗歌轨迹也随之形成，最终激荡成盛唐诗歌的澎湃湍流。那么，这个为唐诗奠基的诗人群体，面对柳叶新发、蓓蕾初绽的帝国早春，如何将他们或清绮艳丽或刚健雄浑的诗风变成闪烁的诗行？身处几代帝王的政治弈局之中，他们的生存背景和生命意趣，又呈现出怎样复杂而多元的走向？沿着唐诗的悠远长河回溯，让我们一起走近他们……

王绩：诗酒人生

回溯王绩的生命轨迹，我们发现，在这位初唐文人的身上，既有阮籍式的沉醉啸傲，又有陶渊明式的隐逸出尘，当然，也有着属于他自己的特有标签。在大唐肇建之初的文化走廊中行走，王绩留给我们的影像，是特立独行的放旷姿态，是狂简疏野的诗酒人生。

作为一个由隋入唐的文人，王绩被人们关注，更多地是因为他三仕三隐的经历。关于王绩的生平，新、旧《唐书》给我们勾勒的轨迹比较简单，有说他生于开皇五年（585），字无功，晚号东皋子，绛州龙门（今山西河津）人，是隋代著名学者王通的弟弟。隋大业中，应孝悌廉洁举，授秘书省正字，不久，便托病辞官，而后，又求得了扬州六合县丞这样一个外职。然而，这个官职他同样没有做上多久，很快，便从六合"夜遁"，返归故乡龙门，一直到唐王朝定鼎，才以前朝官的身份，待诏于门下省。此后，又做过一段时间的太乐丞，但这个差事王绩同样没有过多流连，很快便再次挂冠归田。这一次，他算是彻底成了一个隐士，再无出仕的经历，而是终日"葛巾联牛，躬耕东皋"，或"乘牛驾驴，出入郊郭，止宿酒店，动经岁月，往往题咏作诗"（吕才《〈东皋子集〉序》），贞观十八年（644），王绩病逝，终老于故乡。

这就是王绩在官方史籍中的一段简单履历，我们发现，王绩的三次入仕经历实在是微不足道，每次他履职的小官，也不过糊口而已，倒是他的三次归隐令人玩味：如果说第一次归隐乡野多少还有一些纠结，到了第二次归隐，就少了一些犹豫和彷徨，而到了第三次归隐，则已经是一种决绝的姿态，义无反顾的姿态。当三仕三隐的经历逐渐将王绩拽入一个遁世的闭环中以自守，我们很想知道，王绩之隐的背后推力究竟是什么？王绩之隐的思想脉络又是如何一步步延宕开来的？

事实上，王绩和中国文化中的这个特殊群体——隐士一样，并不是从一开始就要与林泉为伴；而那种在山涧与岩石的撞击声里悠闲地饮着酒下着棋，让酒香漫过指端让松涛拂过棋案的生命状态，也并非王绩从青年时代就向往的生命状态。家承儒学，八岁熟读《左氏春秋》，应该说，儒家的修齐治平经世致用思想，从生命的初始阶段就在王绩的思想深处打下了深深的烙印，而从他晚年写给友人的诗作中，我们也能感受到他当年那股兼济天下的少年豪气。"弱龄慕奇调，无事不兼修。望气登重阁，占星上小楼。明经思待诏，学剑觅封侯。"（《晚年叙志示翟处士》）在这样的诗行中行走，我们的眼前，呈现出的是一个胸怀凌云之志、博览群书、勤奋好学的学子形象。也正是怀抱着一腔"学剑觅封侯"的政治理想，隋开皇二十年（600），王绩便游历于京师，拜谒了隋代开国重臣杨素。据说当时杨府宾客满座,杨素见王绩是个孩子,遂不以为意,王绩道:"绩闻周公接贤,吐餐握发。明公若欲保崇荣贵,不宜倨见天下之士。"彼时,在座的大将贺若弼与王绩的哥哥王度是好友,便起身向杨素推荐王绩,杨素的态度这才有所转变,和王绩谈起文章时务。尽管未及弱冠,王绩面对眼前这位权倾朝野的重臣,却不卑不亢,"瞻对闲雅,辩论精新,一座愕然,目为神仙童子"。此后不久,王绩又干谒了当时的著名文学家薛道衡,在这位独领隋代文人风骚的前辈眼中,王绩的诗文堪比"建安七子"之首王粲和"梁之冠冕,启唐之先鞭"的庾信,评价相当之高。有了杨素和薛道衡这两位重量级人物作背书,初入京师的王绩相信,自己的仕途必定是一片光明。

然而,大业中的举孝廉除秘书省正字,并没有让信心满满的王绩高兴起来。在别人眼中,能授秘书省正字,绝对是一个难得的机会,以其诗书之才,应该是一个极好的晋身之阶,但在王绩看来,这样的一个卑微的小官,并不是自己的志向所在——要知道,王绩的志向是"明经思待诏,学剑觅封侯"!自恃有庾信之才的他面对这样一种才高命蹇的境地,当然难以接受,那么,这个以简傲疏狂著称的文人接下来又是怎么做的呢?史书的记载是,他"不乐在朝,辞疾,复授扬州六合丞"。这似乎是一件令人费解的事,一个秘书省正字,再怎么说也是一朝官,放着朝官不做称病辞职,反而请求担任扬州六合县一个小小的县丞,这不是离"觅封侯"的目标更远了吗?

其实,这种事未成功未立却引身而退的急遽变化,对于王绩而言，是再正常不过的。在中国文人的思想意识里，仕与隐更像一对相悖又相生的命题，熟读百家之书的文人渴望将自己的才学"货与帝王家"，但一朝不被帝王识，仕途的起点低过了自己的预期，归隐的心思便会萌生。身处隋末的动荡时代，面对官场的"物情争逐鹿""无处不营营"，王绩已经痛感到"赫赫王会，峨峨天府，谋猷所资，吉凶所聚"。再加之自己的才能在他看来并未得到真正的认可，于是潜藏于他骨子里的老庄之道便迅速挤占了上来。要知道，生于世代簪缨之家的王绩可并不是只读儒家经典，《老子》《庄子》《周易》这三玄之书，同样也是王绩的枕边书。就王绩而言，竹林名士的弃世绝俗、遗世高蹈一直就是其所追慕的风度，而当儒家的晋身之阶并不合自己的高远之志，王绩生命意识里追求隐逸的另一面自然会迅速主导他的行动。当然，这一次他隐得多少有些纠结，还是申请做了县丞这样的外官。在王绩看来，远离京畿，又不乏口体之养，正好落得个逍遥自在。

然而，恐怕连王绩都不会想到的是，这一次的"小隐"竟会是自己日后"大隐"的开始。在王绩的心中，始终住着两个真正的隐士：一个，是"竹林七贤"之一——阮籍；另一个，就是被誉为"古今隐逸诗人之宗"的东晋诗人陶渊明。正是这两个生命的标杆，让王绩的"小隐"逐渐成为"大隐"。由此，在隋唐交替之际，王绩的名字成为文人群体中淡泊功名不问世事的代名词。

王绩从阮籍那里收获的是生命的醉态。作为"建安七子"之一的阮瑀之子，阮籍少年时代便展示出了过人的文学天分，但生逢魏晋之交的动荡岁月，却让阮籍深陷内心的苦闷。心向曹魏政权的他既不愿投靠新兴的司马氏集团，又要保全性命于乱世，只能将酒作为逃遁世事、避害去祸的一道高墙。《世说新语·任诞》载："（阮籍）闻步兵厨中有酒三百石，忻然求为校尉。"而在《晋书·阮籍传》中则有一个故事与之相反："文帝初欲为武帝求婚于籍，籍醉六十日，不得言而止。钟会数以时事问之，欲因其可否而致之罪，皆以酣醉获免。"为了区区三百石酒，阮籍可以屈节接受一个校尉小官，而面对在许多人看来是莫大荣幸的皇帝的求婚，阮籍却如避瘟神，大醉六十日而不醒。这两个故事放在一起，看似不合情理，但恰恰是这样一种生存的悖论，让阮籍得以保全性命。酒，成为阮籍恃才傲物的前提，同时，酒，也让他和司马氏集团之间划开了一道拒绝弥合的鸿沟。烂醉如泥的阮籍，实际在保持着一份不入浊流的清醒。

受到阮籍的影响，颇好杯中物的王绩也进入了最深沉的醉态。话说王绩远离京畿赴任扬州六合县之后没过多久，便因"嗜酒不任事"而被弹劾，加之天下已经动乱，隋王朝已经处在一个巨大的火山口上，王绩遂解官去职。吕才在《〈东皋子集〉序》中这样描述了当时的情形：

> 君笃于酒德，颇妨职务，时天下乱，藩部法严，屡被勘劾。君叹曰："罗网高悬，去将安所。"遂出所受俸钱，积于县城门外，托以风疾，轻舟夜遁。

"罗网高悬，去将安所。"这是王绩离开六合县北归故乡时发出的一声感叹，而彼时的王绩并没有放下手中的杯盏。相反，回到家乡龙门之后，他更是终日处于酩酊大醉之中，常常是"昨日瓶始尽，今朝瓮即开"。他的酒量很大，但他的醉态却是自己有意为之，"但令千日醉，何惜两三春"；心情好的时候，他一定会痛饮，"春来日渐长，醉客喜年光"；心情郁闷的时候，他更是要一醉方休，"不如高枕枕，时取醉消愁"。当朦胧的醉意冲散了少年的豪情，王绩已经用酒为自己的隐居贴上了显著的标签。

当然，彼时在王绩的心中，"仕"与"隐"还在反复地交战。唐开国武德初年，王绩的身份又有了点变化——以前官待诏门下省。当隋王朝被新兴的唐王朝所取代，唐高祖李渊为了安抚天下，遂想出了这么个办法。其实所谓的"待诏门下省"不过就是一个空头承诺，没有任何实职。王绩之所以乐得享受这种"政治待遇"一直到贞观初年"以疾罢归"，历经十几年，其原因竟还是酒！据说按照他当时的资格，每日官给酒三升，其弟王静曾问他："待诏何乐邪？"他的回答竟是："良酝三升，差可恋耳！"侍中陈叔达听闻，便将王绩的供酒增至一斗，时称"斗酒学士"。到了后来，归乡隐居的王绩再次"出山"，依然还是奔着酒去的。他自请去担任一个太乐丞的闲职，尽管吏部认为不合品级没有同意，但他却执意前往，其原因竟是太乐史焦革家擅酿美酒，总能喝到好酒。后来焦革去世了，焦革的妻子还一直给王绩送酒。一年多以后，焦革的妻子也去世了，王绩不禁叹道："天不使我酣美酒邪？"遂弃官而去。

从入唐后王绩的这两次出仕经历，我们看到，王绩与阮籍狂狷的个性已经越来越趋于贴合：阮籍可以为了三百石酒，屈节赴任一个校尉小官,王绩同样也是因为酒,选择两次"入世":要么待诏门下省,要么任太乐丞,官职不高,品级卑微,但有美酒为伴,足矣!

阮籍生涯懒,嵇康意气疏。
相逢一醉饱,独坐数行书。
——王绩《田家三首(其一)》(节选)

在王绩的诗歌中,我们经常可以看到他对阮籍对嵇康这些隐逸之士的热情追慕。他推崇阮籍的"懒",在他看来,唯有"懒"方可消灾解忧;他羡慕嵇康的"疏",正是做到了"疏",才能把名利看淡。他效仿着阮籍,抗逆着礼教名法;又追随着阮籍,放纵于酒乡道学。由此,我们可以看到,在王绩存世的五十余首诗歌中,涉及酒的诗竟占了一半之多!不仅如此,王绩还循焦革家酿酒法为《酒经》一卷,兼采杜康、仪狄以后善于酿酒的人物编为《酒谱》一卷,并以酒濡墨,一挥而就完成了《醉乡记》《五斗先生传》等雄文,被太史令李淳风誉为"酒家之南、董"。

有五斗先生者,以酒德游于人间。有以酒请者,无贵贱皆往,往必醉,醉则不择地斯寝矣,醒则复起饮也。常一饮五斗,因以为号焉。先生绝思虑,寡言语,不知天下之有仁义厚薄也。忽焉而去,倏然而来。其动也天,其静也地,故万物不能萦心焉。尝言曰:"天下大抵可见矣。生何足养?而嵇康著论；途何为穷？而阮籍恸哭。故昏昏默默，圣人之所居也。"遂行其志，不知所如。

"五斗先生者，以酒德游于人间。"这个有着海量的五斗先生是谁？当王绩历经"仕"与"隐"的徘徊与反复，最终带着一身酒气透明而彻底地隐入醉乡，答案，已经不言自明。

如果说阮籍的醉态导引着王绩将饮酒作为全身避害远离纷争的方式，那么陶渊明悠然独步的田园意象，则成为王绩诗歌风格形成的重要皈依。王绩退隐归乡后，曾效陶渊明《归去来兮辞》中的"登东皋以舒啸"句，自号"东皋子"；而与陶渊明相似的经历及对"仕"与"隐"这两个此消彼长的文人命题的深刻领悟，更是让王绩独得陶渊明田园诗的精髓要义，以独树一帜的恬淡之风，成为继东晋陶令之后第一个状写田园诗的高手，以至于清代著名诗词评家贺裳曾云："诗之乱头粗服而好者，千载一渊明耳。乐天效之，便伤俚浅，惟王无功差得其仿佛。陶、王之称，余尝欲以东皋代辋川。辋川诚佳，太秀，多以绮思掩其朴趣。东皋潇洒落穆，不衫不履……"（《载酒园诗话又编》）贺裳对王绩田园诗的概括，十分精练地用了"潇洒落穆，不衫不履"八个字，那么，在这位初唐第一位状写田园生活的诗人的笔下，到底是一番怎样的"潇洒落穆，不衫不履"呢？

东皋薄暮望，徙倚欲何依。
树树皆秋色，山山唯落晖。

牧人驱犊返，猎马带禽归。

相顾无相识，长歌怀采薇。

——王绩《野望》

这首《野望》，堪称王绩田园诗的代表作。在这首诗中，我们看到的，是诗人回归田园的一份自适与从容。在自然朴素的白描和清新澹远的意境中，山原秋日黄昏的恬静画面已经跃然纸上。顺着平实的文字滑行，我们看不到刻意雕琢的痕迹，看不到极尽铺陈的浓墨重彩，尤其当"相顾无相识，长歌怀采薇"一句一出，更是将站在旷野之上的王绩一下子拉回到一千多年前的周朝，拉回到采薇而不食周粟的伯夷叔齐隐居的首阳山。我们知道，王绩之隐，已经是心无旁骛，化成诗行，注定是一眼淙淙作响的清泉。

当然，和清贫的陶渊明相比，家境殷实的王绩生活的境况显然要好得多。公元408年，一场大火将陶渊明的家焚毁一空，升腾的火舌成为那个寂静的小山村有史以来最壮观的焰火。就在这年冬天，在纷纷扬扬的大雪中，陶渊明带领全家在一艘破旧的船上开始了新的生活。河面早已结冰，风从四面直灌船舱，陶渊明左手焐着砚台，右手执一支秃笔继续他的歌吟。虽然在第二年，陶渊明在浔阳城外的外郭南村盖起了一座新的草庐，但艰苦的创作和生活环境并没有改变，有时甚至到外出乞食的境地。出身世族豪门的王绩似乎不存在衣食之忧。据《新唐书》记载，王绩归隐时在其家乡的河渚有田十六顷，颇称良沃，而且家中有奴婢数人，"种黍，春秋酿酒，养凫雁，莳药草自供"。王绩自己在其《北山赋》中谈到他的隐居生活时也说:"东陂余业,悠哉自宁。酒瓮多于步兵(阮籍),黍田广于彭泽(陶潜)。"可见,王绩的隐居要比陶渊明的隐居优渥,他不必躬耕,所做者唯诗唯酒。尽管如此,在初唐的文人群落里,王绩之隐还是出于不入俗流的初衷,而他的所谓富足,和许多锦衣玉食的在朝官员相比,当然更是判若云泥。王绩的归隐,应当说相对富足的家境给了他从容面对的底气,更多的,还是一份超尘拔俗的心态使然。

由此,王绩的田园诗必然在初唐文化圈形成一道清标孤傲的风景。"北场芸藿罢,东皋刈黍归",这是王绩眼中的农忙景象;"青溪归路直,乘月夜歌还",这是王绩眼中的田园夜色;"郊扉乘晓辟,山酝及年开",这是王绩眼中的春山酒肆;"入谷开斜道,横溪渡小船",这是王绩眼中的曲径通幽……陶渊明之后,世人多有习仿者,然终不可及其一二。王绩习陶而似陶,恰恰是因为他那颗在由仕而隐的过程中不断被荡涤冲刷的诗心。当他将心中的激情化为平缓流出的泉水,当他用最素面朝天的文字勾勒出生命的平淡与真实,我们发现,他已经将阮籍和陶渊明这两个生命的标杆彻底与自己的生命影像叠而为一,在此后的盛唐时期,他的名字,将成为山水田园诗派的诗人们景仰的新的标杆。

王绩者,有父母,无朋友,自为之字曰无功焉。人或问之,箕踞不对。盖以有道于己,无功于时也。不读书,自达理,不知荣辱,不计利害。起家以禄位,历数职而进一阶,才高位下,免责而已。天子不知,公卿不识,四十五十,而无闻焉。于是退归,以酒德游于乡里,往往卖卜,时时著书,行若无所之,坐若无所据。乡人未有达其意也。尝耕东皋,号东皋子,身死之日,自为铭焉。曰:

  有唐逸人,太原王绩。若顽若愚,似矫似激。院止三径,堂唯四壁。不知节制,焉有亲戚?以生为附赘悬疣,以死为决疣溃痈。无思无虑,何去何从?垄头刻石,马鬣裁封。哀哀孝子,空对长松。

这段文字,是王绩临终前亲笔给自己写下的墓志铭。当他归隐故乡,他已经给自己取字为"无功";而在生命的弥留之际,他对自己的人生总结则是"有道于己,无功于时"。这个王无功,经历了中国传统文人在"仕"与"隐"之间的徘徊与嬗变之后,最终,以"无功"的形象挟一卷诗文随风而逝,留给后人的,只有一个盘桓千古的人生命题:何为有功?何为无功?……

杜审言：我本疏狂

检阅初唐诗人方队，有一个诗人的名字是不容跳过的，他就是杜审言。说到杜审言，我们往往会脱口而出：瞧，那是诗圣杜甫的爷爷！没错，和诗圣杜甫比起来，杜审言也许并没有他的孙子那么光芒四射，在《全唐诗》中，留给我们的诗歌也不过四十余首，但我要说的是，在初唐近体诗定型的进程中，杜审言是一个重要的诗人，他的五言律诗，垂范后世。诚如明代学者胡应麟所言："唐初五律，必推杜审言为作者。"在这位文学批评家看来，如果要说到唐初五言律诗的定型与完成，当首推杜审言。生逢初唐这样一个大一统的时代，杜审言是五言律诗的开拓者，也是大气纵横的诗风的倡导者和践行者。而更需要一提的，是杜审言疏狂謇傲的性格。这种性格，贯穿他的宦海生涯，融入了他的诗歌意象，更催生和影响了一位中国诗歌史上伟大的诗人——杜甫。

杜审言的疏狂謇傲之气是渗透在骨子里的。他的世祖杜预，是西晋著名的政治家、军事家、学者，是灭吴统一战争的统帅之一，同时也因博学多通，著有《春秋左氏经传集解》等书，被时人誉为"杜武库";据说在明代以前,他还是唯一一个同时进入文庙和武庙的人,堪称文武全才。

秉承远祖的基因,杜审言也是聪敏多才,很早就进士登第,官拜隰城县尉。隰城位于今天的山西汾阳附近,在那里他供职了将近十年。尽管史书的相关记载不多,但他在诗歌里还是记录了他任隰城县尉时的一段"公出"经历:

> 北地春光晚,边城气候寒。
> 往来花不发,新旧雪仍残。
> 水作琴中听,山疑画里看。
> 自惊牵远役,艰险促征鞍。
>
> ——杜审言《行经岚州》

这首诗是杜审言最早的一首五言律诗,记录的是他在汾州隰城县尉任上前往邻州岚州公出的一段经历。"水作琴中听,山疑画里看",乍暖还寒的早春,在杜审言的笔下陡然有了生气,而"往来花不发,新旧雪仍残",更是被宋代诗人杨万里啧啧称赞。彼时的杜审言,虽是一个小小的县尉,但笔底的气象已是吞吐回合,蔚为壮观,而之所以如此,正是其不羁的才情使然。

杜审言的才情得到充分的释放,还是在出任洛阳县丞之后。在隰城做过几年县尉,杜审言又辗转赴江阴任职,不久即来到唐室东都洛阳。这是杜审言宦海生涯中的一次重要升迁,洛阳县丞直属天子脚下,自然是受到了重用。身处京畿,随着官阶的晋升,杜审言的朋友圈也更加多元。彼时，在朝中担任著作佐郎的崔融，成为杜审言的至交。"君王行出将，书记远从征。祖帐连河阙，军麾动洛城。旌旆朝朔气，笳吹夜边声。坐觉烟尘扫，秋风古北平。"这首诗，就是崔融等人随武三思从洛阳出师北征时杜审言的送别之作。随着杜审言在洛阳诗名日盛，在当时的初唐诗坛上，他除了和崔融交好，和李峤、苏味道也是文章相投，他们四人因才名早著，诗风相近，被时人称为"文章四友"。李峤"早孤，事母以孝闻。为儿童时，梦有神人遗之双笔，自是渐有学业"，"十五通五经，二十擢进士"。苏味道则"少与乡人李峤俱以文辞知名，时人谓之苏李"。"弱冠举本州进士"的崔融更是"应八科举擢第，东朝表疏，多成其手"。身居京畿要职，"文章四友"的诗歌难免多一些奉和应制之作，但四人之中，杜审言的才情还是要略高一筹，而也正因如此，杜审言才得了个疏狂謇傲的评价。

有一则逸闻流传颇广，说的是有一年苏味道为天官侍郎，杜审言作为洛阳县丞负责集录判词的工作。这一天在挥笔写就判词之后，杜审言一出门便嚷道："味道必死！"此语一出，左右皆惊，忙问其故，没想到杜审言给出的答复竟是："彼见吾判，且羞死！"杜审言的意思很清楚，他的判词写得精彩绝伦，苏味道看过，自愧弗如，当然就得找根绳子吊死了。

我们且不去考辨这则逸闻的真实性，单看杜审言率性而为的个性，他是有可能做出来的。当然，杜审言能如此口出狂言，也并不是没把比他官大好几级的苏味道放在眼里，恰恰是至交，才会把话说得如此通透！

杜审言与苏味道相交较早,早在唐高宗调露二年(680),苏味道应聘为吏部尚书裴行俭管记随其出征突厥时,杜审言就有诗相赠:

> 北地寒应苦,南庭戍未归。
> 边声乱羌笛,朔气卷戎衣。
> 雨雪关山暗,风霜草木稀。
> 胡兵战欲尽,汉卒尚重围。
> 云净妖星落,秋深塞马肥。
> 据鞍雄剑动,插笔羽书飞。
> 舆驾还京邑,朋游满帝畿。
> 方期来献凯,歌舞共春辉。
>
> ——杜审言《赠苏味道》

"边声乱羌笛,朔气卷戎衣。雨雪关山暗,风霜草木稀。"在对边塞的迁想中,我们能够感受到杜审言对即将远征的苏味道的殷殷关切之情。这种情谊,绝非泛泛之交,没有深厚的感情积淀,是万万不会渗透在字里行间的。

由此,我们再回头看前面的那则逸闻便会发现,杜审言的才情也许确实在苏味道之上,但好朋友本身就是不应设防的,开个玩笑,疏狂謇傲一番,又如何呢?

实际上,在朋友同僚面前口不择言,杜审言已经成了习惯。据说有一次同样是在一个公开的场合,杜审言对人说:"吾文章当得屈、宋作衙官，吾笔当得王羲之北面。"也就是说，他的文章就是擅写大赋的屈原、宋玉也要做他的部下，而他的书法就是王羲之也要向他拜师，成为他的学生。如此矜夸放诞，如果是熟悉的朋友，当然不以为意，但如果面对众人，总是这样狂放不羁，难免招人非议。

很快，杜审言便因自己的"不审言"吃了苦头。《旧唐书》载："（杜）累转洛阳丞，坐事贬授吉州司户参军。"从这段文字中我们可以看出，杜审言是在洛阳丞任上坐事被贬的。杜审言究竟犯了何事，被逐出洛阳远谪江西吉州呢？官方正史对此语焉不详，倒是杜审言的好友陈子昂在他的《送吉州杜司户审言序》中透露出一丝端倪：

……杜司户炳灵翰林，研几策府，有重名于天下，而独秀于朝端。徐、陈、应、刘，不得蹑其垒；何、王、沈、谢，适足靡其旗。而载笔下寮三十余载，秉不羁之操，物莫同尘；合绝唱之音，人皆寡和。群公爱祢衡之俊，留在京师；天子以桓谭之非，谪居外郡。

苍龙阁茂，扁舟入吴。告别千秋之亭，回棹五湖之曲。朝廷相送，驻旌盖于城隅；之子孤游，渺风帆于天际。白云自出，苍梧渐远。帝台半隐，坐隔丹霄；巴山一望，魂断渌水。于是邀白日，借青苹，追潇湘之游，寄洞庭之乐。吴觎楚舞，右琴左壶，将以缓燕客之心，慰越人之思。杜君乃挟琴起舞，抗首高歌："哀皓首而未遇，恐青春之蹉跎。且欲携幽兰，结芳桂，饮石泉以节味，咏商山以卒岁。返耕饵术，吾将老焉。"群公嘉之，赋诗以赠。凡四十五人，具题爵里。

在陈子昂的这篇序中，杜审言被比作了桓谭和祢衡：桓谭抗颜直谏，最后差点被汉光武帝斩首，而祢衡更是恃才傲物，最终被黄祖所杀。拿此二人作比，显然是陈子昂看到了狂放不羁的杜审言与他们的相通之处。也正因如此，杜审言才"载笔下寮三十余载，秉不羁之操，物莫同尘；合绝唱之音，人皆寡和"，以至于在某个场合因为直言不讳，最终触怒了女皇武则天，而"告别千秋之亭，回棹五湖之曲"。当然，即便放旷如此，杜审言仍然交了一些好朋友。当离京赶赴江西吉州的杜审言在洛水边登舟离岸，他自己也许都没有想到，送行者会达四十五人之多，他们纷纷赋诗赠答，场面令人动容。这些人中，有被他戏谑的苏味道，有官居要职的崔融，有为其鸣不平的陈子昂，还有很多亲朋故交。相信因为性格疏狂而遭贬的杜审言在顺江而下的过程中，应当感到欣慰，毕竟他仅仅是因为疏狂而暂时跌入了宦海的波谷，却并未因自己的疏狂而在自己的朋友圈中减分。

然而，到了人地两生的吉州，杜审言的疏狂却让他付出了惨痛的代价。在刘肃的《大唐新语·卷五》中，说到杜审言"自洛阳丞贬吉州司户，又与群僚不叶。司马周季重与员外司户郭若讷共构之，审言系狱，将因事杀之。审言子并，……密怀刃以刺季重。季重中刃而死，并亦见害。……审言由是免官，归东都"。从这段文字中，我们知道，矜诞放旷的杜审言到了吉州之后，尽管是被贬之身，但并未削减锐气，依然狂放不羁，而吉州这个陌生的官场生态，当然容不得杜审言这样的异类，杜审言与群僚的不和，自然可想而知。积怨一久，杜审言的麻烦也就来了，吉州司马周季重和员外司户郭若讷决定给这个"不识时务"的落魄京官点儿颜色看，他们很快就找了个罪名，将杜审言抓进了监狱，准备杀掉他。可就在这个时候，一桩血案发生了！杜审言的小儿子杜并，自父亲入狱后，便"盐酱俱断，形积于毁，口无所言"，在沉默中酝酿着爆发的力量。不久，密怀利刃的杜并便出现在周季重的一次盛大家宴之中，就在众人推杯换盏之际，杜并掏出利刃向周季重连捅数刀，自己也随之被兵士所杀。身负重伤的周季重在生命垂危时才意识到他激怒文人的后果，"吾不知审言有孝子，郭若讷误我至此！"在发出这声叹息不久，周季重便一命呜呼。

这件事在朝野震动很大，女皇武则天为孝子救父所感，再加之杜审言本亦无罪，所谓罪名，不过是罗织之词，因此特赦其出狱归京，回到洛阳。在洛阳宫中，武则天亲自召见了这位被儿子营救的父亲，"甚加叹异"，准备拔擢任用。她问杜审言道："卿欢喜否？"杜审言感激涕零，并作了一首《欢喜诗》以谢皇恩，武则天随即加封其为著作佐郎，不久又任命其为膳部员外郎。

在《全唐诗》中，杜审言的这首《欢喜诗》不知何故未录一字，但我们完全可以想见当时杜审言在朝堂上的表情：他一面要强颜欢笑，毕竟这是自己生命中的一次转机，从鬼门关到朝廷命官，因言获罪的他戏剧性地迎来了一次逆转，当然要对女皇浩荡的皇恩三拜九叩；但同时，他的心头又在滴血，他的爱子为了他，死于乱刀之下,尽管自己逃出生天,重入魏阙,但一个十几岁的生命却再也无法复生,身为人父,怎不痛心!

经此一劫,杜审言心底的那份疏狂被暂时压抑了下来,重返武周朝的权心中心,让他在放旷的天性之下,尽量寻找着与官场生态的妥协。然而,随着中宗李显复位,他的妥协便成为亲近武周政权的证据,和苏味道、李峤等一批文学精英一起,新皇帝登基之日,便是他们整体被政治放逐之时。这一次,他被贬到更偏远的岭南峰州。

迟日园林悲昔游,今春花鸟作边愁。
独怜京国人南窜,不似湘江水北流。

——杜审言《渡湘江》

这首《渡湘江》,是杜审言南下途中经过湘江时所作。看到滔滔江水与他逆向而行,杜审言不禁悲从中来,在"水北流"与"人南窜"的对比中,他的心情也跌落到了极点。好在杜审言驻留峰州的时间并不长,一年之后,在友人的周旋下,他得以重返东都,回京担任国子监主簿。经历两次贬谪的杜审言,终老于修文馆直学士任上。一个入世的狂人,在疏狂一生后,最终成为初唐的一抔黄土。

而杜审言的疏狂个性,却在文字中得以永存。如果说生活中的杜审言好发矜诞之语,那么体现在他的诗歌中,则是雄浑阔大的意象,奇峻险峭的诗思。"涨海积稽天,群山高崒地。……乍将云岛极,还与星河次",这是杜审言笔下的壮观山海;"万寻挂鹤巢,千丈垂猿臂""石门千仞断,迸水落遥空",这是杜审言笔下的悬崖飞瀑;"北斗挂城边,南山倚殿前。云标金阙迥,树杪玉堂悬",这是杜审言笔下的浩大皇城……这些宏大的意象之所以能在杜审言的诗歌中层出不穷,正是因为其保留了一份诗人最难得的孤高气性。有此孤高的气性在,就不会落入宫廷诗空洞无物的窠臼;有此孤高的气性在,就会物我两忘,即便在人生最失意的时刻,也会找到让心灵栖居的方式。

旅客三秋至,层城四望开。
楚山横地出,汉水接天回。
冠盖非新里,章华即旧台。
习池风景异,归路满尘埃。

——杜审言《登襄阳城》

这首《登襄阳城》,是杜审言在贬谪途中所作。"楚山横地出,汉水接天回",在一路南下的过程中,我们看到的,是楚山汉水所涵摄的诗人的胸襟。这种雄浑遒劲的气势,不仅提升了初唐诗歌的美学格调,更成为盛唐诗歌意气风发的先声。而在杜审言诗中所体现的整饬谨严、对仗精工的娴熟技艺,更是让其在七绝、七律、五律、排律之间任意行走,游刃有余,从而打开了初唐诗歌恢宏博大的气象,直接推动了唐诗的历史演进。王夫之曾对杜审言的诗歌贡献评价极高,在他看来,近体诗"梁陈已有,至杜审言而始叶于度"。

如果说杜审言在近体诗走向成熟的进程中树起了一根高大的标杆，那么，对于他的孙子杜甫而言，则更是树起了一个可以效法追慕的偶像。杜甫曾言："吾祖曾冠古""诗是吾家事"。如果说在政治上杜甫将他的远祖杜预当作了奋斗的目标，那么在诗歌创作上，他的祖父杜审言就是最值得炫耀的偶像。杜甫从其祖父身上传承下来的，是对格律的严谨入微。翻阅杜甫的诗作，我们可以发现，五言排律占了全部诗作的十分之一，而其在句式、气韵等诸多方面的精耕细作，无不与杜审言一脉相承。杜甫曾在《八哀诗》中借诗人李邕之口评其祖父诗作："例及吾家诗，旷怀扫氛翳。慷慨嗣真作，咨嗟玉山桂。钟律俨高悬，鲲鲸喷迢递。"毫不隐晦地夸赞祖父诗歌中"旷怀""慷慨"的风格，更不讳言自己在审美情趣上追比祖父。诚如杨万里在《杜必简诗集·序》中所云：

> 必简之师，其竟已甚，又有少陵以为之孙……无是孙，有是祖，予犹畏之，况逢是祖挟是孙乎？……
>
> "鸟无世凤，兽无种麟"……今观必简之诗……若"风光新柳报，宴赏落花催"，即"星霜玄鸟变，身世白驹催"之句也。予不知祖孙之相似其有意乎，抑亦偶然乎？

对杜甫推崇之至、曾云"一卷杜诗揉欲烂"的杨万里，在研习杜诗的同时，也注意到了杜审言对杜甫的深度影响。事实上，杜审言对杜甫的影响不仅体现在对格律的精准把控上，更是体现在将其疏狂放旷的性格以博大雄浑的意象为载体的传承和延续上。早年的杜甫也曾自称"狂夫","饮酒视八极,俗物多茫茫"。在他的诗歌中,也充斥着与祖父极其相似的大意象:杜审言写"乍将云岛极,还与星河次",杜甫便道"星垂平野阔,月涌大江流";杜审言写"楚山横地出,汉水接天回",杜甫便有"吴楚东南坼,乾坤日夜浮"。毫无疑问,杜审言已经将家族的基因深深地渗入了杜甫的骨髓之中。当杜审言不流于俗的个性和对格律气韵一丝不苟的精神以血脉相传的形式走进他的孙子杜甫的诗歌之中,杜甫成为"诗圣"便不是偶然,成为中国诗歌史上创作律诗的顶尖高手,便不是偶然!

史载,杜审言病重之时,宋之问、武平一等人曾去看望他,他对二人说:"甚为造化小儿相苦,尚何言!然吾在,久压公等。今且死,固大慰。但恨不见替人耳。"这段话大意是说:"我受尽了造化小儿的苦,还有什么可说的!不过我活着,老是让你们出不了头。如今我快死了,只是遗憾找不到接替我的人呀!"我们很难想象,宋之问等人听罢杜审言在弥留之际说出的这番话会有何想法,但这就是杜审言,直到生命最后一刻,依然保持着疏狂骞傲舍我其谁之气。在初唐的诗苑里,杜审言是个认真的诗家,更是个率真的狂客!

王勃：高悬阁顶的星斗

翻越中国文化的峰峦，我们会看到三座高标崚嶒的楼阁，它们就是湖北的黄鹤楼、湖南的岳阳楼和江西的滕王阁。明人唐枢在比较黄鹤楼和岳阳楼时说："岳阳楼胜景，黄鹤楼胜制。"而坐落在赣江边的滕王阁，高耸入云，翘脊飞檐，背城临江，可以说兼具了岳阳楼之"景"和黄鹤楼之"制"，名列此江南三大名楼之首。在沧桑的岁月中，滕王阁像一把时间的标尺，更像一枚历史的书签。

滕王阁的兴建要追溯到初唐，其所以得名，是因为它的修建者就是唐太宗的弟弟滕王李元婴。唐永徽四年（653），这位"骄纵失度""狎昵厮养"的风流王爷，因其声名狼藉，被朝廷贬为苏州刺史，不久又迁洪州都督（当时的洪州都督府就设在江西南昌）。史载滕王李元婴到南昌后，终日花天酒地，宴饮笙歌，很快，就在赣江边上建起了这座雕梁画栋的滕王阁。当然，李元婴营造滕王阁的目的，"不过骋游观、供宴赏已尔"（《江西通志》）。迎着清冽的江风，听着浮躁的佩玉鸣鸾之声，远眺西山的群峰叠翠，这位被称为"画蝶始祖"的王爷,带给滕王阁的,不过是一派纸醉金迷的颓靡之风。夹在大唐帝国鳞次栉比气势恢弘的楼阁台榭之中,彼时的滕王阁,不过是一处王公贵族的宴乐之所,并无任何特别之处。

滕王阁真正名动天下,还是因为"初唐四杰"之一王勃的到来。这位早慧的诗人,出身诗书世家:祖父王通,是隋代著名学者,主张尊王道,推霸道,曾受隋文帝召见,隋炀帝弑父夺位,他辞官不就,以孔子暮年尼山讲学自比,从事教育,潜心著述;叔祖父王绩,更是不入俗流的隐士,他的山水田园诗独步初唐,纵酒狂歌的个性更是延续了魏晋风骨;父亲王福畤,用杨炯的话说则是"绝六艺以成能,兼百行而为德",自是文采斐然。生于这样一个书香世家,王勃的博涉群书少年早慧便只有让人称羡的份儿了。据说他六岁即能为文,九岁读颜师古《汉书注》,遂作《指瑕》十卷,直指其误,到了十岁,已经能包综六经,学贯古今,"时师百年之学,旬日兼之;昔人千载之机,立谈可见。居难则易,在塞咸通;于术无所滞,于词无所假"。如果说渊博的学识和敏感的天资还只是王勃作为一个神童需要具备的素质,那么独到的政治见解则让人们对这个倜傥少年更是另眼相看。据说在王勃十五岁时,适逢太常伯刘祥道巡行关内,王勃给刘祥道上了一封长达数千言的信笺,内中直指朝廷连年扩边之弊。他说:"伏见辽阳未靖,大军频进,有识寒心,群黎破胆。昔明王之制国也,自近而至远,先仁而后罚。征实则效存,徇名则功浅。是以农疏千里,仅逾重石之乡;禹截九州,不叙流沙之境。岂才不及而智有遗哉?

将以辨离方而存正功也。虽至人无外，甲兵曜天子之威；王事有征，金鼓发将军之气。而长城在界，秦汉所以失全昌；巨海横流，天地所以限殊俗。辟土数千里，无益神封；勒兵十八万，空疲帝卒。"进而他又毫不客气地提出："百战方雄，中国鲜终年之乐。图得而不图失，知利而不知害。移手足之病，戒心腹之疾。征税屈于东西，威信蹇于表里。"一个未及弱冠的少年，对时势的观察竟能做到如此洞若观火，鞭辟入里，引得刘祥道啧啧连声，称其为"神童"。王勃也确实不负天资，在乾封元年（666）应幽素科举，对策及第，得授朝散郎，不久，又被沛王李贤征为侍读。彼时，矗立在赣江边上的滕王阁还沉浸在一片莺歌燕舞之中，这座高耸的木质构建在遥远的江西，只是和一个醉生梦死的老王爷发生着联系，而身处长安在极具储君竞争力的小王李贤身边认真做着"章怀注"的王勃，怎么也不会想到，自己会和滕王阁绑定在一起。

>城阙辅三秦，风烟望五津。
>与君离别意，同是宦游人。
>海内存知己，天涯若比邻。
>无为在歧路，儿女共沾巾。
>——王勃《送杜少府之任蜀州》

这首诗是王勃在长安为送别一个将要去四川赴任的友人而作，这个友人的名字已不可考，但内中所饱含的友情，千载而下仍令人动容。"海内存知己，天涯若比邻。"当王勃将这两句后来脍炙人口的名句酬送友人，他心中的气象是宏阔而高远的。他在祝福友人，同时也在激励自己。他相信，凭借自己的才学，一定会在才子如林的京师长安开拓出一片天地来。

然而，连王勃自己都没有想到，就在写过这首诗不久，他也离开长安，前往巴山蜀水，而离开长安的原因，竟是自己的一篇游嬉文章！彼时宫中诸王喜好斗鸡之戏，王勃假托沛王李贤的口吻声讨英王之鸡，洋洋洒洒写就了一篇《檄英王鸡》，结果高宗看罢，勃然震怒，认为王勃是在挑拨诸王子的关系，遂将其逐出了沛王府。此前还信心满满的王勃，在长安一下子失去了青云之梯，心中的郁闷可想而知，不久，就离开了长安，开始了漂泊之旅。也许是需要明山秀水来排遣落寞，也许是需要朋友的真情慰藉，他选择了巴山蜀水。在这片钟灵毓秀之地，他前后漂泊了三年，过的尽是"途穷仗友生"的日子，而这段时期也成为他创作的高峰期。迎着万壑松风，听着啾啾鸟鸣，王勃将江曲孤凫、明月溪流统统摄入了笔端，杨炯曾赞其道："西南洪笔，咸出其词。每有一文，海内惊瞻。"

巴蜀胜迹激荡着诗人的灵感，但诗人恃才傲物的个性却将他的生命轨迹一步步地推向江西，推向滕王阁。大约咸亨三年（672），王勃补了个虢州参军之职。在那里，他我行我素，始终不改诗人率性，为僚吏共嫉，不到两年，就被人告发私藏了一个名叫曹达的犯罪的官奴，见官府追索紧急怕受连累，遂擅自将其杀死。事发后，王勃获罪当诛，最终因改元大赦被免职释放，而其父王福畤亦受牵连，由雍州司马参军被贬往距长安数千里的交趾（今越南河内附近)。这段在史书中被一带而过的记载，对于王勃而言无疑是一次生命的劫数，但对于以沉歌醉舞为标签的滕王阁而言，却即将迎来一次改头换面的机遇，因为，它的新"主人"，就要来了！

唐高宗李治上元二年（675），王勃出发了。此行，把孝亲之道视为人生至德的王勃要去交趾探望因自己罹祸而牵连被贬的父亲，一路南下，不久就到了江西南昌。彼时，适逢洪州都督阎公九九重阳为滕王阁重修竣工设宴而被邀入席。阎都督原命女婿宿构文章，欲夸其才，席间遂以笔遍请宾客，均莫敢为。不料笔传到了王勃那里，王勃却沉然不辞，挥笔而就。阎公大怒，拂衣而起，并命下吏伺其下笔。"第一报云：'豫章故郡，洪都新府。'公曰：'亦老生常谈。'又报云：'星分翼轸，地接衡庐。'公闻之，沉吟不语。又云：'落霞与孤鹜齐飞，秋水共长天一色。'公矍然而起曰：'此真天才，当垂不朽矣。'遂亟请宴所，极欢而罢。"（五代·王定保《唐摭言》）

自此，巍峨壮观的滕王阁，便与这位天才诗人的名字紧紧地联系在一起。洋洋洒洒七百余字的《滕王阁序》，让滕王阁高耸大江之滨的同时，陡然拥有了一个高不可及的文化海拔；而才华横溢的王勃，则因为这篇序，高踞阁顶，成为滕王阁空前绝后的隐形主人。"渔舟唱晚，响穷彭蠡之滨；雁阵惊寒，声断衡阳之浦。"在飘逸洒脱的骈词丽句中行进，我们可以感受到一个青年诗人飞扬的才情，而"老当益壮""穷且益坚""东隅已逝，桑榆非晚"这些浑然天成的词语早已成为脍炙人口的王勃"专利"。当然，在这篇光彩夺目的序后，下面的这首诗同样精彩：

  滕王高阁临江渚，佩玉鸣鸾罢歌舞。
  画栋朝飞南浦云，珠帘暮卷西山雨。
  闲云潭影日悠悠，物换星移几度秋。
  阁中帝子今何在？槛外长江空自流。

——王勃《滕王阁》

"闲云潭影日悠悠，物换星移几度秋。"如果说序让滕王阁的名字迅速火遍大江南北，那么王勃这首留给滕王阁的诗则有如囊中之锥，突破了初唐宫廷诗的禁锢，在滕王阁上高扬起一个诗人的旗帜！

至此，重建滕王阁的地气，就这样交给了一个赶路的书生。附庸风雅的人们，以诗歌的名义推杯换盏，真正的诗人却在捕捉着时间的影像。当设宴的主人终于撤去杯盏，高声朗读书生的诗行，滕王阁，已经属于一个叫王勃的少年！

在才惊四座声震江西之后，王勃又继续南下了，崔嵬的滕王阁渐渐被他抛在了身后。这一次他日夜兼程，步履匆匆，没有再多的心思看光景，他要急于赶赴交趾看望被贬往蛮荒之地的老父。"今大人上延国谴，远宰边邑，出三江而浮五湖，越东瓯而渡南海。嗟乎！此皆勃之罪也，无所逃于天地之间矣。"（《上百里昌言疏》）当王勃心怀负疚一路南下，他不会想到，自己的探父之旅，竟是生命的消亡之旅！关于王勃卒年，史家莫衷一是，《旧唐书》说他死时仅二十八岁，《新唐书》说他死于二十九岁，有人说他死于中途，也有人说他是在和父亲共度春节之后，死于北归路上。历史总是给我们留了太多的谜团，我们姑且不去纠缠其中，但是不论采用哪种说法，我们已经知道，才华横溢的王勃已注定不能再回归故乡。而让王勃堕水而卒的那片浩瀚的南海，显然不是这位初唐天才的灵魂栖居之地。虽英年早逝，其在诗赋序论启表书赞等多领域的卓然不群，仍丝毫没有削减生命的厚度。高耸的滕王阁，奔涌的赣江水，已经将王勃的名字树立成了一个无法企及的标杆。而那位纵情声色的滕王李元婴更不会想到，当年那座轻薄浮艳的歌台会成为中国文化中一个耀眼的符号，"且一阁之遗，见崇于今昔者如此，彼滕王何其幸欤"（元·虞集《重建滕王阁记》）。显然，滕王李元婴是幸运的，人们因为一篇序一首诗而记住了他的封号。

"滕王高阁江干，佩玉鸣鸾，歌舞阑珊。画栋朱帘，朝云暮雨，南浦西山。"（《蟾宫曲·环滁秀列诸峰》）这是元代曲家庾天锡在将王勃的文字化入自己的歌吟。事实上，自从唐初那位洪州阎都督设宴之后，滕王阁就已经不再是一座简单的木质构建，一处浮华的宴乐之所。随着《滕王阁序》及诗的风行，这座碧瓦丹柱的建筑已经成为一处收纳中国文人心灵的驿站，韩愈、杜牧、欧阳修、王安石、苏轼、辛弃疾等一大批诗文大家都曾经在滕王阁挥毫泼墨。他们举觞吟诗，激扬文字，留下了大量名篇佳作。江西这文章节义之地，久而久之，也逐渐形成了以滕王阁为轴心的诗文创作,由"偶成""应制"渐渐发展为群登雅集。据说明代傅朝佑、舒日敬等二十二人还成立了"滕王阁社",在此登阁讲学,酬答唱和。一座耸峙在赣江之滨的建筑,由此积聚了丰厚的人文财富和清雅的文人风骨。

事实上,千年以来,滕王阁始终在进行着物质与精神的双重构建,历代的文人们延续了滕王阁的精神气脉,而滕王阁本身也经历了大大小小近三十次的废兴。在一次次兵燹战火之后,人们总会收拾起破碎焦黑的瓦砾,在原址上重新建立起一座新的滕王阁,尤其宋代大观二年(1108),滕王阁的修建堪称富丽堂皇,被时人称为"历代滕王阁之冠"。在这座宏伟壮观的新的滕王阁竣工之日,时任龙图阁大学士的范致虚曾欣然作《重建滕王阁记》道:阁"崇三十有八尺,广旧基四十尺,增高十之一。南北因城以为庑,夹以二亭;南溯大江之雄曰'压江',北擅西山之秀曰'挹翠'"。从这段文字我们可以看出,这座重建于宋代大观二年的滕王阁,阁基不仅比唐阁增高了,东西长度扩大了,南北延伸了,而且还增设了两座亭子,从而使滕王阁不再是一座单体建筑,而是成为宏伟壮观的建筑群。

"自到江湖来,外人咨不休。倘非子安序,此阁成荒陬。"(清·尚镕诗)一座楼阁,为何能引来那么多的文人骚客?历经岁月的风刀霜剑,又为何能屡废屡建,始终屹立不倒?答案不言自明,人们为滕王阁添的每一块砖,加的每一片瓦,其实远不是在简单地重建一座楼,而是在重建王勃带给滕王阁的文人气性。当辉煌的琉璃瓦对应着滚滚而逝的赣江水,当一次次重建彻底消磨掉王族的符号,登阁雅集的人们便不再关注华丽的蝶变和矫情的舞蹈,而是开始呼吸弥漫阁中的书香,找寻那颗坠入江中的星斗。是的,所有的响佩鸣鸾都是过眼烟云,真正能在滕王阁上留下印记的,永远是力透纸背的文字和超拔放旷的才情。

骆宾王：嬗变的生命意象

从充满激情的引吭高歌到一声声刺破长空的嘶鸣，骆宾王的生命轨迹太像是由鹅向蝉的嬗变了。

鹅，鹅，鹅，曲项向天歌。
白毛浮绿水，红掌拨清波。

——骆宾王《咏鹅》

这首出自七岁孩童的诗歌，就像一只不灭的灯盏，让整个《全唐诗》为之一亮。总角垂髫的骆宾王站在故乡的池塘边，用朗朗童声为后世的人们勾勒出一轴恬淡安逸的山村画卷：一群白鹅在碧水中纵情嬉戏，红色的脚蹼拨动水面，荡起层层涟漪，它们快乐的叫声成为村庄里最动听的交响。天才儿童的诗句是被包裹着的柳絮，只消风一吹，就会四散飘开。而这种吟咏的无意识有时却可以转变为生命的自觉，为诗歌而生的骆宾王在自编的童谣中已经将鹅作为自己成长的影子。

抱着这样一种像鹅那样引吭高歌的想法,骆宾王意气风发踌躇满志地上路了。他来到孔子的故乡齐鲁,在那里,他"负笈从师,趋庭奉训"(清·陈熙晋《续补唐书骆侍御传》),很快成为"九流百氏,颇总辑其异端;万卷五车,亦研精其奥旨"的风流才子。而他的才华也很快被当时的道王李元庆发现,在这位刺史的手下,骆宾王安心做起一名府属。尽管品级低下,但骆宾王对自己却颇有信心。"且知无玉馔,谁肯逐金丸",在骆宾王看来,做一名府属只是暂时的,自己的才能不会止于此,将来应该有更好的经世致用的机会。

然而,骆宾王始终也没有迎来让自己激情澎湃畅快高歌的那一天。离开李元庆幕府,骆宾王曾先后做过奉礼郎、东台详正学士、长安县主簿、侍御史、临海丞等官职,虽然官职换了不少,但官阶却始终得不到晋升——在唐朝九品三十阶的官制中,奉礼郎列第二十九位,东台详正学士也只是负责校理一些图籍旧书。而随着咸亨元年(670)骆宾王因事被贬,这位少年时代就以引吭高歌的白鹅为生命意象的早慧诗人,已经不得不远离政治中心,奔赴西域从军。伫立在漫天黄沙和浩瀚的戈壁滩前,骆宾王,还会找到童年的那方池塘吗?

在骆宾王这一时期的诗作中行进,我们发现,一种悄然的嬗变已经开始。我们都知道,唐代边塞诗形成一股浩大的声势是在盛唐,一个岑参,一个高适,就把边塞的驼铃和烽火、落日与孤星推向了极致,但可能很少有人知道,早在他们之前,骆宾王已经用自己沉整雄浑的诗行,开启了大唐边塞诗的先声。

平生一顾重，意气溢三军。

野日分戈影，天星合剑文。

弓弦抱汉月，马足践胡尘。

不求生入塞，唯当死报君。

——骆宾王《从军行》

这首大开大合的《从军行》，堪称骆宾王边塞诗的代表作。彼时的唐帝国刚刚建立五十余年，边塞并不太平，驻防边塞的将帅需要招揽一些文人进入幕府，一为起草文书，出谋划策，二也是为枯燥的边关生活填充一点吟风弄月的亮色；而对于崇尚任侠精神、渴望建功立业的初唐文人而言，出走边塞，在朔漠黄沙中留下自己的名字，远比在书斋中皓首穷经、寻章摘句要强。正是在这样一种背景下，骆宾王仕途中的这次被贬从军的经历，与其说是一个生命的劫数，不如说是再次触发自己斗志的触点。踩在这个触点上，时年已经五十二岁的骆宾王没有放弃自己的政治追求："不求生入塞，唯当死报君。"在边塞的实战中，当年那个笑傲一方池塘的少年，其实在心中仍旧给自己保留着一块精神的绿洲，他希望自己的慷慨从戎能斩获边功，重新开辟一条实现政治理想的通道。

正是基于这样的初衷，我们看到的，是骆宾王开阔的空间视野和深沉的家国情怀。"投笔怀班业，临戎想顾勋"，这是骆宾王在追慕投笔从戎的班超，表达立功绝域的志向；"勒功思比宪，决略暗欺陈",这是骆宾王在缅想勒石燕然山的汉将窦宪和解平城之围的刘邦谋臣陈平;"泄井怀边将,寻源重汉臣",这是骆宾王在讴歌率兵驻守疏勒城的耿恭和凿空西域的张骞……在初唐的政坛和文坛,汉朝是一个被人们无上崇敬的意象。在干旱缺水的西部边陲,骆宾王显然将汉王朝的文臣武将,作为了自己精神遨游的一方水塘;徜徉于波光粼粼的宏阔水面,骆宾王已经把自己幻化成引吭高歌的白鹅。尽管四周充满了急促的刁斗之声,苍凉的胡笳之声,但这些驳杂的声音是无法压过水塘中那群白鹅的奏鸣曲的。循着这支激昂高蹈的奏鸣曲,骆宾王独守着自己的精神世界,一路劈波斩浪,他相信,他人生的壮歌一定会在不远的前方。

然而,回看骆宾王的生命历程,从军并未给骆宾王带来实质的荣耀,相反,是一段蹉跎的岁月。在西域,骆宾王一待就是三年。按照下级军官两年一换的规定,许多人已经返回长安,而骆宾王却迟迟得不到返回的命令。更让他感到悲怆的,是他并没有像窦宪那样勒石以还。当"献凯多惭霍,论封几谢班""风尘催白首、岁月损红颜"成为一声声失落的叹息,他最初从军时的那份雄心已经开始消隐。此后,随着他又奔赴西南边庭姚州,继而从军巴蜀,骆宾王一直想引吭高歌的喉咙最终被满眼荆棘的前路遮挡得透不过气来。这位胸怀万壑的诗人心中那只圣洁的白鹅开始变得模糊起来。

心中固守的意象模糊暗淡了,新的意象就会来填补位置。仪凤三年(678)冬,骆宾王含冤入狱。陈熙晋《续补唐书骆侍御传》是这样解释其入狱原因的:"时高宗不君,政由武氏,骆宾王数上章疏讽谏，为当时所忌，诬以赃，下狱久繫。"从这段语焉不详的记载看，骆宾王应当是不满武则天干政，直言上疏，最终被安了个罪名投进了监狱。当微弱的光拉长一个诗人的背影，我们能够想象骆宾王手撼栏杆顿首哀呼的巨大失落，那是心中激昂高蹈的意象被彻底击碎后的失落，那是怀才不遇的生命被忽视被冷落直至被囚禁的失落！

西陆蝉声唱，南冠客思侵。
那堪玄鬓影，来对白头吟。
露重飞难进，风多响易沉。
无人信高洁，谁为表予心。

——骆宾王《在狱咏蝉》

"无人信高洁，谁为表予心。"当远眺的目光被遮蔽，昔日的诗歌少年再也无法从幽暗的四壁中寻找到生活的激情与诗意，那只率性而歌的白鹅已经从自己人生的画卷中游走，倒是窗外一声声尖利的蝉鸣如钢针一般扎进耳鼓。这是生命中怎样的戏谑和嘲弄啊！

加入徐敬业反武周政权的洪流，应当看作是骆宾王生命意象的彻底嬗变。仪凤四年（679）六月，骆宾王在历经半年的牢狱之灾后，因改元调露而遇赦出狱。尽管这段被羁押的日子并不是很长，但走出监牢的骆宾王已经没有当年的心气。就在这年冬天，他北赴幽燕，加入了正与突厥作战的裴行俭的幕府。又是朔风凛冽，又是雪大如席，但从骆宾王这首著名的《于易水送人》中，我们感受的已经不是一腔报国的豪情，而是壮志难酬的苍凉。

此地别燕丹，壮士发冲冠。
昔时人已没，今日水犹寒。
——骆宾王《于易水送人》

当黑沉沉的翳影覆盖住自己对一个王朝最后的希望，骆宾王"怏怏失志，弃官而去"。他回到了江南故土，客居于扬州。瘦西湖的长堤春柳石壁流淙映射于骆宾王的眼帘，而在诗人的耳畔，一声声刺耳的蝉鸣却再也挥之不去。就在这个当口，一个叫徐敬业的落魄官员走进了骆宾王的视野。这个徐敬业来头不小，有着显赫的家世，是大唐开国元勋被赐以国姓的李勣之孙。李勣不仅为唐王朝的肇建立下过赫赫战功，更在武则天的立后问题上因站对了队伍而赢得唐高宗和武则天的垂青。生于贵胄之家，徐敬业口体无忧，在仕途上更是顺风顺水。早在少年时他就随祖父征战，颇得勇名；及长，承祖上荫庇，更是历太仆少卿，袭封英国公。按理说，拥有这般荣宠与煊赫的徐敬业是断然不会与沉居下僚的骆宾王有什么交集的，然而，随着李勣的病逝，徐敬业的人生轨迹也开始发生偏离。任眉州刺史的徐敬业坐事被贬柳州司马，没有了祖父这座靠山，他只能徒唤奈何。为了散心，他来到了东南形胜的扬州，不想在这里遇到了心怀郁气的骆宾王。本不是一个层面的两个人，彼时迎着瘦西湖喝下几杯闷酒，却找到了共同的话题，一个是落魄的名臣之后，一个是壮志难抒却屡遭贬窜的下僚，而他们切齿痛恨的人却是相同的，那就是专权的武则天！公元684年，武则天先是废了中宗李显，继而又架空了睿宗李旦，开始了她的"圣衷独断"。就在朝堂一片噤若寒蝉的寂静中，千里之外的扬州已经在悄然酝酿着一场风暴。彼时，徐敬业和骆宾王早已"同仇敌忾"，随着徐敬猷、唐之奇、杜求仁等人的陆续加盟，他们更是认为时机已经成熟，于是以恢复中宗帝号为号召，迅速聚集了十几万兵马。一时间，"扬州兵变"，成为一群郁闷落魄之人爆发的火山口！

一身戎装的骆宾王此时无疑是兴奋的。当年从军西域时，戎装在身的骆宾王也曾经意气风发，但和当年"不求生入塞，唯当死报君"的豪情截然不同的是，此番再次披挂上马，已经准备了一把射向京师的箭镞！而更能看出骆宾王的决绝的，是一篇濡笔马上的战斗檄文。身为徐敬业军中的艺文令，骆宾王再也不是当年那个站在故乡的池塘边唱着童谣心怀梦想的孩子，取而代之的是一个战士，一个将手中的健笔作为投枪的战士！

伪临朝武氏者，性非和顺，地实寒微。昔充太宗下陈，曾以更衣入侍。洎乎晚节，秽乱春宫。潜隐先帝之私，阴图后房之嬖。入门见嫉，蛾眉不肯让人；掩袖工谗，狐媚偏能惑主。践元后于翚翟，陷吾君于聚麀。加以虺蜴为心，豺狼成性，近狎邪僻，残害忠良，杀姊屠兄，弑君鸩母。人神之所同嫉，天地之所不容。犹复包藏祸心，窥窃神器。君之爱子，幽之于别宫；贼之宗盟，委之以重任。呜呼！霍子孟之不作，朱虚侯之已亡。燕啄皇孙，知汉祚之将尽；龙漦帝后，识夏庭之遽衰。

敬业，皇唐旧臣，公侯冢子，奉先君之成业，荷本朝之厚恩。宋微子之兴悲，良有以也；袁君山之流涕，岂徒然哉！是用气愤风云，志安社稷。因天下之失望，顺宇内之推心，爰举义旗，以清妖孽。南连百越，北尽三河，铁骑成群，玉轴相接。海陵红粟，仓储之积靡穷；江浦黄旗，匡复之功何远？班声动而北风起，剑气冲而南斗平。喑呜则山岳崩颓，叱咤则风云变色。以此制敌，何敌不摧？以此图功，何功不克！

公等或居汉地，或叶周亲，或膺重寄于话言，或受顾命于宣室。言犹在耳，忠岂忘心？一抔之土未干，六尺之孤何托？倘能转祸为福，送往事居，共立勤王之勋，无废大君之命，凡诸爵赏，同指山河。若其眷恋穷城，徘徊歧路，坐昧先几之兆，必贻后至之诛。请看今日之域中，竟是谁家之天下！

"班声动而北风起，剑气冲而南斗平。喑呜则山岳崩颓，叱咤则风云变色。以此制敌，何敌不摧？以此图功，何功不克。"（《讨武曌檄》）这篇辞采斐然的檄文，是骆宾王代徐敬业写就，口吻也是徐敬业的口吻，但充溢于字里行间的，却满是一个不甘寂寞的书生的悲愤。这种悲愤，随着其像雪片一样撒向大唐的各大州郡，人们看到的，已经是一个初唐文人生命意象的坍塌与嬗变！

当《讨武曌檄》以豪气冲天的骈体文淬炼成锋利的长戟，最终射向神都洛阳的时候，武则天，这位中国历史上最强悍的女人留给历史的，是一脸的微笑，尤其是当她听到"一抔之土未干，六尺之孤何托？"这句时，竟全然忘了地位之尊，击节叫起好来！在武则天看来，辞采飞扬的骆宾王就应当是她朝堂中的一员，而并非一个代人执笔的乱臣！骆宾王当年被囚禁下狱一事，对武则天而言实在微不足道，她根本想不起曾经关押过一个心怀梦想的读书人，相反她倒十分诧异：这个骆宾王为什么会对自己有着如此的刻骨之仇？他的才情为什么不能成为武周朝一道炫丽的风景？当然，这个不露声色的女人并没有表现出过多的叹惋之情，在命人将檄文小心地收起后，她的心已经再次坚硬如铁：檄文可以收藏，但扬州兵变的所有主谋，必须一个不留，悉数斩杀！

据传，徐敬业起事兵败后，骆宾王便不知所终。关于他的下落，世间流传两种版本。有人说，他是沉江而死：徐敬业、徐敬猷兵败后，慌不择路乘了一艘大船远遁，中途被其部将所杀，而同在船上的骆宾王则情急投江，最终葬身鱼腹。也有人说，他落发为僧，皈依了佛门。据传中宗复辟后，身为武后一党的宋之问赴任贬所的中途，经过杭州，夜宿灵隐寺，得诗两句："鹫岭郁岧峣，龙宫锁寂寥。"然而再接下句，却苦思不得，就在此时，寺中一老僧从容对曰："楼观沧海日，门对浙江潮。"令宋之问惊叹不已。及次日清晨，他再去拜谒这位老僧，老僧已不知所终。一问寺中沙弥，宋之问才惊讶地得知，原来这位口吐锦绣的老僧，正是起事失败后遁入空门的骆宾王！

一位在初唐诗史上匆匆走过的诗人，就这样给后世留下了扑朔迷离的生命结局和莫衷一是的聚讼纷争。实际上，就我本心而言，我更愿意相信骆宾王是落水而死——这个最早在水中捕捉到生命意象的诗歌天才，最后的人生归宿应当还是水。寺院的蝉声太过凄凉，还是水面上那"鹅，鹅，鹅"的叫声来得动听。

卢照邻：生兮生兮奈汝何？

"初唐四杰"中，卢照邻年龄最长，比骆宾王大两岁，比王勃、杨炯大出将近二十岁。同样，卢照邻的命运也是四人中最悲苦的。杨炯卒于任上，一生还算比较顺利；骆宾王因后期卷入政治旋涡，最后不知所终；王勃溺水受惊而死。他们三人要么曾受重用，要么经历了生命的短痛。唯有卢照邻，仕途不达，病苦一生，最后不堪其痛，自投颍水。正如明代张燮所云："古今文士奇穷，未有如卢升之（卢照邻字升之）之甚者。夫其仕宦不达，则亦已耳。沉疴永痼，无复聊赖，至自投鱼腹中，古来膏肓，无此死法也。"

卢照邻的生命轨迹并不是一开始就预设了悲凉的调子。生于幽州范阳的卢照邻少年聪颖，同时又广搜博求，遍访名师，《旧唐书》载其"年十余岁，就曹宪、王义方授《苍》《雅》及经史，博学善属文"。曹宪是隋末唐初的文字学家，王义方也是武则天时期的名士，师从二位名儒，卢照邻的文学底蕴更加厚实。身处初唐这样一个"徭役不兴，年谷丰稔，百姓安乐"的时代，大批读书人的热情也被充分调动起来，他们积极用世，渴望功名。在这样一种开放而包容的社会氛围中，少年倜傥的卢照邻从走出故乡的那一刻起，就怀抱了兼济天下的理想。

典签，是卢照邻仕途生涯的第一个官职。这是一个从八品下掌管文书的小官，在大唐的官僚体系中，自然是不起眼也不入流的，但卢照邻所跟随的上司却很有来头。他叫李元裕，是唐高祖李渊第十七子，贞观十一年（637）由郐王改封邓王，高宗时任寿州、襄州刺史。从寿州开始，卢照邻就进了邓王府，此后李元裕游宦襄州、兖州，卢照邻也一直跟随在侧。对于自己身边的这位典签，邓王李元裕评价极高，曾当着群官的面夸赞卢照邻说："此即寡人之相如也！"引为布衣之交。在自己步入仕途的初始，有这样一位重视自己的王爷，让卢照邻顿感前途光明。

然而，让人意想不到的是，在几年之后，卢照邻便黯然离开了邓王府，转而去四川成都附近的新都当了一个小小的县尉。这个官阶是九品上，比原来的典签还低。卢照邻和邓王之间到底发生了什么，历史没有记载，但从卢照邻在邓王府数年官阶始终不过是沉居下僚的典签来看，这个看似把卢照邻当作司马相如的邓王，并没有给卢照邻什么可以寄望的未来。卢照邻的出走，既是负气而走，也是为了彻底清零，重新开始。

羁留蜀中的卢照邻度过的是一段苦乐相掺的时光。由于性气孤傲，他曾"有横事被拘，为群小所使，将致之深议"，后来幸得"友人救护得免"。这段小波折曾一度让卢照邻心情黯然，从下面这首《狱中学骚体》即可见一斑：

> 夫何秋夜之无情兮，皎晶悠悠而太长。
> 圉户杳其幽邃兮，愁人披此严霜。
> 见河汉之西落，闻鸿雁之南翔。
> 山有桂兮桂有芳，心思君兮君不将。
> 忧与忧兮相积，欢与欢兮两忘。
> 风袅袅兮木纷纷，凋绿叶兮吹白云。
> 寸步千里兮不相闻，思公子兮日将曛。
> 林已暮兮鸟群飞，重门掩兮人径稀。
> 万族皆有所托兮，蹇独淹留而不归。
>
> ——卢照邻《狱中学骚体》

当然，心情沮丧的卢照邻也有阳光明媚的日子，和王勃的相逢，便是卢照邻蜀中生活一段难忘的记忆。才气纵横的王勃因一篇《檄英王鸡》被高宗赶出沛王府后，便漫游到了蜀中。历史好像有意要让这两位初唐的才子有一次生命的碰撞，卢照邻尽管比王勃大出二十多岁，但相同的志趣，孤高的才情，让他们成了可以纵论诗酒的挚友。在这段时间，他们一起游历了蜀中名胜玄武山，在水滨的游宴中，相互唱和，畅享"曲水流觞"之乐。文人的友谊其实很简单，他们的才情一定是要相等的，在相互仰慕的前提下，他们即便喝的是浊酒，也可痛饮千钟。

在蜀中的日子，卢照邻收获了友情，也收获了爱情。徜徉于灵秀的巴山蜀水，卢照邻和一位美丽的郭姓女子走到了一起。郭氏温婉端庄，卢照邻才华横溢，这对才子佳人从相遇的那一刻起，便暗订终身，双双沉浸在爱情的潮水之中。仕途黯淡的卢照邻觉得，有爱情在，有友情在，也还算有一些生命的亮色在。

然而，厄运袭来的时候，还是让卢照邻猝不及防。大约在咸亨二年（671），卢照邻在和郭氏盟过重誓之后，离开蜀中，重返长安。此次回到长安，他和王勃、杨炯、骆宾王等人一起去参加了吏部的典选。然而此行并不顺利，他们的诗文遭到了时任吏部侍郎裴行俭的讥评，心情更加郁闷。可偏偏在这时，卢照邻又突染风疾，这种病症，主要表现为身体枯瘦、四肢麻痹、五官歪斜、肌肉痉挛。患病后的卢照邻遂回到父母栖居的太白山麓，一隐士送他一剂玄明膏，服下之后，病痛稍缓。然而因为家里经济窘迫，无法长期购买上好的丹砂，无奈之下，只得选取一些颜色光洁的马牙作替代品，这样一来，病情不但没有好转，反而更加严重了。此间卢照邻又逢父丧，心情哀伤，"每一号哭，涕泗中皆药气流出"。可怜卢照邻，还没有得到施展抱负的机会，就已经僵卧病榻，"形枯槁以崎嶬，足联踡以缁鳌。……骸骨半死，血气中绝，四支萎堕，五官欹缺"（卢照邻《五悲文·悲穷通》）。当肉体的折磨变成了一声声无助的哀叹，太白山，已经愁云密布，不见晴岚。

当然，此时强烈的求生欲望，还是让卢照邻不甘心就这样弃绝人世，他想尽了一切办法，找到了药王孙思邈，特拜这位彼时已九十高龄的老先生为师。孙思邈对卢照邻的遭遇也非常同情，一方面，他对卢照邻进行积极的心理疏导，劝他说："形体有可愈之疾，天地有可消之灾"；另一方面，则对症下药，一丝不苟。在孙思邈的精心治疗下，卢照邻的病情一度有了好转。然而，这样的时间并未持续太长，不久，孙思邈便离开了太白山，失去系统治疗的卢照邻再次被病魔的阴影笼罩。

如果说难以忍受的病痛折磨着诗人的肉体，那么，当精神的痛楚一起叠加上来，便将卢照邻推向了死亡的边缘。僵卧病榻之上，卢照邻曾颤抖着写过一篇《与洛阳名流朝士乞药直书》，托人遍呈朝中名士。在病痛的折磨下，转而求仙问道的卢照邻越来越离不开丹砂，但丹砂价值不菲，一两就须两千文，这对于家贫如洗的卢照邻来说，自然是捉襟见肘。在此情况下，生性孤傲的卢照邻不得不卑躬屈膝，向洛阳的名流们开口乞药。他说自己"三四年羸卧苦嗽，以至于不免"，"若诸君子家有好妙砂，能以见及，最为第一"，在文章的末尾，卢照邻更是发出了哀切的求助，说如果名流们没有丹砂可赠，"各乞一二两药直，是庶几也"。当一个心高气傲的诗人已经被迫动用自己的文采，向上流社会发出一封近乎行乞的求助信，卢照邻的精神世界已经变得昏暗起来。

然而，接下来的事实却让卢照邻陷入深深的痛苦之中。随着这封信在洛阳广为抄送，一些无耻文人的声音也变得尖锐刺耳起来。他们不但没有对满腹才情的卢照邻施以援手，反而落井下石，指责他的这封求乞信有"朋党"之嫌。万般无奈之下，卢照邻不得不再书一封，为自己辩解："下官抱疹东山，不干时事，借人唱和，何损于朋党！"当这声辩解和自己残损的手足一样，变得无力而无助，卢照邻长歌当哭，涕泗横流。

更将卢照邻拽入精神苦闷的，是来自亲朋的误解。

迢迢芊路望芝田，眇眇函关恨蜀川。
归云已落涪江外，还雁应过洛水瀍。
洛水傍连帝城侧，帝宅层甍垂凤翼。
铜驼路上柳千条，金谷园中花几色。
柳叶园花处处新，洛阳桃李应芳春。
妾向双流窥石镜，君住三川守玉人。
此时离别那堪道，此日空床对芳沼。
芳沼徒游比目鱼，幽径还生拔心草。
流风回雪傥便娟，骥子鱼文实可怜。
掷果河阳君有分，货酒成都妾亦然。
莫言贫贱无人重，莫言富贵应须种。
绿珠犹得石崇怜，飞燕曾经汉皇宠。
良人何处醉纵横，直如循默守空名。
倒提新缣成慊慊，翻将故剑作平平。
离前吉梦成兰兆，别后啼痕上竹生。
别日分明相约束，已取宜家成诫勖。
当时拟弄掌中珠，岂谓先摧庭际玉。
悲鸣五里无人问，肠断三声谁为续。
思君欲上望夫台，端居懒听将雏曲。
沉沉落日向山低，檐前归燕并头栖。
抱膝当窗看夕兔，侧耳空房听晓鸡。
舞蝶临阶只自舞，啼鸟逢人亦助啼。
独坐伤孤枕，春来悲更甚。

> 峨眉山上月如眉，濯锦江中霞似锦。
> 锦字回文欲赠君，剑壁层峰自纠纷。
> 平江森森分清浦，长路悠悠间白云。
> 也知京洛多佳丽，也知山岫遥亏蔽。
> 无那短封即疏索，不在长情守期契。
> 传闻织女对牵牛，相望重河隔浅流。
> 谁分迢迢经两岁，谁能脉脉待三秋。
> 情知唾井终无理，情知覆水也难收。
> 不复下山能借问，更向卢家字莫愁。
> ——骆宾王《艳情代郭氏答卢照邻》

这首《艳情代郭氏答卢照邻》，是卢照邻的朋友骆宾王所作。卢照邻自出蜀赴京后便音讯皆无，让身在成都的郭氏以为他已背弃当年的盟誓，移情别恋，另有新欢。恰巧彼时骆宾王也在成都逗留，郭氏遂请骆宾王代笔，写一首充满哀怨的"声讨书"。辞采斐然的骆宾王听罢郭氏的哭诉，也是义愤填膺，很快就挥笔写下了这首长诗。"离前吉梦成兰兆，别后啼痕上竹生。别日分明相约束，已取宜家成诫勖"，他用郭氏的口吻，提醒卢照邻记住当初的誓言；"当时拟弄掌中珠，岂谓先摧庭际玉。悲鸣五里无人问，肠断三声谁为续"，他更是用郭氏的泪水，站在道德的制高点上，直指卢照邻的背信弃义，始乱终弃。身为爱侣的郭氏和身为朋友的骆宾王哪里知道，他们所指责和唾弃的"负心人"，彼时正经历着难以忍受的病痛折磨。在漫漶的历史字缝中，我们已经很难给出卢照邻为何出蜀数年不和郭氏鸿雁传书的理由，但我们似乎又可以替这个"背上黑锅"的病才子说上一句公道话：他也许不想让郭氏受累于自己的孱弱之躯，与其让心爱的女人分担自己的痛苦，不如让自己独自承受！而当我们走进卢照邻在病中完成的游仙诗《怀仙引》，我们便会发现，一身才气却病入膏肓的卢照邻在自感失去了爱的权力的时候，已经将美丽的郭氏变成了一个住在深山幽谷御风而行风姿绰约的女神！

> 若有人兮山之曲，驾青虬兮乘白鹿，往从之游愿心足。
> 披涧户，访岩轩，石濑潺湲横石径，松萝幂䍥掩松门。
> 下空濛而无鸟，上巉岩而有猿。怀飞阁，度飞梁。
> 休余马于幽谷，挂余冠于夕阳。
> 曲复曲兮烟庄邃，行复行兮天路长。
> 修途杳其未半，飞雨忽以茫茫。
> 山块轧，磴连蹇。攀旧壁而无据，溯泥溪而不前。
> 向无情之白日，窃有恨于皇天。
> 回行遵故道，通川遍流潦。
> 回首望群峰，白云正溶溶。
> 珠为阙兮玉为楼，青云盖兮紫霜裘。
> 天长地久时相忆，千龄万代一来游。
>
> ——卢照邻《怀仙引》

死神的威胁，精神的苦闷，注定要指向悲切的文字。在卢照邻留存不多的诗文中，我们发现，他的文字的分水岭，正是以四十几岁染上风疾为界。"长安大道连狭斜，青牛白马七香车。玉辇纵横过主第，金鞭络绎向侯家。""得成比目何辞死，愿作鸳鸯不羡仙。比目鸳鸯真可羡，双去双来君不见？"（《长安古意》）"刘生气不平，抱剑欲专征。报恩为豪侠，死难在横行。翠羽装剑鞘，黄金饰马缨。但令一顾重，不吝百身轻。"（《刘生》）这些极尽铺排的诗句，曾经是风华正茂的卢照邻内心激荡的写照。那时的他，为文充满了壮大昂扬的气势，建功立业的理想更是融入字里行间。然而，自中年罹病之后，卢照邻诗文中便满是灰暗的调子，在《病梨树赋》中，他写道："尔生何为？零丁若斯。无轮桷之可用，无栋梁之可施。……尔其高才数仞，围仅盈尺，修干罕双，枯条每只，叶病多紫，花凋少白。夕鸟怨其巢危，秋蝉悲其翳窄。"他以病树自喻，慨叹命运的不公。"唯有庄周解爱鸣，复道郊哥重奇色。惆怅惊思悲未已，裴回自怜中罔极。传闻有鸟集朝阳，讵胜仙凫迩帝乡。云间海上应鸣舞，远得鸥弦犹独抚。"他以失群之雁作比，渲染着自己的孤独寂寞。有学者统计，在卢照邻患上风疾之后，他的诗文中，除了常用野径、荒池、断云、蓑草这些灰暗的意象，"哭""泣""哀""悲""穷""空""冷""寒""死"等字眼更是有着极高的使用频率。我们可以理解这位才子的悲苦心境，处于国运昌明的初唐时代，本是可以求取功名经世济用的大好时机，可偏偏造化弄人，让自己成为僵卧病榻的废人，当这种肉体与精神的苦闷一起压向一个胸怀理想的诗人，真正能够承受的，能有几人？卢照邻在他的《释疾文·序》曾写他"宛转匡床，婆娑小室。未攀偃蹇桂，一臂连踳；不学邯郸步，两足匍匐。寸步千里，咫尺山河"。可见病势之重，已入沉疴。正因如此，卢照邻著名的《五悲文》才以常人无法经历的人生体验炸裂而出。当《悲才难》《悲穷通》《悲昔游》《悲今日》《悲人生》构成卢照邻将近十年的悲凉轨迹，我们只能说，肉体与精神的磨难让卢照邻体验到了生命的钻心之痛，但他留给我们的文字也因此变得更加厚重而苍凉！

> 岁将暮兮欢不再，时已晚兮忧来多。
> 东郊绝此麒麟笔，西山秘此凤凰柯。
> 死去死去今如此，生兮生兮奈汝何。
> 岁去忧来兮东流水，地久天长兮人共死。
> 明镜羞窥兮向十年，骏马停驱兮几千里。
> 麟兮凤兮，自古吞恨无已。
> 茨山有薇兮颍水有漪，夷为柏兮秋有实。
> 叔为柳兮春向飞。倏尔而笑，泛沧浪兮不归。
>
> ——卢照邻《释疾文·三歌》

这是卢照邻留给世间的最后的文字。在这篇声声泣血的《释疾文》中，卢照邻给自己作出了这样的文学评价："名余以照邻兮，字余以升之。……入陈适卫，百舍不厌其栖遑……下笔则烟飞云动，落纸则鸾回凤惊。"然而，"有才无时"的他也正是在写过这篇长文之后，拖着自己残缺的病体，一点点匍匐到了屋舍附近的颍水之畔。晚年的卢照邻据说曾在屋舍附近"预为墓，偃卧其中"，可见死亡对他已是预演多次之事，但让他的家人没有想到的是，卢照邻最终告别尘世的方式，却是从家门到颖水之滨留下了一道长长的血印，直至汇入奔涌的浪涛。也许，这位以屈原为精神偶像并于文字中不断仿习离骚体的诗人，在自己生命结局的安排上也要效仿投江自溺的屈原。虽然一介寒衣的卢照邻没有屈原三闾大夫那样光鲜的履历，但生命的才情与悲情却是共通的，他们，本应属于水，融入水，在水汽氤氲中，变成万古不废的潮声……

杨炯：不废江河万古流

身为"初唐四杰"之一，杨炯是最晚去世的，一生的际遇和王勃、卢照邻、骆宾王相比，也算比较平顺，然而，历史加在他身上的误读也是最深的。

人们对他的误读首先体现在文名上。明代竟陵派的钟惺在其撰写的《唐诗归》中曾云："王杨卢骆，偶然同时有此称耳。……王森秀，非三子可比。卢稍优于骆，杨寥寥数作，又不能佳，何其称焉？"在现代学者游国恩先生主编的《中国文学史》中，认为杨炯"成就也最低"。其实，如果从留存下来的诗作看，杨炯和王勃、卢照邻、骆宾王相比，确实不多。马端临《文献通考》记载，杨炯"集本三十卷，今多亡逸"。皇甫汸在《杨盈川集序》中说："杨集……后止二十卷，皆无存焉……童氏子鸣耽书籍……伐山而采群玉，披沙以检碎金，共得诗赋四十二首，序表碑铭志状杂文二十九首，勒为十卷。保残守阙，存十于千……"因为杨炯的诗文散佚太多，自然对后世的影响也没有"四杰"中的另外三人大，但如果就此便说杨炯的诗篇文名不及王、卢、骆，好像还是有失公允。

和王、卢、骆一样，杨炯也是一位早慧的诗人。史载，杨炯幼年时代便"聪敏博学，善属文"。显庆四年（659），年仅十岁的杨炯应童子举及第，第二年便待制弘文馆，堪称神童。杨炯真正步入仕途，还是在他二十七岁这年。唐高宗上元三年（676），杨炯应制举，补秘书省校书郎；到了永淳元年（682），则被擢为太子（李显）詹事司直，充弘文馆学士。这样顺风顺水的履历，显然要比"四杰"中另外的三位强出许多。当然，优游于宫廷之中，往来于公卿之间，杨炯的创作视野也难以跳脱出宫廷诗人的界限。在《崇文馆宴集诗序》中，他曾这样写道：

颜循庸菲，滥沐恩荣。属多士之后尘，预群公之末坐。听笙竽于北里，退思齐国之音；觌瑰宝于东山，自耻燕台之石。千年有属，咸蹈舞于时康；四坐勿喧，请讴歌于帝力。

蹈舞时康，讴歌帝力，是写应制之诗的宫廷文人们共通的创作状态，身处其中的杨炯在自己的字里行间，当然少不了这样的标签。但很快杨炯便开始痛恨这种浮艳纤弱的诗风，在他看来，宫廷诗人诗作最大的特点就是造作无骨，而随着龙朔以来以上官仪为代表的"上官体"大行其道，宫廷诗歌中更是充斥着一股雕琢之风："文场变体，争构纤微，竞为雕刻，糅之金玉龙凤，乱之朱紫青黄。影带以徇其功，假对以称其美。骨气都尽，刚健不闻。"有了身处其中的痛苦，便有了革故鼎新的自觉和渴求。在杨炯著名的《王勃集序》中，这位才思敏捷的诗人既为英年早逝的同道中人王勃洒下伤逝的泪水，深感"永言存殁，何痛如之？"同时，又通过盛赞王勃、卢照邻的诗文创新，表达自己向上官体挑战、渴望恢复建安风骨的文艺思想。在他看来，王、卢二人是"思革其弊，用光志业"的新诗旗手，他们的诗文"壮而不虚，刚而能润，雕而不碎，按而弥坚"，对初唐文坛既是一次大胆的冲锋，又是一次挣脱藩篱的文化自觉。而在盛赞王、卢的同时，身在朝堂的杨炯也没有忘记用自己手中的健笔应和这两位文学盟友。当他终于从剪红刻翠的创作语境中抽离出来，当皇帝与公卿贵胄们的激赏不再是他创作的动力，杨炯笔锋一转，将自己的诗歌扳向了平淡质朴而又意蕴深远的轨道。

> 烽火照西京，心中自不平。
> 牙璋辞凤阙，铁骑绕龙城。
> 雪暗凋旗画，风多杂鼓声。
> 宁为百夫长，胜作一书生。
> ——杨炯《从军行》

这首《从军行》，堪称杨炯突破绮靡诗风束缚的代表作。和曾经从军塞外的骆宾王不同，杨炯并未亲赴边塞，但这并不影响他纵横驰骋自己的想象。他利用乐府旧题创作的这首《从军行》，以气吞万里的边塞画面，描摹出志士击楫中流的雄心与胆魄，而结句"宁为百夫长，胜作一书生"，更是豪气干云，不似出自优游于宫廷的诗人之手。事实上，杨炯投笔从戎的人生迁想，传递出的正是他骨子里那份渴望冲破羁绊的自由精神，它关乎高昂的时代理想，同时，也关乎开放的文学表达。

如果说，杨炯和另外"三杰"一样，都是这场改变绮靡诗风的积极参与者和有力推动者，那么，因为杨炯比另"三杰"去世稍晚，他又自然成为这场变革理论上的总结者。在他看来，他和几位盟友的努力，使得"积年绮碎，一朝清廓，翰苑豁如，诗林增峻"。这样的作用虽有些夸大，但从杨炯遗存不多的诗作中，我们确实可以发现，诗人的表达语境是多元的：它可以是燎烈的塞外烽火，"雪暗凋旗画，风多杂鼓声"，也可以是豪壮的朋友赠别，"赤土流星剑，乌号明月弓"；可以是深沉的互赠酬答，"举杯聊劝酒，破涕暂为欢"，也可以是大气的咏史抒怀，"乔林百丈偃，飞水千寻瀑"……而杨炯的表述方式又是质朴的，在"别后风清夜，思君蜀路难"的寥寥数字中，我们可以感知一个诗人对友情的珍视；在"风行常有地，云出本多峰"的洗练白描中，我们可以看到一个游子的眷眷乡愁……其实，处在浸润着六朝浮靡之风的初唐文坛，又封闭于堆砌词藻的宫廷创作生态之中，像杨炯这样不拘于时、极力打开视野并将诗风由纤细转向刚健的诗歌探索者，绝对是中国唐诗之幸。虽然杨炯的作品数量不及王、卢、骆，但谁又能否认，此后陈子昂高高挑起的"风骨"大旗，没有受到杨炯的影响？谁又能否认，仙李圣杜所创建的唐诗巅峰，不需要杨炯这块成长的基石？

如果说文名不显，客观上的原因是杨炯留存于世的诗作不多，那么，对于其为官政声的误读，则是因为史家的不负责任和杨炯本人的性格使然。《旧唐书》说："炯至官，为政残酷，人吏动不如意，辄榜杀之。又所居府舍，多进士亭台，皆书榜额，为之美名，大为远近所笑。"而《新唐书》则云杨炯"迁盈川令，张说以箴赠行，戒其苛。至官，果以严酷称，吏稍忤意，榜杀之，不为人所多"。有了两《唐书》作定论，后世遂直接"拿来"，在评价杨炯其人时，均冠以"酷吏"之谓：《中国历史人物辞典》称其"为官严酷，自负清高"，《中国大百科全书》则说其"吏治以严酷著称"。那么，这位在初唐文坛曾经冲在改革最前沿的旗手，真的如史书所说，是一位十足的酷吏吗？他的人生轨迹又如何呢？

我们已经知道，顺风顺水的杨炯是在永淳元年（682）被擢为太子詹事司直的，这是他仕途中最为荣耀的时刻。然而这种优渥的生活并未持续多久，垂拱元年（685）九月，杨炯伯父杨德干之子杨神让随徐敬业起兵讨伐武则天，兵乱平息之后，杨德干父子被杀，杨炯也受牵连，被贬为四川梓州司法参军。五年之后，即690年，杨炯秩满归京，武则天诏杨炯与宋之问分直习艺馆，掌管教习官人书算之类的工作。天授三年（692），杨炯出任盈川（今浙江衢州）令，其后不久，便卒于任上。

杨炯之所以得了个"酷吏"的恶名，主要还是在其盈川任上。盈川是唐如意元年新置的一个郡县，作为盈川的首任县令，杨炯从千里之外的洛阳来到这里，心情其实是比较沉郁的。虽说在洛阳做了二十多年的朝官，但杨炯始终沉居下僚，并没有多少升迁的机会，做的多是一些清职。这对于才高气傲的杨炯而言，当然会心怀愤懑，在唐五代冯贽所作《云仙杂记》中，曾有这样一段记载：

> 唐杨炯，每呼朝士为麒麟楦。或问之，曰："今假弄麒麟者，必修饰其形，覆之驴上，宛然异物。及去其皮，还是驴耳。无德而衣朱紫，何以异是？"

同样的记载也出现在辛文房《唐才子传》：

> 炯恃才凭傲，每耻朝士矫饰，呼为"麒麟楦"。或问之，曰："今假弄麒麟戏者，必刻画其形覆驴上，宛然异物，及去其皮，还是驴耳。"闻者甚不平，故为时所忌。

"麒麟楦"，是唐代的一种杂耍，一般都是将驴子装扮成麒麟来戏耍。将一群善于矫饰的朝官比喻成装扮成麒麟的驴子，杨炯的嘲讽看来是一点也没留情面。但也正因如此，才会让闻者不平，"为时所忌"。及其到了盈川任上，杨炯更将这种"眼里不揉沙子"的个性带到了对地方的治理上。据说杨炯初到盈川，虽远离京师，心中不平，但还是想在这里有一番作为。在《和刘长史答十九兄》一诗中，他曾说："受禄宁辞死？扬名不顾身。"而在《群官寻杨隐居诗序》中，他更是清晰地表明了自己的为官之道："以不贪为宝，均珠玉以咳唾；以无事为贵，比旗常于粪土。"旗常意指权贵。当"以不贪为宝，以无事为贵"的杨炯来到盈川，首先打出的一记重拳，便是惩治贪官恶吏。据盈川地方志记载，刚到盈川的杨炯发现这里盗贼猖獗，吏多枭獍，为了整顿治安，整肃吏治，极有可能杀了几个盗贼，斩了几个贪官。但也正因如此，才被那些曾经的既得利益者在其身后大泼污水，将其描述为一个"吏稍忤意，榜杀之"的"酷吏"形象；再加之杨炯在朝中经常恃才而骄，将许多尸位素餐的朝官都奚落为装扮成麒麟的驴子，其"酷吏"形象，在初唐官场便成为板上钉钉的事实。两《唐书》的编撰者由于对传言不加甄别，便让惩贪除恶的杨炯背上了越来越重的历史"黑锅"。

而真正的好官，名字是会刻在百姓心中的。从当地县志中，我们可以看到这位盈川首任县令夙夜在公的身影：为了开发衢江对岸的荒滩荒地，杨炯下令在江边开设官渡，调集百姓到对岸去种桑养蚕，多次请来技师为百姓做指导，以提高农业收成。为了保证农产品的销路，他又多次奔赴杭州，帮着农民"跑市场"。为了改变盈川的荒山面貌，杨炯从家乡华山携来五针松数株植于山巅，只希望通过自己的亲力亲为，带动起百姓们改造荒山的热情。而更让他牵挂于心的，还是盈川土地的旱情。为了解决这一问题，他下令组织挖塘建坝，兴修水利，并身体力行，亲自设计，亲自规划，资金不足常常是带头捐献。据说当时为了重修盈川的九龙塘，杨炯甚至将自己为别人撰写碑文所得的笔润都慷慨捐出。这项浩大的水利工程竣工后，盈川百姓为了纪念这位兢兢业业的好"县长"，特意将九龙塘改名为"杨塘"。这座"杨塘"的名气，自然不及同在浙江的西湖"苏堤""白堤"，但同样作为一处由文人主导的水利工程，我们应该记住杨炯，记住一个情为民所系的文人官吏。尽管杨炯在盈川这片土地上并没有留下太多的诗篇，但这个自古驰名的中国柑橘之乡早已用特有的诗行，记录下了公元7世纪末叶一位诗人的足迹，他是在用自己的脚步写诗，用自己的汗水写诗！

杨炯死于四十多岁的盛年。关于他的死因，为杨炯定性的两《唐书》只字未提，但从盈川当地百姓的传说和地方史料中，我们却吃惊地发现，心系百姓的父母官杨炯，其实是令天地为之含悲的殉职！新修的《衢县志》（盈川后改为衢县）记载，当时"县民求雨久不得，炯纵身跳下盈川潭，是日大雨"；《移建盈川杨侯祠碑铭》则说："考江璟清《盈川城隍庙碑》有云：'因旱祷雨不应，投井以殉。'"从这些记载，我们知道，杨炯死于一次失败的祈雨仪式。因为盈川久旱不雨，这位心系百姓的县令忧心如焚，带领乡亲们组织了一次盛大庄严的祈雨仪式。香案摆好了，牺牲摆好了，他和乡亲们点上高香，一齐仰望长天，随后便砰然跪倒，祈望用他们的虔诚换得天降甘霖。然而，当香灰被风吹散，当法器停止轰鸣，杨炯和盈川百姓并没有盼来一场豪雨。失望之下，杨炯遂纵身跳下深深的盈川潭中，用生命的祭献让这场祈雨仪式走向高潮。是日，水流如注，大雨倾盆……

对于这则传说，可能有人要讥笑杨炯的迂腐，祈雨本身就是荒诞不经的迷信之举，为此再白白搭上一条性命，岂不可笑？可能也有人质疑这则传说的真实性：为了一场雨，能置身家性命于不顾，这样的官员真的存在吗？然而，百姓的口碑永远是衡量一个官员为官为政的最高准则。当盈川百姓用一座高大的祠堂纪念他们心中这位为民请命的首任县长，当历代不绝的香火拉长了一个中国文人的生命影像，我们知道，在官方正史中以"酷吏"形象被定性的杨炯，在人民心中已经矗立起一座高大的丰碑！

> 唐初建制，先有盈川，而西安在后。西（指唐时西安县）龙（指唐时龙丘县）都公然相传侯对属严酷，而视民如伤。其治绩循良，亦可见矣。盖舞文瓶法，吏之惯技也。侯亲民之官，民命所依托，视民如伤，其心之慈祥无尽。而加尽于民，宁有尽生活耶？……盈川突遇大灾，捍大患者，有功德于民，则祀之。

这段载于《重建盈川杨侯祠碑铭》中的文字，无疑成为百姓对"视民如伤"的杨炯的最高评价。事实上，尽管在文名与政声上，官方正史和学界对跻身"初唐四杰"的杨炯有着不同程度的误读，但总有公允之声从民间真正地发出。"王杨卢骆当时体，轻薄为文哂未休。尔曹身与名俱灭，不废江河万古流"，这是在当时"四杰"颇遭物议的背景下，诗圣杜甫给这个初唐诗风改革群体作出的千秋定评；对于杨炯而言，这个评价可谓恰如其分：是的，在为文为官上，杨炯，都当得起这句"不废江河万古流"！

陈子昂：孤独的斗士

以百余首苍劲峥嵘的诗歌作为冲破樊篱的刀剑，用自己刚正耿直的个性划出一道深深的生命印记，陈子昂，是个孤傲的诗人，更是一个孤独的斗士；而他的那首著名的《登幽州台歌》，则以"前不见古人，后不见来者。念天地之悠悠，独怆然而涕下"的大孤独，让我们在千年以后，仍然可以听到激荡于天地间的回响。

陈子昂的孤独并非与生俱来。生于蜀中豪族之家，陈子昂少年时代充满了豪侠之气，与博徒交往游玩，并"未知书"。历经陈、隋两朝近一百三十年，陈子昂的几世祖都颇好黄老之道，虽诗书传家，但由于生逢乱世，都隐逸不仕。处在这样一种家族氛围之中，陈子昂从小就没有受到过多的羁绊，思想中没有读书取士的意识；相反，在广泛接触道家、纵横家的过程中，陈子昂具备了开放的文化视野和不为传统所累的自由之身；而从父辈那里传承下来的豪侠尚义、轻财好施的性格，更让陈子昂在骨子里融入了大唐少年游侠儿的任侠精神。这种任侠精神，生发于汉代少年游侠的精神气质，又在魏晋南北朝的乱世中不断延宕，最终在大唐初年形成一种社会氛围。在巴蜀的竹海中仗剑独立，击节而歌，陈子昂其实从未想过以文名树立起自己的生命标杆。

十八岁这一年，父亲陈元敬的一番话却开启了陈子昂的另一种人生。"吾幽观大运，贤圣生有萌芽，时发乃茂，不可以智力图也。气同万里而合，不同造膝而悖，古之合者，百无一焉。呜呼！昔尧与舜合，舜与禹合，天下得之四百余年。……圣贤不相逢，老聃、仲尼，沦溺溷世，不能自昌。故有国者享年不永，弥四百余年。战国如麋，至于赤龙。赤龙之兴四百年，天纪复乱，夷胡奔突，贤圣沦亡，至于今四百年矣。天意其将周复乎！於戏，吾老矣，汝其志之。"（《府君有周文林郎陈公墓志文》）从这段语重心长的训诫中，我们可以看出，精通黄老之术的陈元敬希望自己的儿子能做一位辅佐圣君的贤臣。在他看来，从尧舜始，几乎每隔四百年就是一个圣贤更替的周期，而今，天下初定，大唐正稳步迈入一个刚健有为的时期，又恰逢圣贤沦亡历四百年之久，因此，圣贤相逢的盛世即将出现。这个时候，就不要做个幽隐林泉的隐者了，相反，要为将来的经世致用做积极的准备。

父亲的一席话，让陈子昂开始走近儒学，进入乡学。在遍览儒家经典，接受修齐治平的儒家思想之后，陈子昂决定以参加科考的方式改写陈氏家族世代隐居的历史。他不再是个任侠使气的少年，而是静下心来刻苦攻读，至于作文写诗，更是陈子昂的必修课。

然而，在习诗创作的过程中，陈子昂的文化孤独感却与日俱增。他蓦然发现，弥散在大唐帝国的文风竟和刚健疾行的初唐社会完全不搭调，诗人们的笔端，依旧延续着空洞无物浮华造作的齐梁体，他们的视野，往往局限于廊台亭榭、歌舞宴乐的狭小空间，大量应制捧场的诗作充斥其间，成为初唐文坛的时尚与潮流。尽管彼时"四杰"已现，王勃、杨炯力图将诗歌的视野"从台阁移至江山和塞漠"，卢照邻、骆宾王则全力以"市井的放纵改造宫廷的堕落"（闻一多语），但在铺天盖地的齐梁之声中，王杨卢骆的努力还是微不足道，而他们四人的诗文探索尽管在力图挣脱六朝以来错彩镂金的文风，呈现出清新俊朗的面貌，但仍没有跳出六朝骈文堆砌辞藻大量用典的窠臼。

在这样一种文学状态下浸淫久了，陈子昂开始无限追念刚劲质直的汉魏风骨。他赞同刘勰在《文心雕龙》中对建安诗歌的概括："慷慨以任气，磊落以使才"，"不求纤密之巧"，"唯取昭晰之能"，渴望重新找回直抒胸臆的汉魏之风。彼时的陈子昂，依然还没有走出少年时代习武练剑的那片竹林，但当年的剑已化成了习诗的笔。胸中的任侠之气，让初涉文坛的陈子昂像一个无畏而行孤军奋战的斗士。尽管他对齐梁体的呵斥在若干年后才付诸文字，直指其"彩丽竞繁，而兴寄都绝"，"逶迤颓靡，风雅不作"，但他心中所坚持的"兴寄""风雅"的信条，已然成为他向着齐梁体这堵浮华的高墙发起冲击的重要利器。当大量不拘于时直抒胸臆的诗歌从巴蜀的竹海中飞出，人们错愕地发现：这个昔日不读诗书的富家子写出的东西竟是如此与众不同！而当时的京兆司功见到陈子昂的诗作，更是连声惊呼："此子必为天下文宗矣！"

然而，任何一种向着固有势力的冲击，在最初的时候都难免陷入孤立无援的境地，尤其对于年纪轻轻未出茅庐的陈子昂而言，要想在大唐文坛兴起一股新风，更是绝非易事。永隆二年（681），二十一岁的陈子昂首次出蜀入京，来到了太学进一步深造，以期为即将到来的科举做准备。在京师，陈子昂的求学生活本来波澜不惊，但很快便以一桩堪称特立独行的事件成为人们关注的焦点。《唐诗纪事》载："子昂初入京师，不为人知。有卖胡琴者，价百万，豪贵传视无辨者。子昂突出，谓左右曰：'辇千缗市之。'众惊问，答曰：'余善此乐。'皆曰：'可得闻乎？'曰：'明日可集宣阳里。'如期偕往，则酒肴毕具，置胡琴于前。食毕，捧琴语曰：'蜀人陈子昂，有文百轴，驰走京毂，碌碌尘土，不为人知。此乐贱工之役，岂宜留心。'举而碎之，以其文轴遍赠会者。一日之内，声华溢都。"在这段颇具传奇色彩的文字中，大多数人看到的，自然是陈子昂身上那种自少年时代就具有的豪侠尚义、轻财好施的性格；在京师重地以这样一种令人哗然的推销方式让更多的人认识自己，陈子昂确实高明。但反过来我们是否想过，陈子昂为何要选择这样一种哗众取宠的方式吸引人们的关注？千金散尽的陈子昂，为什么那么渴望人们的掌声？我想无他，正是内心的孤独使然。血气方刚的陈子昂太想表达自己的诗歌理想了，而要想邀上更多人助力自己实现诗歌理想，就必须以一种奇绝的方式，裸露自己的孤独！

事实证明，陈子昂的孤独，不仅体现在他的文学之路，更伴随着他的宦海生涯。如果说陈子昂的摔琴之举让人们记住了一个高调叫板的文学后生，那么陈子昂的入仕经历更是堪称传奇。684

年春，在经历过一次科举的失败之后，陈子昂在东都洛阳荣登进士第，算是一脚迈入了大唐选官用官的门槛。而彼时的大唐宫廷，正经历一场旷古未有的风云变幻：唐高宗驾崩，一直在背后操纵皇权的武则天终于迎来了人生的巅峰时刻——她要登基了！她要成为一代前无古人的女皇！她废掉了自己的儿子中宗，另立了自己的第四子李旦为傀儡，改东都洛阳为神都。当然，武则天既要为自己的称帝做准备，同时也要给薨逝的皇帝一个最高规则的国葬。由于唐高宗崩于洛阳宫，他的灵驾要西迁长安葬于乾陵，其劳民伤财程度可想而知，慑于武则天的淫威，朝中大臣都选择了沉默，就在此时，武则天却收到了一份言辞激切的上书。在这份洋洋两千字的上书中，武则天看到了陈子昂的名字，他自称"梓州射洪县草莽臣"，内中直指灵驾西迁是劳民伤财之举，况彼时西北饥馑，"流人未返，田野尚芜，白骨纵横，阡陌无主"，在此背景下，灵驾西迁势必会"征发近畿，鞭扑羸老"，让沿途百姓"再罹艰苦"。显然，在整个朝堂都噤若寒蝉的语境中，刚刚进士登第并无任何话语权的陈子昂，写出这份《谏灵驾入京书》需要拿出怎样的勇气，而陈子昂的无畏却在文中表现得铿锵有力："臣闻明主不恶切直之言以纳忠，烈士不惮死亡之诛以极谏。故有非常之策者，必待非常之时；得非常之时者，必待非常之主，然后危言正色，抗义直辞，赴汤镬而不回，至诛夷而无悔。岂徒欲诡世夸俗，厌生乐死者哉！实以为杀身之害小，存国之利大。故审计定议而甘心焉。况乎得非常之时，遇非常之主，言必获用，死亦何惊！"最终，武则天被这篇上书打动了。尽管高宗的灵驾西迁并没有因为陈子昂的谏言而改变，但陈子昂的入仕之门却以这种特殊的方式打开了。离皇座仅一步之遥的武则天彼时正是用人之际，而启用这样一位胆敢抗颜直谏的新科进士，则可以让天下英才看到她的宽容大度求贤若渴。很快，一介白丁的陈子昂被赞为"地籍英灵，文称旰晔"，官拜麟台正字，父亲对其在"圣贤相逢"之际积极用世的训诫，连陈子昂也没有想到，竟以一种特异的方式实现了。

入仕后的陈子昂真的如其父所言，在"圣贤相逢"的历史风云际会的舞台上，展示出了自己的才华，实现他的人生抱负了吗？回望陈子昂的仕宦之路，我们看到，和他对齐梁体矢志不渝的宣战一样，在政治上，陈子昂更是一个刚正敢言秉笔直书的斗士，也正因如此，陈子昂于文学上的孤独之外，陷入了更深的政治上的孤独。

最初，陈子昂是以一种畅达通泰的心情走进武则天的朝堂班底的。在他看来，最好的回报圣主知遇之恩的方式，就是不遗余力地匡正人主的言行，将儒家仁政、爱人、忠恕的核心要义嵌进自己进谏的笏板，而不是以苟合逢迎明哲保身的心态跻身百官之列。正因如此，当陈子昂面对武则天时代出现的诸多弊政，这个巴蜀汉子从一开始就选择了凌厉的为臣之风。

"百姓思安久矣，今陛下不务玄默，以救疲人，而反任威刑，以失其望。"这是垂拱二年（686）陈子昂上的一篇《谏用刑书》，内中直指武则天的滥施刑罚。为了维护自己的统治，武则天采取了一系列的铁血政策，借"扬州兵变"，对李唐宗室及其旧有的官僚集团进行了血腥的清洗；为了进一步夯实自己的地位，她又推行了告密制度，以四个萧森的铜匦接受如雪片般飞来的告密文书。与此同时，索元礼、来俊臣、周兴等一班酷吏群小登上政治舞台，以各种惨绝人寰的酷刑让朝野上下人人自危，陷入了恐怖之中，唐宗室贵戚数百人、大臣数百家均惨遭屠戮。正是痛心于酷吏们的滥刑滥杀，陈子昂不畏天威，上书直言其弊，尖锐地指出："狱吏相诫，以杀为词，非憎于人也，而利在己。"在政治的高压之下，陈子昂能激昂大义，蹈死不顾，千载而下，着实令人感佩。

圣人不利己，忧济在元元。
黄屋非尧意，瑶台安可论。
吾闻西方化，清净道弥敦。
奈何穷金玉，雕刻以为尊。
云构山林尽，瑶图珠翠烦。
鬼工尚未可，人力安能存。
夸愚适增累，矜智道逾昏。

——陈子昂《感遇（其十九）》

如果说《谏用刑书》是一道净臣直指时弊的奏章，那么这首《感遇》则卷带着陈子昂作为文人的愤怒。彼时，刚刚登基称帝的武则天为了昭示自己成为天子的合法性，对民间祥瑞之事格外重视，恰在此时，有僧人献《大云经》四卷，称经中说南天竺无名国为女王继承，故武则天称帝乃是天意。武则天闻之大喜，遂诏令全国诸州均需建大云寺，并必藏一部《大云经》。一时间，全国上下崇佛之声日盛，许多佛寺的规制甚至超过了宫阙。"鬼工尚未可，人力安能存。"对于女皇的这番折腾，陈子昂再次将悲天悯人的情怀融入了自己练达的文字，他希望通过诗歌的韵脚，拉回女皇发生偏离的治世之车。

回望684年任麟台正字到691年第一次回乡前的七年时间，陈子昂的家国情怀几乎融入了他的每一道奏章、每一首诗歌。在政治、经济、军事、文化、刑罚、吏治等多个出口，我们都可以看到陈子昂渴望"圣贤相逢"的严正神情。司马光《资治通鉴》引用了大量陈子昂政论言事的表疏，可见对其人格魅力的高度认同；清初学者王夫之对陈子昂的治世之才更是不吝其辞，在他看来，"陈子昂以诗名于唐，非但文士之选也，使得明君以尽其才，驾马周而颉颃姚崇，以为大臣可矣！其论开间道击吐蕃，既经国之远猷；且当武氏戕杀诸王、凶威方烈之日，请抚慰宗室，各使自安，撄其虓怒而不畏，抑陈酷吏滥杀之恶，求为伸理；言天下之不敢言，而贼臣凶党弗能加害，固有以服其心而夺其魄者，岂冒昧无择而以身试虎吻哉？故曰：以为大臣任社稷而可也。"

然而，就是这样一位铁骨诤臣，在武周时期，却成为一个对着棉花挥拳的人。陈子昂曾多次被武则天召见，但每次召见的结果，常常是不见下文。陈子昂大量慷慨激昂的奏章，如同落花凋零在棉絮之下，不见任何反馈，反而被软软地包裹了起来。他永远不可能真正走进武则天最核心的班底，而武则天对陈子昂奏章的不置可否，则让心怀炭火的陈子昂感到了莫大的孤独。

陈子昂走进人生大孤独的拐点应当是公元694年，就在这一年,陈子昂因"坐缘逆党"锒铛入狱。彼时,他刚刚回乡守母孝期满,任右拾遗不久,却因他人的案件受到了牵连。好在此次还算幸运,最终出狱官复原职,但陈子昂经历此番牢狱之灾,已心态如秋,心中"圣贤相逢"的理想开始发生动摇,产生了远离京畿之意。而恰恰在此后不久契丹犯边,武则天命其堂侄武攸宜东征讨伐,陈子昂听闻,遂上表希望随军出征,戴罪立功。最终,陈子昂以幕府参谋的身份加入了这支平叛大军。迎着东北的凛冽寒风,陈子昂长吐一口郁积之气,幻想着在金戈铁马的战场上,能够写下自己的名字。

然而,无情的现实再次将陈子昂逼入了生命的谷底。由于武攸宜不懂战术,又疏于治军,屡战屡败,陈子昂遂激情进谏,不仅献退敌之策,而且欲奋身报国。心胸狭隘的武攸宜不仅未采纳他的意见,反而将其贬为军曹,只在军中负责起草一些文书。如果说当年在京师的郁闷,尚有从军报国这一念头可以抵消,那么当这一条通路也被堵了个严严实实,陈子昂的孤独与悲寂便也达到了爆发的顶点!当一只孤鸿飞入天边的晚霞,陈子昂登上了蓟丘楼。彼时,诗人眼中的苍凉已经和春秋战国的历史风云叠化在一起,他看到了高筑黄金台礼贤下士的燕昭王风仪沉整地走来,他看到了在黄金台的旗帜下,立下赫赫战功的剧辛、乐毅一路征尘地走来,而画面猛然的抖动,却让一切归于沉寂,他的面前,只有荒芜的颓台和呼啸的风声。还有什么比这更让人绝望的呢!

> 南登碣石坂,遥望黄金台。
> 丘陵尽乔木,昭王安在哉。
> 霸图怅已矣,驱马复归来。
> ——陈子昂《蓟丘览古赠卢居士藏用七首·燕昭王》

如果说陈子昂一口气挥笔写就的七首《蓟丘览古》让我们看到了一个思接千古的诗人的落寞与无奈,那么,紧随其后而作的《登幽州台歌》,更像是一声划破天际的长叹。彼时,所有的缅想,所有的怀古,所有的用典,都已经不及这两声可以震落星辰的悲鸣!这是茫然于天地之间的孤独叩问,这是踟蹰于宇宙人生的涕泪表达!

> 前不见古人,后不见来者。
> 念天地之悠悠,独怆然而涕下!
> ——陈子昂《登幽州台歌》

698年,在军中未立尺寸之功的陈子昂以父亲老迈多病为借口,致仕归乡。彼时的他,早已不是当年那个意气风发出蜀入京的少年。他老了,老在心态上。四十出头的年纪,正是建功立业的时候,但陈子昂已经再也找不回那种"圣贤相逢"的喜悦,相反,巨大的悲寂与孤独将他推向了久已不习的黄老之学。他在家乡射洪的大山里构筑了数十间茅屋,在那里种树采药,过起了幽隐林泉的生活。当然,他并未停滞他的思想,开始酝酿着写史,他要将汉孝武至初唐的一段历史写成《后史记》。历经一千三百多年，我们对这位孤傲的诗人孤独的斗士当时写史的初衷早已无从寻起，但我想，陈子昂应该是想要建构一个别样的通道。在这个通道里，他要潜藏下锋利如刀的历史观照，描摹出冰冷似铁的历史表情，更要喷溅出孤独无望的历史悲怆！

然而，历史并没有给陈子昂这个机会。本已不问世事的他，怎么也不会想到，自己竟会屈死狱中！就在陈子昂准备写《后史记》没过多久，他的父亲去世了，这一变故让陈子昂正在酝酿中的鸿篇巨制"纲纪初立，笔削未终"。更让诗人终生遗憾的是，就在其父去世的第二年，武则天之侄武三思竟勾结当地县令段简，"附会文法"，将陈子昂投进了监狱。这样做的原因，流传甚广的一种说法，竟是因为武三思"嫉怒于一时之情"，"疑其摈排以为累"！可怜陈子昂，并没有实现真正的终隐林泉，当深谙卜筮问卦之术的陈子昂在狱中为自己卜出大凶之卦，这位忧愤的诗人不禁仰天长叹："天命不佑，吾殆死乎！"不久即死于狱中，年仅四十二岁！他那部刚刚起笔的《后史记》，最终成为未竟的绝响！

然而，中国诗歌史的一座里程碑却由此矗立起来。《全唐诗》有云："唐兴，文章承徐庾余风，骈丽秾缛。子昂横制颓波，始归雅正。李杜以下，咸推宗之。"而事实亦如此，走进《全唐诗》的诗人，都是在陈子昂之后，气韵陡然一变！诗仙李白的五十九首《古风》，无疑是陈子昂三十八首《感遇》诗的精进和延伸，以至于朱熹曾说："《古风》两卷，多效陈子昂，亦有全用其句处。太白去子昂不远，其尊慕之如此。"而杜甫、白居易、柳宗元在诗歌创作中所倡导的兴寄风雅的文化自觉，更让我们看到，在这个当年通过摔琴博取关注的孤独诗人身后，其实是一个群星璀璨的诗人方阵！

是的，迎着初唐的细雨，陈子昂的孤独，对应的也许只是苍凉的颓台和无望的高墙，但在未来的时空里，他那柄挥舞在巴蜀竹海的长剑，已然击出最悠长的回响！

上官仪：荣辱皆因文字

灿然的文字，让上官仪在初唐诗人圈中青云直上，成为令人艳羡的达者；但同样也因为文字，上官仪宦海沉舟，身首异处。

上官仪的入仕经历也是一段传奇。生于陕州陕县（今河南三门峡）的他，自幼便跟随父亲上官弘迁居到了江都（今江苏扬州）。上官弘时任隋朝北部郎中及江都宫副监，虽说不算位高权重，也算是隋炀帝的近臣了。彼时，大隋王朝已经在此起彼伏的民变与兵变中摇摇欲坠，而隋炀帝不仅没有停止沉歌醉舞，反而向着更危险的深渊滑落。大业十二年（616），隋炀帝第三次来到江都。此前，这位曾任扬州总管、有着浓烈的"扬州情结"的皇帝，曾经两次沿着大运河顺流而下，以堂皇煊赫绵延二十余里的仪仗，向天下人炫耀过自己的皇权。第三次再到江都，隋炀帝出行的排场没减一分，只不过出行的目的变了：不再是巡游，而是为了逃命！当然，让他绝对没有想到的是，自己会在雕梁画栋的江都宫中被哗变的近臣弑杀。隋大业十四年（618）三月，当大将宇文化及率领御林军杀入宫中，穷奢极欲的隋炀帝在被练巾勒死的一刻，已经一无所有，两手空空。

在这场突如其来的兵变中，上官弘不幸成为随葬的牺牲品，他和他的次子上官谨连同虞世基、裴蕴等数个重要的大臣，都没能躲过叛乱者凌厉的刀斧。彼时的江都，早已不是月圆花好，而是风雨如晦，充满了末世的苍凉。

少年上官仪在这场血腥的屠戮中因为藏匿起来，幸运地躲过一劫。为了避祸，上官仪自行披剃为僧，走进丛林禅刹，成了一个小沙弥。尽管父兄喷溅而起的血光仍在眼前，但上官仪已经习惯在寺院单调的木鱼和清冷的钟声里寻找生命的静谧。借着一豆青灯，他开始潜心研习佛典，博涉经史，著文作诗。几年的僧侣生活，不仅让他修禅修心，更让他成为扬州诸寺中学养深厚的衲子。

很快，上官仪便在大唐贞观朝迎来了他生命中的贵人。贞观元年（627），因得时任雍州牧行扬州大都督府长史杨仁恭的荐举，年甫及冠的上官仪蓄发还俗，参加科举考试，以"对求贤策""对用刑宽猛策"二策中进士，诏授弘文馆直学士。这弘文馆的前身是唐太宗李世民做秦王时在自己的幕府中开设的文学馆。李世民曾将房玄龄、杜如晦、虞世南这些饱学之士组织起来，表面上成为"秦王府十八学士"，"与之讨论经义"，实则是一个脑力激荡的智囊团，酝酿着夺取天下的力量。当唐太宗最终君临天下，将文学馆改作弘文馆，聚书二十万卷，既为国家藏书之所，亦为皇帝招纳文士之地。正因为弘文馆在唐太宗心中的位置非比寻常，所以当上官仪成为大唐弘文馆的一员时，心中的激动可想而知。他调动起自己所有的才情,将它们融入每一首宫廷盛宴的应制奉和之作,渗进每一道诏谕的字里行间。彼时,成为血人的父兄的影像还经常成为上官仪的梦魇,但他相信,走出动荡的隋末阴霾,走出清冷的丛林古刹,他的才能,在海晏河清的大唐王朝将得到最酣畅淋漓的发挥!

> 烟生遥岸隐,月落半崖阴。
> 连山惊鸟乱,隔岫断猿吟。
> ——李世民《辽东山夜临秋》

这首《辽东山夜临秋》,是唐太宗李世民于贞观十九年(645)所作。当时这位马上皇帝已经将他的"文治"做成了治世的标杆,更需要用"武功"展示他的帝王威仪。就在这一年,他亲率大军征讨高丽,并于九月的金秋班师回朝,这首诗正是在回京途中信笔写就。阅览《全唐诗》,我们发现,紧步唐太宗的韵脚,上官仪献上了一首奉和之作。

> 殿帐清炎气,辇道含秋阴。
> 凄风移汉筑,流水入虞琴。
> 云飞送断雁,月上净疏林。
> 滴沥露枝响,空濛烟壑深。
> ——上官仪《奉和山夜临秋》

这两首诗放在一起看，我们便会发现：唐太宗是在极力效法六朝以来以光影色构成诗境的笔法，气象宏阔，但远未臻醇熟；而上官仪的这首奉和之作，虽气魄不足，但大量意象的叠加却浑融一体，不仅没有堆砌之感，反而通过汉高祖击筑歌《大风》（凄风移汉筑）和虞舜操琴奏《南风》（流水入虞琴）这两个有为之君的典故，歌颂了唐太宗的赫赫武功。有这样的御用文人在侧，皇帝自然心情大好。他重赏了上官仪，不久又对其委以重任，让他和宰相房玄龄、褚遂良等人一起编撰《晋书》。贞观二十二年（648），当《晋书》修成，上官仪的身份地位再次跃升到了一个新的台阶——起居郎。这个职务是负责"录天子言动法度，以修记事之史"的，虽然从官阶上看仅是从六品上，但地位十分重要，再加上有为太宗"视草"的特权，俨然已是皇帝身边的近臣。凭借出类拔萃的文学才能，优游于贞观年间的宫廷诗坛，上官仪开始一步步向着政治与权力的核心靠近。

上官仪真正迎来高光时刻是在高宗朝。贞观二十三年（649），唐高宗继位，上官仪升任秘书少监。显庆元年（656），唐高宗立五子李弘为皇太子，后任命上官仪为太子中舍人。到了龙朔二年（662），上官仪再升任西台侍郎、同东西台三品，成为宰相，又加银青光禄大夫，仍兼弘文馆学士。短短十三年，上官仪就在高宗朝达到了人生的巅峰，涉足中枢，身居宰辅重位。这样的荣耀显贵，显然大大超出了贞观朝太宗所给予他的政治待遇。当上官仪继续在宫体诗的流韵中释放自己的才情，配合着皇帝的喜怒哀乐，他不会想到，他的诗歌会走出宫廷，传遍全国，直接带动起一种争相效仿的文学风尚。这种风尚时称"上官体"——在唐诗史上，绝对是第一个以个人名字命名的文学风尚。显然，天下文学之士在崇奉聚纳顶礼膜拜"上官体"的同时，已经将彼时位高权重的上官仪看作了以文显达的标杆。

关于"上官体"的描述，《旧唐书》称上官仪"本以词采自达，工于五言诗，好以绮错婉媚为本。仪既显贵，故当时多有效其体者，时人谓为'上官体'"。从这段文字看，"上官体"的核心表征就是"绮错婉媚"。对于"绮错婉媚"四字，我们又当如何理解呢？《说文》有云："绮，缯也。"本义为绫，在陆机的《文赋》中，直接借用其意，譬喻素淡精细之意；而"错"即交错之意；至于"婉媚"一词，《诗格》则直称好诗当以"婉媚为上"。由此可见，"绮错婉媚"的"上官体"，其特点正是素淡而精细地将文字和意象有机地融合交错为一体，从而达到秀朗而密合的韵致。

回看这位宫廷诗人留给我们的三十二首诗作，我们便会发现，"绮错婉媚"的风格几乎贯穿了上官仪创作的始终。作为一位富贵优游、天天陪侍皇帝的达官显贵，上官仪的存诗中当然主要是奉和应诏之作，但难能可贵的是，上官仪还是在力图跳脱一般宫廷诗堆砌辞藻空洞无物的窠臼，将一系列敏锐的审美感受，附着于疏朗的意象之上，再以圆熟的驾驭文字的技巧，让整首诗呈现出清新明丽、气韵生动的效果。

上苑通平乐，神池迩建章。
楼台相掩映，城阙互相望。

> 缇油泛行幔，箫吹转浮梁。
> 晚云含朔气，斜照荡秋光。
> 落叶飘蝉影，平流写雁行。
> 槿散凌风缛，荷销裛露香。
> 仙歌临枍诣，玄豫历长杨。
> 归路乘明月，千门开未央。
>
> ——上官仪《奉和秋日即目应制》

在这首诗中，"落叶飘蝉影，平流写雁行"堪称神来之笔。如果说前几句的铺垫已经恰到好处地营造出了"悲秋"的氛围，那么当诗人的视线转到"落叶"与"平流"，其清新脱俗的比喻方式和醇熟精准的炼字技巧，已经让"飘蝉影"和"写雁行"六字跳将而出，构成了全诗的"诗眼"！美国著名汉学家斯蒂芬·欧文（一名宇文所安）在他的著作《初唐诗》中，对上官仪"落叶飘蝉影，平流写雁行"这句神来之笔，曾做过精到的点评：

> 秋天的两种象征蝉和落叶，被混合起来，互相成为对方的潜在隐喻。我们不能确定的是落叶（或它们的影子）的飘动像蝉影，或是蝉（或它们的影子）飞动像落叶，或者是真正的树叶飘过蝉影。潜在的相互隐喻和直接的描绘强调了两种事物的一致性，表现了秋天景象的微小无助，无可挽回。对句的第二句袭用了流水与南飞的大雁转瞬即逝的主题。

当富丽精工的文字飞扬在清澈的太液池上,飞扬在金碧辉煌的玉宇琼楼中,身居显位的上官仪已经注定要被时人众星捧月,成为独领一代文风的风雅之主;而其在诗学著作《笔札华梁》中对声律、对偶等艺术手法的积极探索,更是为风靡一时的"上官体"平添了理论的厚重,给时人与世人在诗歌创作上提供了可以操作的模板。宋人魏庆之在《诗人玉屑》卷七曾引《诗苑类格》说:"唐上官仪曰:诗有六对:一曰正名对,天地日月是也;二曰同类对,花叶草芽是也;三曰连珠对,萧萧赫赫是也;四曰双声对,黄槐绿柳是也;五曰叠韵对,彷徨放旷是也;六曰双拟对,春树秋池是也。"此后,上官仪再提"八对"之说:一曰的名对,送酒东南去,迎琴西北来是也;二曰异类对,风织池间树,虫穿草上文是也;三曰双声对,秋露香佳菊,春风馥丽兰是也;四曰叠韵对,放荡千般意,迁延一介心是也;五曰连绵对,残河若带,初月如眉是也;六曰双拟对,议月眉欺月,论花颊胜花是也;七曰回文对,情新因意得,意得逐情新是也;八曰隔句对,相思复相忆,夜夜泪沾衣,空叹复空泣,朝朝君未归是也。

当身居宰相之位的上官仪在日理万机的同时,仍能够不改诗心,以独出机杼的"六对""八对"之说,在字音、词义、句法等涉及诗歌创作的多个维度上日益精进,不断求索,我们必须对这位在初唐文学界曾独领一时风骚的诗人达者肃然起敬。尽管后世对"上官体"贬多于褒,闻一多更是对上官仪的"六对""八对"之说不以为然,甚至认为它使初唐文学中追求文藻的"皮肤病""严重到了极点","几乎有危害到诗的生命的可能",但我要说,在初唐乏味空洞的宫廷诗作中，上官仪的努力还是值得肯定的，他对诗歌的探索精神，一如当年在寺院秉烛夜读，执着而笃定，澄明以观心！

> 脉脉广川流，驱马历长洲。
> 鹊飞山月曙，蝉噪野风秋。
> ——上官仪《入朝洛堤步月》

这首《入朝洛堤步月》，可以说是上官仪现存为数不多的诗作中流传最广的一首，而创作这首诗的时间，也是上官仪仕途生涯中最辉煌的时段。史书称上官仪于高宗朝"贵显"过于贞观朝，但真正做到"独为宰相"，"独持国政"，则当在显庆、龙朔年间。彼时，唐高宗李治和皇后武则天已在东都洛阳常住，更多的军国事务主要都在洛阳处理。据说当时百官上早朝都要在凌晨时分于天津桥与洛堤上等候，身为"独持国政"的宰辅重臣，当然要走在早朝队伍的最前面。我们能想出这样一幅画面：当启明星在皇城的上空熠熠生辉，当桥下的洛水寂寂无声地流过，当清冽的晨风吹过额角，当自己佩金饰玉的宝马形成"唯马首是瞻"的入朝阵形，上官仪怎能不承恩倨傲，怎能不志得意满？"脉脉广川流，驱马历长洲"，与其说是勾勒了一幅由静转动的早朝画面，不如说道出了一个位极人臣的文人最得意的心情！《大唐新语》说，上官仪将此诗脱口而出后，"音韵清响，群公望之，若神仙焉"。这种"若神仙"一般沉整的风仪，成为文武百官对身兼初唐文人与官员领袖的上官仪集体仰望的特质，而这种仰望，显然已将"绮错婉媚"的上官体与大唐宫廷政治紧紧连在了一起！

然而，物极必反好像是世间跳不脱的铁律，承恩倨傲的上官仪不会想到，当他的诗歌与仕途走上人生的巅峰，迎接他的竟是深不可测的万丈深渊！而亲手将他推下深渊的，正是他为之感恩戴德的当朝皇帝——唐高宗李治！

事情发生在麟德元年（664）。事实上，作为贞观之治的接棒者，唐高宗李治从为武则天封后的那一天起，就已经开始向着皇权被逐渐架空的轨道迅速滑落。他眼看着自己的舅父长孙无忌在与武则天的争斗中凄惨地落败，只能徒唤奈何，而面对武则天几乎是命令式地奏请加封许敬宗为太子少师，他同样也只能应允。时而发作的头痛病和日益严重的眼疾，让他渐渐受制于这个当年他亲自从感业寺迎回的女人。当朝中宰相只有上官仪成为高宗李治可以议事的"自己人"，这个羸弱的皇帝意识到，该是反击的时候了，再不出手，自己真要变成了一个彻头彻尾的傀儡了！

机会很快就出现了。麟德元年（664），因为武则天崇信迷信，有个叫郭行真的道人经常出入宫禁，为其行厌胜之术，这件事被宦官王伏胜发现，旋即就传到了高宗的耳朵里。这王伏胜也算与武则天有宿怨，他原来的主公李忠，曾是名正言顺的太子，但在武则天封后之后，便被贬为了庶人。忠于主子的王伏胜一直在寻找复仇的机会，他更深知，被架空的皇帝同样很郁闷，就是苦于找不到废后的借口，而这件事无疑成为除掉武后的最大口实！自古皇家对巫蛊之术就深恶痛绝，当年汉武帝时期的巫蛊之祸，就曾有数万人身首异处；到了唐代建国，更是在唐律中明确将其列入"十恶之罪"，犯下这种罪行，任何特权阶层都不在赦免之列。正因如此，当宦官王伏胜向李治告发此事，无论是皇帝还是李忠一党都兴奋起来。

李治马上找来了上官仪商议此事。在朝中为数不多的可以引为近臣的臣子中，曾在李忠王府担任谘议参军的上官仪，无疑是可以商议处置武后之事的最佳人选。而上官仪也似乎心领神会，对李治进言道："皇后专横，海内失望，应废黜以顺人心。"高宗此时正在气头上，于是马上命他起草废后诏书。像往常草拟诏书一样，写得一手好字的上官仪在皇帝面前从容地摊开纸墨，龙飞凤舞地列数起皇后武则天的罪状。当然，在声色俱厉的同时，文采一定是要有的，对于这道至关重要的废后诏书，上官仪必须为之打上"上官体"的烙印！

然而，上官仪决然不会想到，这道诏书竟会成为自己宰相生涯里草拟的最后一道诏书！在宫中遍布眼线的武则天，几乎在诏书墨迹未干的时候，就已如一阵狂飙般冲到了高宗李治的面前。武则天声泪俱下的质问，直接将懦弱的高宗逼到了墙角，在洛阳的燥风中，宫人们都看到了皇帝额头上沁出的汗珠。上官仪垂手肃立，早已吓得不知所措，那支他惯用的毛笔已经掉在地上，在金砖上滚出一条黑色的轨迹，而更让上官仪彻底瘫软的，是高宗对着盛怒的武则天战战兢兢说出的一句话：此事与我无关，都是上官仪教我这么做的！

时间仿佛停止了！此前皇帝对臣子的倚仗，臣子对皇帝的感恩，瞬间变得疏离千里！当出卖"自己人"的高宗面如土色地收回成命，撕毁诏书，他实际上已经撕毁了一个忠心效命于他的臣子的生路！可怜上官仪，才情纵比天高，连皇帝这座靠山都倒了的时候，只能一死。很快，武则天便密示许敬宗，指控上官仪和王伏胜串通庶人忠，密谋作乱，当斩不赦。当上官仪与其子上官庭芝、王伏胜身首异处，籍没其家，当远在黔州的庶人李忠领到一杯来自权力中心的毒酒，高宗李治，已经彻底断送了最后一次扭转局面的机会。

而上官仪更大的悲哀还在身后。就在他尸骨未寒之时，他引以为傲的"上官体"开始遭遇空前的口诛笔伐，而将"上官体"批得体无完肤的一群人，恰恰是当年他最忠实的追随者！对上官仪的诗歌，他们不再仰望，不再认为"音韵清响"，而上官仪"绮错婉媚"的文风更是成了阿谀谄媚之词！含冤而死的上官仪永远不可能知道了，当年"上官体"的风行，是和政治捆绑在一起的，而今，"上官体"让人划清界限，避之唯恐不及，仍然是因为政治！这是多么黑色的戏谑啊！

当然，"上官体"的命运在事隔三十年后，又出现过一次短暂的流行，只不过人们争相效仿的标杆，已经由上官仪换成了他的孙女上官婉儿。这位大唐帝国的传奇女子，在其祖父遇害时，尚在襁褓之中，与母亲郑氏一同被没入掖庭，充为官婢。由于生性聪颖，诗文俱佳，逐渐得到女皇武则天的重用，被引为亲信女官，掌管宫中制诰。而在神龙元年（705），随着武则天死去，唐中宗复辟，上官婉儿被册为昭容，上官仪冤案昭雪，被追赠中书令、秦州都督、楚国公,以礼改葬。由此,"上官体"再次成为大唐文学圈一道被追捧的景观。直到景龙四年(710),时任临淄王的李隆基起兵发动唐隆政变,上官婉儿与韦后同时被杀,这个再次风行于世的文体才真正地偃旗息鼓,成为中国文学史上和政治走得最近又和政治一起埋葬的致命风尚。

如今,沿河南渑池县城向北行五十公里,有一个北仁村,据《渑池县志》等资料考证,上官仪墓地就在此处。一千多年过去,当年的坟头自然早已不再,但生活在这里的人们还是给他们千年前的老祖宗建了一座规模宏大的祠堂,并重修了墓冢和墓碑。据说在这个小村庄,真正姓上官的人家并不多,倒是姓"官""尚""关"的不少,想来应是当年为了避祸而改了祖姓。清明前后是北仁村最热闹的时候,全国各地的上官后裔都会来到这里祭祀上官仪——他们的远祖。在升腾的烟霭中,上官仪的形象再次被拱卫在一片备受尊崇的光环之中,然而,我们真的要问一声:倘若上官仪地下有知,在文字中显达又在文字中罹祸的他,还会在意身后如此隆重的仪式吗?

宋之问：文格与人格的背反

初唐诗人中，宋之问是个特别的样本。他是一个词采卓然文格颇高的诗人，与沈佺期并称"沈宋"，与陈子昂、卢藏用、司马承祯、王适、毕构、李白、孟浩然、王维、贺知章并称"仙宗十友"；但同时，他又因低劣卑下趋炎附势的人格而受人唾弃。这种文格与人格的严重背反，交相作用于宋之问身上，最终将其拧成了一根麻绳，刺目地捆绑在大唐诗歌的扉页之上。

宋之问的家世并不显赫，其父宋令文"富文辞，且工书，有力绝人，世称三绝"（《新唐书》），唐高宗时做到了左骁卫郎将和校理图书旧籍的东台详正学士，在当时有一定的声望。在宋令文的潜移默化之下，他的儿子们各得其一绝，长子宋之逊精于草隶，三子宋之悌勇武过人，而次子宋之问则长于诗文歌赋，一时间，宋氏一门成为坊间美谈。

宋之问是在上元二年（675）进士及第、踏入仕途的，这一年，他刚刚二十岁。玉树临风气宇轩昂的宋之问一入仕途，便开始广泛参与文人的雅集唱和，《旧唐书》说其"尤善五言诗，当时无能出其右者"。在一个风华正茂的年龄登第,本身已令人称羡,而其诗文又能在诸公间独领风骚,宋之问的自得之情虽然时隔千年,我们仍可想见。

宋之问真正攀上人生顶峰的得意时刻,是在他入仕后的第二十三个年头。圣历元年(698),武则天率领一众大臣游历洛阳龙门,山光水色之间,心情极好的女皇让大家赋诗助兴,众臣纷纷遣词造句,跃跃欲试,左史东方虬才思敏捷,率先赋成,武则天甚喜,遂以锦袍赐之。要知道,锦袍对于女皇武则天而言,可是她给臣子的最高赏赐了,宰相狄仁杰就曾获赐锦袍一件,上面还有武则天的亲笔题诗,足见锦袍之赐已是至高无上的皇家殊荣。得到锦袍的东方虬当然是兴奋不已的,但很快他的这种兴奋就滑坠成了巨大的失落,因为就在不到片刻的工夫,他身边的宋之问也傲然置笔,完成了女皇的这篇"命题作文":

宿雨霁氛埃,流云度城阙。

河堤柳新翠,苑树花先发。

洛阳花柳此时浓,山水楼台映几重。

群公拂雾朝翔凤,天子乘春幸凿龙。

凿龙近出王城外,羽从琳琅拥轩盖。

云罕才临御水桥,天衣已入香山会。

山壁嶔岩断复连,清流澄澈俯伊川。

雁塔遥遥绿波上,星龛奕奕翠微边。

层峦旧长千寻木,远壑初飞百丈泉,

彩仗蜿蜒绕香阁。下辇登高望河洛。
东城宫阙拟昭回，南阳沟塍殊绮错。
林下天香七宝台，山中春酒万年杯，
微风一起祥花落，仙乐初鸣瑞鸟来。
鸟来花落纷无已，称觞献寿烟霞里。
歌舞淹留景欲斜，石关犹驻五云车。
鸟旗翼翼留芳草，龙骑骎骎映晚花。
千乘万骑銮舆出，水静山空严警跸。
郊外喧喧引看人，倾都南望属车尘。
嚣声引飚闻黄道，佳气周回入紫宸。
先王定鼎山河固，宝命乘周万物新。
吾皇不事瑶池乐，时雨来观农扈春。

——宋之问《龙门应制》

在这首极尽铺排之能事的应制长诗中，我们看到的是一派声势浩荡的皇家出游场面："河堤柳新翠，苑树花先发。"在春光明媚的时节，君臣游幸龙门的仪仗"千乘万骑銮舆出，水静山空严警跸"，使得"郊外喧喧引看人，倾都南望属车尘"；而在通过多重换韵，完成缘起、出行、宴乐等一系列过程之后，宋之问也没有忘记对女皇热烈地讴歌，"先王定鼎山河固，宝命乘周万物新。吾皇不事瑶池乐，时雨来观农扈春"，透过洋洋洒洒的诗行，一个勤于政事心系苍生的女皇已跃然纸上。

女皇武则天看罢宋之问呈上的诗作，回应给他的是一个满意的微笑。应制之诗本身就是空洞的堆砌物，但彼时女皇的笑容就是一篇好诗文的中心。当"略输文采"的东方虬被女皇从手里拿走锦袍，转而赠予后来居上的宋之问，我们仿佛可以看见东方虬的满脸窘色，而作为这场比赛的胜利者，宋之问的得意与自适更是不消多说。御用文人拼的不单是吟风弄月的技巧，他一定是一个能够揣摩圣意的高手。能够将歌功颂德的文字说到皇帝的心里，他就赢了！

事实上，宋之问的应制诗确实已经在当时的宫廷诗坛达到了一个巅峰。从他现存的二十七首应制诗中，我们可以看见其阔大的意境，高张的笔力。这些应制诗比之太宗朝狭窄逼仄的应制诗，已明显有了突破，不仅在意象的设计上新鲜了许多，在结构的编排上有了大胆创新，更在格律的构建中成为典范。唐代僧人皎然曾对宋之问的应制诗评价甚高，认为他的应制诗是"律诗之龟鉴""诗家之射雕手"；清代学者翁方纲在他的《石洲诗话》中更是不吝其辞道："宋（之问）应制作诸作，精丽不待言，而尤在运以流宕之气。此元自六朝风度变来，所以非后来试帖所能几及也。"在宫廷诗人的较量中，宋之问因自己卓尔不群的文格成为一颗耀眼的明星。女皇御赐的锦袍他当然不舍得穿，而是将其高高供奉起来，他相信，用自己的文格赢得更高的权力，应当不会是件难事。

然而，纵观宋之问的仕宦生涯，我们却发现，文格更像是一块包装华丽的敲门砖，它让才情庞沛的宋之问走近权贵，赢得了权贵们的青睐；而与其隽永的文字相悖而行的，却是卑劣龌龊的内心。他将写诗作为献媚求宠、博取名利的工具，而其见风使舵、软弱无骨的人格，却附着于他的文字背后，形成宋之问行走于王公贵族间的标签。这种文格与人格所构成的特别的矛盾体，曾一度助推着宋之问爬上了权力的顶峰，但最终，还是被重重地摔入谷底。

我们先来看看宋之问为了赢得女皇武则天的好感，都做了哪些"积极"的"尝试"。事实上，圣历元年的那次锦袍之争，只是宋之问人生计划一次有效的实现，而真正酝酿这样光鲜的出场，宋之问却是从进士及第的那一天就已经开始了。宋之问与杨炯几乎同时被召，分直内文学馆，不久授洛州（今河南洛阳）参军，到了永隆二年（681），再入崇文馆充学士。天授元年（690）秋，武后称帝，改国号为周，再次敕召宋之问与杨炯分直于洛阳西入阁。十五年间，宋之问从九品殿中内教擢升为五品学士，为世人钦慕。之所以能有如此之快的晋升，成为武周朝典型的台阁诗人，除了他的才气，更主要的还是他擅于揣摩女皇的心意。他摸透了女皇的脾气，在每一首应制诗中，对女皇不遗余力地献媚和吹捧，是故每有新诗出手，总能得到女皇的赞赏。当其在龙门之行中出尽风头，这个宫廷文人更是自感"志事仅得，形骸两忘"。接下来，他甚至厚颜无耻要凭着自己俊朗的姿容，异想天开地做出一件荒唐事——自荐做女皇的面首！

"明河可望不可亲，愿得乘槎一问津。"出自宋之问《明河篇》的两句诗，内中"自荐枕席"之意已经十分明显。彼时的武则天，早已通过血腥的杀戮和高压的统治巩固了她的权力，而面首随之成了这位女皇后宫生活的重要调剂。当前有薛怀义，后有张易之、张昌宗兄弟纷纷受宠，只需以健硕的身体伺候好女皇的起居，便可富贵荣华，一步登天，宋之问的心思活了起来，他也希望凭借自己轩昂的仪表，成为武则天的枕边人。"愿得乘槎一问津"，他的这声问，会有怎样的回音呢？

接下来的反馈无疑是让宋之问郁闷的。女皇并没有接过宋之问暗送的"秋波"，拒绝的理由可以说简单而粗暴——因为她受不了宋之问的口臭！这件事让心中怀着一盆炭火的宋之问好生落寞，但很快他便找到了一个祛除口臭的方子——含着"鸡舌香"上朝！这"鸡舌香"想必应当是一种类似口香糖的物什。当嚼着"口香糖"上朝的宋之问成为群臣眼中一道搞笑的风景，每个人都看出了他那份使劲往上爬的心思。

而小人最大的特点就是不会顾及周围人的耻笑，为了达成目标可以不择手段。没当成女皇的面首，曾让宋之问失意良久，但很快他就想到了一种变通的办法——那就是攀上张易之、张昌宗兄弟这两个高枝。如果说向他们兄弟二人讨来"鸡舌香"还只是一个接触的开始，那么接下来，这位堂堂大唐官员就要削尖了脑袋，走走女皇面首这个"后门"了。

  王子乔，爱神仙，七月七日上宾天。
  白虎摇瑟凤吹笙，乘骑云气吸日精。
  吸日精，长不归，遗庙今在而人非。
  空望山头草，草露湿君衣。

——宋之问《王子乔》

这首诗约作于久视元年（700）。话说有一天，女皇一觉醒来，惊喜地发现自己长出了重眉，这让她高兴万分，马上在控鹤监大摆筵席。这控鹤监其实就是武则天的后宫，内中蓄养了大批男宠，当然，这些男宠的"班头儿"便是张易之、张昌宗兄弟二人了。酒酣耳热之际，官员们开始对张昌宗大加吹捧，而他们之中，吹捧得最起劲的，便是宋之问。宋之问夸赞张昌宗仙姿潇洒，颇似升仙太子王子乔。这王子乔是周灵王之子，喜欢吹箫，后来控鹤飞升，得道成仙。宋之问不单纯肉麻地阿谀，还动用自己的才思，一挥而就写出了这首《王子乔》，尤其是当"白虎摇瑟凤吹笙，乘骑云气吸日精"这两句脱口而出，不仅让张昌宗兄弟拍手叫绝，更让武则天心中大悦。她遂让张昌宗穿上羽衣，吹着箫骑着木鹤，装扮成王子乔控鹤飞升之状，在控鹤监尽情地展示了一番。宋之问，在用自己的文采制造一场闹剧的同时，也让自己的人格跌落到了为人所不齿的边缘。

而这只是宋之问攀附二张的开始。在控鹤监赢得二张和女皇的垂青之后，宋之问索性一不做二不休，将自己的政治前途紧紧地捆扎在张氏兄弟的香车上。他为二张捉刀代笔，写了大量诗文，在心甘情愿地写上二人的名字的时候，不遗余力地满足着二人的附庸风雅；更让人觉得不可思议的是，宋之问竟然不顾廉耻，侍奉二张如再生父母，亲自为他们端捧溺器。彼时，早已突破人格底线的宋之问再清楚不过，随着武则天渐入老境，昔日的铁腕女皇已经将许多军国大事交给了张氏兄弟处理，张氏兄弟权倾朝野，只有紧紧抱住他们的大腿，自己才会官运亨通。

然而，大树终有枯朽之时。神龙元年（705）正月二十日，趁着武则天身染沉疴，卧病在床，宰相张柬之秘密联络朝中众臣，率羽林军迎太子李显至玄武门，一路冲杀至迎仙院，将张易之、张昌宗悉数斩首。几天后，即正月二十三日，女皇被迫让位给太子李显。复辟成功重登皇位的李显，先是清剿二张余党，随即大赦天下。武则天不久便在阴冷的上阳宫死去，这个女人所创建的武周王朝也随之土崩瓦解，天下，再次回归李氏。

载入史册的这场"神龙政变"，疾如风电，曾经飞扬跋扈的张易之、张昌宗兄弟还没有搞清是怎么回事，就成了刀下之鬼。在接下来清剿二张余党的行动中，作为和二张走得最近的朝臣，宋之问当然亦惶惶如丧家之犬，很快便被逐出了朝廷，贬到泷州（今广东罗定）做了参军。从地位显赫的朝官一下子成为偏远之地的逐臣，宋之问的心理落差可想而知。

仲春辞国门，畏途横万里。
越淮乘楚嶂，造江泛吴汜。
严程无休隙，日夜涉风水。
昔闻垂堂言，将诫千金子。
问余何奇剥，迁窜极炎鄙。
揆己道德馀，幼闻虚白旨。
贵身贱外物，抗迹远尘轨。

朝游伊水湄，夕卧箕山趾。
妙年拙自晦，皎洁弄文史。
谬辱紫泥书，挥翰青云里。
事往每增伤，宠来常誓止。
铭骨怀报称，逆鳞让金紫。
安位衅潜构，退耕祸犹起。
栖岩实吾策，触藩诚内耻。
济济同时人，台庭鸣剑履。
愚以卑自卫，兀坐去沉滓。
迨兹理已极，窃位申知己。
群议负宿心，获戾光华始。
黄金忽销铄，素业坐沦毁。
浩叹诬平生，何独恋枌梓。
浦树浮郁郁，皋兰覆靡靡。
百越去魂断，九疑望心死。
未尽匡阜游，远欣罗浮美。
周旋本师训，佩服无生理。
异国多灵仙，幽探忘年纪。
敝庐嵩山下，空谷茂兰芷。
悠悠南溟远，采撷长已矣。

——宋之问《自洪府舟行直书其事》

这首《自洪府舟行直书其事》，是宋之问赴泷州途中所作，内中不无感伤，但宋之问的感伤更多的是抱怨。"黄金忽销铄，素业坐沦毁"，在他看来，是因为遭人物议，毁了自己的清素之业，全然没有意识到，他的被贬窜流放，恰恰是因为自己的趋炎附势夤缘幸进的卑劣人格造成的。

正因如此，南行一路上，我们可以看到宋之问写下了太多的含泪吞声之诗。行经黄梅临江驿，他感慨"马上逢寒食，愁中属暮春。可怜江浦望，不见洛阳人"；翻越江西大庾岭这座迁客南行的必经之地，宋之问更是涕泗横流地写道："度岭方辞国，停轺一望家。魂随南翥鸟，泪尽北枝花。山雨初含霁，江云欲变霞。但令归有时，不敢恨长沙。"未到贬所，已经思归。在充满怨艾的诗行中，宋之问祈望着重回魏阙，希望能像当年贾谊那样，有一个"宣室求贤访逐臣"的翻身机会。

这个翻身的机会很快就出现了，创造这个机会的并不是当朝皇帝，而是宋之问自己，确切地说，是他在阴暗的人格驱动下换来的。就在到达泷州的第二年春天，宋之问因不堪南方卑湿酷热，瘴疠盛行，偷偷潜逃回了洛阳。一个贬官，未得朝廷允准，擅自逃离贬所，是要杀头的。由此，我们完全可以想见宋之问北归时的狼狈之态，而腹有锦绣的宋之问给自己这段逃亡之路留下的心情注解，则是一首脍炙人口的小诗：

岭外音书断，经冬复历春。

近乡情更怯，不敢问来人。

——宋之问《渡汉江》

这首诗是宋之问途经湖北汉江时所作。这位曾经写惯了绮丽浮华的应制诗的宫廷诗人，在南谪和北归的这段时间，已经彻底变成了一个用平时朴素的语言表达个人心境的诗人。这首《渡汉江》，明明是在表达一种思乡之情，却正意反说，越是靠近家乡，越是不敢打听家乡的消息，这样的心理描摹，没有惶惶逃亡的经历，是断然写不出来的。

宋之问逃回洛阳之后，藏匿在了他的好友张仲之家里。按理说，本是戴罪之身，得到好友的容留和接济，宋之问应当心存感激，可宋之问给好友的，却是卑鄙的恩将仇报！彼时，张仲之和身为驸马都尉的王同皎等人对武则天之侄武三思怨恨颇深，他们不满武三思擅权乱政，多次密谋，欲杀之而后快。寄居张仲之家的宋之问得到这个消息如获至宝，他感到自己重获荣华的机会就在眼前，马上叫自己的侄儿宋昙跑去向武三思告发。此时权倾朝野的武三思哪容这般"乱党"，很快就给张仲之、王同皎安了个谋逆之罪，抄没其家，斩首示众。可怜张仲之，本意将心向明月，奈何明月照沟渠，他容留下的落魄的宋之问，其实是在冻馁中渐渐苏醒的毒蛇，只要有机会，就会对人狠狠地咬上一口，被咬的这个人，哪怕是朋友，哪怕是恩人！

几乎是在张仲之、王同皎人头落地的同时，宋之问再次堂而皇之地重新返回久违的朝堂。因为告密有功，武三思将宋之问视为自己的得力助手，不仅免除了他的流放之罪，还让他当上了鸿胪主簿，一时风光无两。这时，当我们再回头看那首《渡汉江》，真的难以想象，能吟出"近乡情更怯，不敢问来人"这样清新朴实的诗句的诗人，竟是一个卖友求荣卑劣龌龊的小人！

攀上武三思这棵大树之后，宋之问再次平步青云。他全然不顾朝臣们对他不屑的眼神，反而利用朝廷让他主持科举考试的便利，收受考生的巨额贿赂，中饱私囊。当然，武三思这个靠山也不是铁板一块，随着其被李多祚所杀，宋之问又转而投向了新主——太平公主。宋之问没有忘记动用自己的诗歌天赋，在近乎肉麻地赞美太平公主的美貌仁德之后，太平公主对宋之问印象颇深，多次向中宗进言，宋之问的禄位自然是一路擢升。

英藩筑外馆，爱主出王宫。
宾至星槎落，仙来月宇空。
玳梁翻贺燕，金埒倚晴虹。
箫奏秦台里，书开鲁壁中。
短歌能驻日，艳舞欲娇风。
闻有淹留处，山阿满桂丛。
——宋之问《宴安乐公主宅得空字》

这首诗是宋之问写给中宗的女儿安乐公主的。如同一根墙头草，追名逐利的宋之问一直在给自己寻找着更稳定的靠山，当她发现安乐公主渐渐成势，便转而向这位任性的公主大献艳诗，极尽奉承之能事。安乐公主当然知道宋之问的心思，很快便向中宗举荐了宋之问，中宗也有意提拔其为中书舍人。然而，就在宋之问觉得一切都按自己的既定目标进行时,恼羞成怒的太平公主跳了出来。她本是安乐公主的姑姑,但权势的此消彼长早让她们成了仇敌,仇敌力推的她就要坚决地反对;况且,安乐公主举荐的宋之问曾那么肝脑涂地地站在自己这一边,她,作为强人武则天的女儿,怎能容忍一个无行文人的朝秦暮楚,两面三刀!当即,太平公主向中宗揭发了宋之问在主持科举考试时的受贿劣行,中宗听罢大为震怒,随即将宋之问贬到了越州(今浙江绍兴)。

就这样,好不容易重返朝廷的宋之问再次因为自己低劣的人品受到惩罚。这种惩罚并没有在越州终结,唐睿宗继位后,更是不齿于宋之问的人品,又将其贬到更偏僻的钦州(今广西钦州)。到了唐玄宗李隆基通过一番腥风血雨平灭诸韦,杀掉韦后、安乐公主,继而又杀掉太平公主,登基继位,执掌皇权后,这个出手凌厉的皇帝除恶务尽,凡依附韦后及太平公主的党羽皆成刀下之鬼,远在钦州的宋之问由于与张易之兄弟、武三思、太平公主、安乐公主都有着数不清的纠结,只能领到一杯御赐的毒酒。据说将死之日,宋之问汗如雨下,本来可以和家人做一番最后交代,却因紧张而语无伦次,不知所云,最后只能沐浴更衣就死。可怜宋之问,用自己华丽的诗文攀附了一棵棵大树,到头来才恍然大悟:没有一棵树是可以永远为自己遮风挡雨的,而自己的人格却在一次次可悲的依附中不断地沉降、堕落,直至最后和自己的生命一起,消逝于无形。

在中国诗歌史上一直有一桩公案,说的是宋之问因诗杀人之事。宋之问有一个外甥名叫刘希夷,也是一位诗人,曾写过一首题为《代悲白头翁》的诗，宋之问当时看过，拍手叫绝，尤其是"年年岁岁花相似，岁岁年年人不同"这两句，更深爱之。为了将这首尚未公之于众的诗据为己有，阴狠的宋之问竟然命令家奴用土袋将外甥活活压死，而那首《代悲白头翁》，自然也就成了宋之问的佳作。

对于这个故事，许多严谨的学者都持不予采信的态度，毕竟宋之问是"诗家之射雕手"，犯不着因一首诗而杀人。但这个故事还是表达了人们对宋之问的一种倾向，那就是：文格不等同于人格！纪昀曾云"人品高则诗格高；心术正则诗体正"，刘熙载亦云"诗品本于人品"，但将这两位儒家学者的观点放在宋之问身上，却像是一个玩笑：文品高贵的宋之问用错金镂玉的文字丰富了全唐诗的一角，但同时，也以自己低劣卑下的人格走过了一条污浊的轨迹。文格与人格的背反，最终让宋之问成为中国文人中一个异样的标本。

第二章

盛唐
击剑酣歌当此时

泱泱盛唐，不仅是万邦朝觐的中心，更为文人们提供了一方展现才能的舞台。生逢盛唐的文人们，骨子里都把自己看作了浪漫的骑士：边塞军旅的生涯为他们镀上一层烽火之色，经世致用的梦想点亮了他们的鸿鹄之志，而游侠游宦游仙的社会风尚，又让他们遍览名山大川，广交四海知音。这个文风浩荡的盛唐诗人群体，彰显着青春的骄傲，也涌动着生命的豪情。他们当中，有的仕途畅达，有的沉居下僚，但这并不妨碍他们举杯邀月，击剑酬歌，结伴交游，心声互答。无论是明山秀水，还是酒肆高阁，都因他们的观照而流光溢彩，都因他们的登临而意趣横生。他们的名字，共同编织的，是一段令人羡慕的流金岁月；他们的诗行，共同谱写的，是一曲气势恢宏的盛世长歌！

张九龄:"风度得如九龄否?"

在大唐帝国由初始走向繁盛的进程中,张九龄是个颇为耀眼的坐标。作为一位在武周朝进士及第、在玄宗朝成为一国宰辅的诗人,张九龄的功业文章,可谓冠盖一代,以至于在其去世之后,每有宰相向玄宗推荐公卿,玄宗都会问一声:"其人风度得如九龄否?"那么,张九龄的风度为何能给一朝天子留下如此深的印象?风度,在张九龄身上,又有着哪些具体的指向呢?

应当说,张九龄的风度首先是外在的。作为有唐一代唯一一位岭南书生出身的宰相,张九龄堪称气宇轩昂,仪表堂堂。据说他无论是在家还是上朝,始终都是衣着整洁,温文儒雅,绝不含糊,而这,也恰恰应和了唐代对士人"风度"的标准。在唐人看来,一个士人的举止、仪态是相当重要的,在科举取士的考核条件中,一个优秀的士子,不仅要能言善辩、文理优长、书法隽秀,其人外表更要丰神俊朗才行,形容猥琐之人是很难被拔擢为官的。在这样一种全民推崇的"风度"中,风仪沉整的张九龄自然会得到执政者的垂青。武则天长安二年(702),时年二十五岁的张九龄带着岭南的山水灵气走进帝都,高中进士;中宗景龙元年(707),因其才堪经邦,授秘书省校书郎;玄宗先天元年(712),张九龄"应道侔伊吕科,对策第二等,迁左拾遗"。和姚崇、宋璟等人一样,张九龄的政治起步在武则天时期,但到了玄宗朝,他的政治才能才真正得以释放,他的风度才真正在大唐帝国的政治弈局中得以展现。

如果说偶傥魁伟的仪表构成了"九龄风度"的外在表征,那么刚直、务实与远见,则构成了"九龄风度"的重要内涵。站在大唐由初入盛的帝国风云里,张九龄正是用自身特有的君子之风,赢得了时代的认可和历史的尊重。

张九龄的刚直是始终如一的。史家在评论开元宰相时说:"姚崇尚通,宋璟尚法,张嘉贞尚吏,张说尚文,李元纮、杜暹尚俭,韩休、张九龄尚直,各用所长也。"开元六年(718),张九龄迁左拾遗,曾与右拾遗赵冬曦主持考试,秉公持正,不徇私情,"号称详平"。开元七年(719),河北支度营田使兼营州都督宋庆礼去世,太常博士张星建议给一个"专"的谥号,意在贬低庆礼声誉。时任礼部员外郎的张九龄虽与宋庆礼素昧平生,但对"为政严、少私"的宋庆礼颇为敬重,于是慨然为其申驳道:"庆礼国劳臣,在边垂三十年……其功可推,不当丑谥。"于是改谥为"敬"。对于非亲非故之人能如此秉公仗义,九龄之直可见一斑。

张九龄的入相之路并非一帆风顺,广州、冀州、洪州、桂州都有过他外放的足迹。仕途蹭蹬中,这位体弱多病的岭南诗派的开山之祖,也曾发过人生苦短、宦海浮沉之叹,这首《在郡秋怀》

便是作于洪州任上。

> 秋风入前林，萧瑟鸣高枝。
> 寂寞游子思，寤叹何人知。
> 宦成名不立，志存岁已驰。
> 五十而无闻，古人深所疵。
> 平生去外饰，直道如不羁。
> 未得操割效，忽复寒暑移。
> 物情自古然，身退毁亦随。
> 悠悠沧江渚，望望白云涯。
> 路下霜且降，泽中草离披。
> 兰艾若不分，安用馨香为。
>
> ——张九龄《在郡秋怀（其一）》

张九龄是在开元十九年（731）回到长安，并于三年之后，也就是开元二十二年（734）被玄宗任命为中书令，正式成为宰相的。尽管权柄在握，张九龄却始终秉公守则，直言敢谏，选贤任能，不徇私枉法。彼时，唐帝国已进入全盛期，但张九龄却不忘提醒玄宗居安思危，整顿朝纲。他提出了以"王道"替代"霸道"的从政之道，强调保民育人，反对穷兵黩武；同时，主张省刑罚，薄征徭，扶持农桑；坚持革新吏治，以德才兼备之士任为地方官吏。玄宗对这位文采斐然、恪尽职守的宰辅之臣也颇为器重，曾云："张九龄文章，自有唐名公皆弗如也，朕终身师之，不得其一二。此人真文场之元帅也。"据说当时士大夫阶层都要把笏板插在腰带上方能骑马，玄宗念张九龄体弱，遂常派人帮助其拿着笏板，后来朝廷还专门为此设立了笏囊，可见玄宗对其倚重之深。

身居宰辅之位，又深得皇帝倚重，张九龄并未恃宠而骄，反而更加朝乾夕惕，如履薄冰，"遇事无细大皆力争"，甚至在某些场合，刚直得有些"不合时宜"。据说有一年八月初五，逢玄宗生日，朝臣按照当时流行的时尚纷纷进献宝镜，唯独张九龄，没有随波逐流进献奇珍异宝，反而搜集历代兴替教训，编撰了一部《千秋金镜录》，作为千秋节的献礼。这本书意在对已经有些飘飘然的玄宗委婉劝谏："臣于今盛治之时，犹有思齐之言。……总欲皇上学圣人治益求治，齐益求齐之至意也。"在《金镜录·齐家》卷中，张九龄语重心长。"自鱼书既停以后，兵不兵而将不将，不足以保守太平者，尤不足以捍卫边境。此虽一时兵甲钝弊之患，实国家百年无备之忧。有志之士，所愿早图。"在《金镜录·选卫将》卷中，张九龄忧心忡忡……在朝臣们进献的各类琳琅满目的宝镜之中，张九龄这面"宝镜"无疑是最不"光彩照人"的，但它却照见了一位老臣的忠耿之心，并试图照亮大唐未来的征途。

如果说刚直成为张九龄被史家载入史册的"风度"标签，那么务实，则是其作为一代政治家难得的人格素养。"平生去外饰，直道如不羁。"在他的《在郡秋怀》中，我们看到，这两句诗可谓其务实之风的生动写照，而这种务实之风，落实到张九龄的为人为政为文上，又有着太多可以参佐的例证。

"凡不历都督、刺史，有高第者不得入为侍郎列卿；不历县令,有善政者亦不得入为台郎给舍。"这是张九龄在其著名的《上封事书》就官吏选拔制度明确提出的政治主张。在张九龄看来,官吏的选拔任用必须秉持循名求实的原则。他主张官员的基层工作历练,坚持以"才行"举士,反对"据资配职",并认为这是"兴衰之大端",不可不慎。这篇求真务实的上疏马上引起了唐玄宗的重视。在官吏的任用选拔上,玄宗接受了张九龄重刺史县令之选的建议。开元四年(716),当他听说很多当年所选的"县令非才",便在宣政殿亲自面试,结果发现有四十五人不合格,遂悉数将他们放归习读。玄宗重视刺史县令之选的直接效果很快便彰显出来,《资治通鉴》云:"是岁,天下县千五百七十三,户八百四十一万二千八百七十一,口四千八百一十四万三千六百九。西京、东都米斛直钱不满二百,绢匹亦如之。海内富安,行者虽万里不持寸兵。"当地方官的选任因为一纸言词中肯的奏章得到重视,张九龄的务实之风,实际夯实的是一个帝国的发展之基。

　　张九龄务实的突出例证,是他在开元四年(716)以左拾遗身份督造大庾岭南路一事。在《开大庾岭路记》一文中,他直陈己见,认为"海外诸国,日以通商,齿革羽毛之殷、鱼盐蜃蛤之利,上足以备府库之用,下足以赡江淮之求"——开凿大庾岭,有着实实在在的经济意义。说动玄宗,接旨督造大庾岭南路之后,张九龄更是夙兴夜寐,知难而进。为了在"千里连峰匝,纡回出万寻"的大庾岭凿岭劈路,他不仅亲自履险攀岩,勘测线路,更爱惜民力,不误农时。两年之后,当一条宽一丈、长三十里的大道南通广东南雄,北接江西南安,张九龄不仅用沿路遍植的梅树,给透迤的山脉赋予了一个美丽的别名——"梅岭",更在这条南北大通道上,镌刻下一个政治家心系社稷脚踏实地的政治人格。

当务实的作风贯穿张九龄的宦海生涯,我们发现,这种不加粉饰率真质朴的精神同样也成为其作诗为文的圭臬。张九龄的恩师张说是开元时期的文坛领袖,也是大唐名相,曾屡次在同僚面前称赞九龄"后出词人之冠",直言其"文如轻缣素练,实济时用,而窘边幅"。在张说看来,张九龄的诗没有太多富艳的藻饰,而简约清澹、平白如话的风格却犹如一条白练,让人于素淡之中感悟到隽永的韵味。

> 万丈红泉落,迢迢半紫氛。
> 奔流下杂树,洒落出重云。
> 日照虹霓似,天清风雨闻。
> 灵山多秀色,空水共氤氲。
> ——张九龄《湖口望庐山瀑布泉》

提到庐山瀑布,我们马上会脱口而出李白的"飞流直下三千尺,疑是银河落九天",而早在李白之前,张九龄的名字已经让庐山生出一份荣耀。"万丈红泉落,迢迢半紫氛",写出了庐山瀑布的气势;"灵山多秀色,空水共氤氲",写出了庐山瀑布的意境。描绘这样的景色,诗人并没有运用矫情的语言,恰恰是以简约的素描,勾勒出了庐山瀑布的壮美身姿。当然,张九龄不仅状写风景讲求简约清澹,即便描写大唐帝都的盛景,也很少做过分的夸张与绚丽的铺排,当"万甃清光满,千门喜气浮"勾画出长安的繁荣,当"花间直城路,草际曲江流"活画出长安的盛大,张九龄,已经将简约的意象变成了俯拾皆是的诗行。

> 与君尝此志,因物复知心。
> 遗我龙钟节,非无玳瑁簪。
> 幽素宜相重,雕华岂所任。
> 为君安首饰,怀此代兼金。
> ——张九龄《答陈拾遗赠竹簪》

这首《答陈拾遗赠竹簪》,是张九龄早期写给陈子昂的一首酬答诗。对于陈子昂这位前辈,张九龄是心怀景仰的。作为初唐诗歌改革的旗手,陈子昂反对六朝以来"彩丽竞繁"的浮靡之风,力主"兴寄",身为当时的文学后生,张九龄随之响应,倡导以"清澹"为风,在诗歌中力避雕琢华艳,成为陈子昂诗歌改革的坚定盟友和有力的接棒者。"幽素宜相重,雕华岂所任。"当张九龄接过前辈陈子昂赠予的竹簪,其实接过的是一份清淡的美学旨趣,传承的是一份幽素的人生态度。而也正因为这样的诗风,让陈子昂的努力有了可以永续相继的力量,最终成就了百花齐放的盛唐诗歌气象。诚如清代文艺理论家刘熙载在其《艺概》中所云:"唐初四子沿陈、隋之旧,故虽才力迥绝,不免致人异议。陈射洪、张曲江独能超出一格,为李、杜开先。人文所肇,岂天运使然耶?"而清代另一学人沈德潜在其著作《唐诗别裁》中,对张九龄更是不吝其词,他认为"唐初五言古,渐趋于律,风格未遒。陈正字起衰,而诗品始正;张曲江继续,而诗品乃醇"。一个"醇"字,道出了九龄诗歌的不事雕琢、回味深长,更道出了张九龄在诗歌创作上与其人品一样的务实态度。

如果说简约务实的文风还只是"独善其身",那么不存私心求真务实地拔擢天下文士,则更显出张九龄磊落的人格和开阔的襟怀。首创唐代山水诗"清澹"一派的张九龄,奖掖了以王维、孟浩然、皇甫冉、卢象为代表的一大批山水田园名家。在张九龄的提点汲引之下,他们迅速成为唐代诗歌迈向繁盛的希望之星;而他们虽出于张九龄门下,却保留了各自的诗歌符号,张扬起各自的诗歌风骨,成为盛唐诗歌的中坚力量!"所不卖公器,动为苍生谋",这是王维对恩师发自心底的讴歌;"客中遇知己,无复越乡忧",这是孟浩然在感念张九龄的知遇之恩。当这些日后声震大唐诗坛的名字和一代名相的人生轨迹以深厚的师生之谊缔结在一起,我们看到,张九龄,已经用伟大的人格魅力,矗立成为大唐诗林中一片苍翠的绿荫!

走近"九龄风度",如果说刚直的性格是前提,务实的作风是关键,那么,远见,则是构成"九龄风度"的核心。一个卓越的政治家,一定是具备卓越政治远见的,没有审时度势的政治人格,缺乏洞若观火的政治敏感,是断然不会成为可以彪炳千秋的国家宰辅的。张九龄的政治远见,时隔千载,仍然在史书的字里行间放射着不灭的光芒。

"先见之明,遽为转祸之计,以救万人之命,以成万代之名,岂独大功？真为上智！"这是张九龄在他的《敕契丹知兵马中郎李过折书》中对于"远见"的阐释。作为有唐一代务实的政治家，张九龄始终以"致君尧舜，齐名管乐"为己任，认为"善为政者，防于未然"，强调为政者要"见微知著"，"识祸于未萌"。这种可贵的政治理念在张九龄的仕宦生涯中一直不曾丢掉，尤其是他坐上宰相之位后，更让他在一些重大政治问题上保持了自己清晰的判断，发出了自己铿锵有力的声音。

开元二十三年至二十四年（735—736），在大唐的朝堂上，张九龄曾提出过三次重要的奏劾。彼时，玄宗欲起用李林甫为相，在玄宗看来，李林甫可堪大用。当初李林甫任职国子监时，曾立下了不少规章制度，使国子监面貌焕然一新，据说当时国子监的学生们要给他树一通功德碑，被李林甫"断然"拒绝，他说，一切功劳都应归功于皇帝，而维护法度遵守法度也应是做臣子的分内之事。这件事传到玄宗耳朵里，玄宗甚感欣慰。然而，张九龄却深谙李林甫为人。和他通过科举登第不同，口蜜腹剑的李林甫是凭着裙带关系和谄媚取宠之术，一步步从一介小官最终爬上权力的高位的。正因如此，当玄宗将准备起用李林甫的想法说与张九龄，张九龄的态度十分坚决，上奏道："宰相系国家安危，林甫非社稷之臣也，陛下若相甫，恐异日为社稷忧矣。"就在这件事发生后不久，张九龄又一次折了玄宗的面子。玄宗听了李林甫的举荐，说胥吏出身的牛仙客尽管学识不高，没有经过正规的科举，但在河西道任军职期间，因节约用度，节省公费过万，所辖仓廪也颇为丰实，便有意提拔其为尚书。然而，玄宗的这一想法再次遭到了张九龄的强烈反对。在张九龄看来，尚书一职至关重要，一般多为在朝廷或地方曾担任过重要职务并极有声望之人方能胜任，"仙客边隅小吏，目不知书，若大任之，恐不惬众望"。

张九龄发出的日后看来最重要的一次示警是在开元二十四年（736）。这一年，担任平卢将军的安禄山在讨伐契丹时失利，时任幽州节度使的张守珪奏请朝廷斩首。此前，安禄山曾入京朝见，拜谒过张九龄。张九龄颇有识人之道，看出安禄山"狡猾，善揣人情"，认为他包藏"狼子野心，面有异相"，断定其日后必将作乱，曾对侍中裴光庭说："乱幽州者，必此胡也。"此次适逢安禄山干犯军法，被押送京城，奏请朝廷判决。张九龄毫不犹豫在奏文上批示，决定将安禄山斩首。在给玄宗的奏文中，张九龄慨然写道："穰苴出军，必斩庄贾；孙武行令，亦斩宫嫔。守珪军令若行，禄山不宜免死。"在望表而知里、扪毛而辨骨的张九龄看来，安禄山彼时不斩，必留祸患，皇帝一定能领会他的一番苦心。

然而，承平日久的唐玄宗在历史的十字路口，枉费了这位颇具政治远见的臣子发出的三次示警。在接下来的大唐轨迹中，我们不无悲哀地看到，李林甫最终被玄宗起用为相，执掌大唐帝国的权柄长达十九年。他的党同伐异摧毁了大唐官僚体系中相互监督相互制约的机制，他所举荐的牛仙客不过是他阵营中的一枚棋子，而他的由府兵制改为募兵制的兵制改革，直接造成了大唐王朝"外重内轻"的军事局面，成为安史之乱爆发的重要症结所在。

而最让人发出一声叹息的，还是玄宗对张九龄奏请斩杀安禄山的漠视。在看过张九龄呈上的奏折之后，不明华夷之辨的唐玄宗对张九龄说:"卿岂以王夷甫识石勒,便臆断禄山难制耶?"唐玄宗最终没有批准,且为示皇恩,将安禄山释放。最终安禄山兵起范阳,重演了西晋末年羯族石勒反晋乱华的一幕。及至为避安史之乱入蜀,玄宗想起张九龄的忠告,才潸然下诏褒赠这位已经病逝的老臣道:"谠言定其社稷,先觉合于蓍策。"

然而,这位具备刚直、务实、远见的政治人格的大唐名臣,再也听不见一个皇帝的悔悟,而"风度得如九龄否"也只能成为唐玄宗在执政后期用人失察的一声叹息。

> 海上生明月,天涯共此时。
> 情人怨遥夜,竟夕起相思。
> 灭烛怜光满,披衣觉露滋。
> 不堪盈手赠,还寝梦佳期。
> ——张九龄《望月怀远》

开元二十五年(737),就在张九龄被罢相的第二年,他再次被贬为荆州长史,这首脍炙人口的《望月怀远》,正是张九龄在荆州任上所作。"海上生明月,天涯共此时",当人们在中秋之夜将传诸千年的名句脱口而出时,也许不会想到落寞凄清的张九龄在贬所荆州的创作心境。尽管彼时这位曾经的大唐首辅之臣仍然保留着显贵的封号和实封,但他的心在开元二十四年(736)的冬天已经被彻底冻结。被驱逐出权力中心的张九龄,只能怅望着沉入江心的破碎的月影,再也无法返回长安的朝堂之上。四年之后,张九龄郁郁而终。明月依旧，天涯，已见星斗陨落。

《开元天宝遗事》记载："张九龄少年时，家养群鸽，每与亲知书信往来，只以书系鸽足上，依所教之处飞往投之，九龄目之飞奴。时人无不震讶。"因为这段记载，有学者认为，张九龄就是成功驯化信鸽的第一人，堪称世界信鸽通信的发明者。其实，一身君子之风的张九龄又何尝不似一只振翅高飞的信鸽，将纯白的羽毛融入历史的天空，而在砥砺前行风雨兼程之中，始终胸怀信诺，笃定操守，为一个帝国不断校正着前行的方向……

李白：月光里的骑士

傲岸不羁只属于真正的诗人。

流红叠翠的翰林院里，李白款款地踱着步子，他在寻找一种乐感，寻找一种诗思。他是作为翰林待诏奔赴长安的，长安的碧水，长安的殿阁，长安的飨宴，长安的丽姝，构成皇家独有的景观。唐玄宗的一支御笔无法道尽面前的歌舞升平，他需要一位著艳词谱新曲的文人，于是李白奉诏入京，策马而来。

这位诗人没有可资炫耀的显赫家世：生在西域，是祁连山的白雪陶养了他；长在巴蜀，是道家的氛围感染着他。李白骨子里的胡人血统与巴蜀的中华传统风尚甫一交融，便形成一种有别于所有唐代诗人的独特气质，那就是：自由而厚重，放旷而舒张。唐人都喜欢将月光化入自己的诗行，但任何一个诗人也没有像李白这样，对明月有着如此之深的感情，"小时不识月，呼作白玉盘""抽剑步霜月，夜行空庭遍""举头望明月，低头思故乡"……当这些人们耳熟能详的诗句流传千年，在月光中挥剑起舞的李白，已然成为千秋皓月的不二主宰。

峨眉山月半轮秋，影入平羌江水流。

夜发清溪向三峡，思君不见下渝州。

——李白《峨眉山月歌》

这首《峨眉山月歌》，是李白于开元十二年（724）秋天初离蜀地时所作，仍然是月色中的一个奔走的影像，仍然是一个用长剑挑着月光高声吟唱的歌者。深居蜀中二十年，李白已经精读经史百家之书，为了实现自己的政治理想，决定"仗剑去国，辞亲远游"。正是在离开蜀中赴长江中下游的舟行途中，他思乡甚切，写下了此诗。

应该说，李白的这次出蜀，完成的是一次沿着长江水脉的行走，更是一次沿着中国文脉的行走。兴致盎然的李白有着商贾之家的殷实家底，更有着来自碎叶的自由天性。他一路经巴渝，出三峡，直向荆门山之外驶去，目的是到湖北、湖南一带的楚国故地漫游。如果说蜀地是被层峦叠嶂拱卫起来的天府之国，那么，当诗人一路乘舟而下，他的视野他的胸襟已经被彻底打开。正是在这样一种心境的冲荡之下，《渡荆门送别》呼啸而出！

渡远荆门外，来从楚国游。

山随平野尽，江入大荒流。

月下飞天镜，云生结海楼。

仍怜故乡水，万里送行舟。

——李白《渡荆门送别》

看，又是月光！当轻舟疾行的李白穿越巫山两岸的高峡峻岭，进入荆门一带，展示在李白面前的，已是平原旷野，视域顿时开阔起来。此时，"山随平野尽，江入大荒流"更像是从滔滔江水中奔涌出来的文字，不事雕琢，却浑然天成。寥廓的境界被勾勒出来了，诗人的喜悦与朝气也透过纸背，铿锵有声。

开元二十二年（734）秋天，李白来到了东都洛阳。从出蜀漫游开始，李白在对自然的观照中，获得心灵的满足，品尝着精神升华的愉悦，但想干一番事业的他，更在寻找着可以经世致用的机会。就这样，他来到了繁华的洛阳。这座毗邻长安的城市，经过武则天时代的营造，到玄宗朝已是大唐帝国可以和长安城比肩的国际大都会。在这里，李白广交名流，为的就是能够通过他们的引荐，实现自己的人生抱负。而身处繁华地，离家日久的李白也会在夜深人静时遥望蜀中，遥望故乡，尤其当漫漫长夜被一支玉笛打碎，诗人的思乡之情，更是如潮水般涌来。

谁家玉笛暗飞声，散入春风满洛城。
此夜曲中闻折柳，何人不起故园情。
——李白《春夜洛城闻笛》

"此夜曲中闻折柳，何人不起故园情"，在《春夜洛城闻笛》的韵律中，我们看到洛阳春风拂面，感到笛声穿透耳鼓。中国诗人的乡愁总是会被一些突然闯入的意象勾起，而在李白的乡愁中，这支不知吹于谁人之口的玉笛，则在逡巡千年之后，成为李白的专属，谁也拿不走，谁也偷不去。

如果继续按照这样一条轨迹行进，李白可能还只是一个经历简单的剑客和诗人，只有当他在四十二岁这年有过一段短暂的进入皇宫禁苑的机会，李白，才是真正的李白——因为正是这短短的长安三年，为我们呈现出了一个不羁的诗人剪影和自由的文人之魂。

李白是天宝元年（742）走进长安皇城的。早在此前，唐玄宗就曾诏告天下："前资官及白身人有儒学博通、文辞秀英及军谋武艺者，所在具以名荐京。"这就意味着，除了正规的科举考试，英才俊杰还有一条特别的上升通道。经过玉真公主和朝中重臣贺知章等人的举荐，唐玄宗对来自巴蜀的李白已有几分好感；待到李白进宫觐见这天，玄宗更是"降辇步迎"。李阳冰在李白临终之时，受托编辑李白《草堂集》诗文集，曾说当时玄宗见到"虽长不满七尺，而心雄万夫"的李白，特"以七宝床赐食，御手调羹以饭之"，可见礼遇之隆。而让李白谈谈对当世事务的看法时，李白凭半生饱学更是口若悬河，对答如流，玄宗大为赞赏，随即令李白供奉翰林，每有宴请或郊游，必命李白侍从，一时间，令朝中同僚不胜艳羡。

彼时的李白当然是无比骄傲的。能够得到皇帝的亲自提点，并能随侍皇帝左右，自信"我辈岂是蓬蒿人"的他，自然也会在壮魄瑰丽的文字中飞扬起自己的才情。精通音律的唐玄宗当然不会让这个供奉翰林闲着，在姹紫嫣红的罗裙背后，他要用他"头如青山峰,手如白雨点"的羯鼓演奏,去对应杨贵妃娉婷婀娜的舞姿,去对应李白浑然天成的诗歌。当这个天下最高规格的音乐组合面对一大片迎风盛放的牡丹花,微醺的玄宗道一声"赏名花怎可用旧乐?"当即令李龟年手持花笺宣赐李白用《清平调》词三首,而醉态朦胧的李白毫不含糊,提笔立成,呼吸之间,就让老旧的《清平调》换了新腔!

> 云想衣裳花想容,春风拂槛露华浓。
> 若非群玉山头见,会向瑶台月下逢。
> ——李白《清平调(其一)》

皓月永远是李白吟诵不绝的意象!如果说在巴蜀之地,月光传达着自己的凌云之志,那么在长安禁苑,面对近在咫尺的九五之尊,面对肤白胜雪的杨贵妃,李白已经用月光调动起自己踌躇满志的文人抱负和意气风发的宦海豪情!他相信,在这个四海升平的时代,他的大鹏之志,一定会得到充分的伸展与舒张!

然而,渴望入仕的李白,如果只会写表功之诗颂圣之文,就势必沦为可悲的宫廷诗人,不是我们热爱的李白了!出于对自然的景仰,李白不屑于世俗的媚态,不羁于官场的复杂,即便是在天子脚下的京师,他仍旧不改其独立的人格,放诞依然,倜傥依然,而这,才是李白真正的可爱之处!

> 花间一壶酒，独酌无相亲。
> 举杯邀明月，对影成三人。
> 月既不解饮，影徒随我身。
> 暂伴月将影，行乐须及春。
> 我歌月徘徊，我舞影零乱。
> 醒时相交欢，醉后各分散。
> 永结无情游，相期邈云汉。
>
> ——李白《月下独酌》

这首千古绝唱《月下独酌》，正是李白天真浪漫本性的自然流露。彼时的李白，在长安过的是"朝入天苑中，谒帝蓬莱客"的生活，但骨子里的那份孤傲却从未消弭。如果说他写给杨贵妃的明月，多少还透着点应付差事的意味，那么当他从翰林院回到住所，真正一个人静下来的时候，他便将孤独与豪放，奇思与峻想，统统抛向了皓月。"举杯邀明月，对影成三人"，只有在此时，月色才是真正属于自己的月色。千载而下，这个盛唐文人在月下的独酌与高蹈，依然充满了诗意的画面感，这个画面，是如此朦胧梦幻，又是如此触手可及！

独酌是一种状态，在酒肆中呼朋引伴地豪饮，更是诗人的应有样貌：诗章在酒中，才情在酒中，傲岸和清醒也在酒中。"李白斗酒诗百篇，长安市上酒家眠。天子呼来不上船，自称臣是酒中仙。"面对月色和杯觥，李白呵一道剑气，就将生命画成了长虹。皇帝的诗兴来了，要他去理平韵脚，他以酒沃面；皇帝的谕旨到了，要他去调响音律，他大醉酩酊。而一觉醒来，大笔一挥，便是婉丽精切，便是明艳逼人。杨玉环明眸皓齿，在曼曲与华章中翩跹起舞，以最妩媚的腰肢和最可人的笑容对应着不羁的才情。此时，放旷不羁的李白，还没有到触怒龙颜的地步，玄宗需要用李白天马行空的诗歌给他听厌了的宫廷乐章平添新鲜的气象，他仍旧对这位身材并不魁伟却目光炯然的诗人厚礼待之，但并不给他一个实际的名分和官职。翰林待诏，说它高贵也罢，说它卑微也罢，总之，玄宗要以这个多少有些尴尬的赏赐，让李白可以不拘小节，但又必须俯首听命。

皇帝周围的权贵们却再也坐不住了，他们容不下这位狂放的酒徒，更容不下天才的诗情。当李白饮尽最后一樽御酒，在醉态朦胧中，让不长胡须的高力士为自己提靴，这个被朝中大臣争相巴结的宦官彻底恼羞成怒，以最阴狠的方式，将谗言和危言一齐挤进皇帝的耳鼓。与高力士同声唱和的，还有一群妒贤嫉能的小人。这些人收集了李白诸如"且复归去来，剑歌行路难"这类的牢骚之作念给玄宗听，同时又添油加醋地不断对李白诽谤。在众口铄金之下，玄宗终于对这个浑身散发着灵气但也充满了酒气的诗人产生了反感，于是，干脆将李白赐金放还。当曲高和寡的歌诗和曲高和寡的诗人都被逐出宫廷，面对舞榭歌台，皇帝，又吟起他干瘪苍白的诗行。

而脱去御用文人的桎梏，李白找到了真正的自由。宫廷没有了诗人不会寂寞；山水没有了诗人，就成了没有观照的陈设。李白烧毁浮华靡丽的诗稿，仅保留了高迈和俊逸，在做过一段短暂的御用文人之后，他又开始了浪漫的跋涉。中国文人心灵的最好栖居之地，莫过于山水。在宁谧中熨平精神的皱褶，在虚静中融化胸间的块垒，这样的过程本身就是对自我的一种陶养和超迈。尔虞我诈的官场向来就是一块心灵的磨蚀之地，中国文人在漫漫书香中积聚而成的文化人格，一旦步入官场，就会被喧嚣和嘈杂磨蚀得所剩无几，而抗拒这种官场人格侵入的唯一方式，便是将个体生命融入澄澈的山水之间。

> 海客谈瀛洲，烟涛微茫信难求；
> 越人语天姥，云霓明灭或可睹。
> 天姥连天向天横，势拔五岳掩赤城。
> 天台四万八千丈，对此欲倒东南倾。
> 我欲因之梦吴越，一夜飞度镜湖月。
> 湖月照我影，送我至剡溪。
> 谢公宿处今尚在，渌水荡漾清猿啼。
> 脚著谢公屐，身登青云梯。
> 半壁见海日，空中闻天鸡。
> 千岩万转路不定，迷花倚石忽已暝。
> 熊咆龙吟殷岩泉，栗深林兮惊层巅。
> 云青青兮欲雨，水澹澹兮生烟。
> 列缺霹雳，丘峦崩摧。
> 洞天石扉，訇然中开。
> 青冥浩荡不见底，日月照耀金银台。

霓为衣兮风为马，云之君兮纷纷而来下。
虎鼓瑟兮鸾回车，仙之人兮列如麻。
忽魂悸以魄动，恍惊起而长嗟。
惟觉时之枕席，失向来之烟霞。
世间行乐亦如此，古来万事东流水。
别君去兮何时还？且放白鹿青崖间，须行即骑访名山。
安能摧眉折腰事权贵，使我不得开心颜！
——李白《梦游天姥吟留别》

　　李白的这首《梦游天姥吟留别》，还有个名字叫《别东鲁诸公》。离开长安后，李白先是漫游了关中道的新平、金城等地，不久又到了洛阳，在那里，他和科举不第的杜甫相遇。李白年长杜甫十一岁，且刚出金马门，诗名显赫，而杜甫还过着疏食不饱买药无资的拮据生活，但这并不妨碍中国诗歌的双子星结下真挚的友谊。他们结伴同游梁宋故地，随后，高适也赶来相会，三人又一同前往东鲁漫游。在那里，他们和当地一众文人同登单父台，泛舟泗水滨，在山光水色之中慷慨高歌，在酒酣耳热之际笑论古今。然而，天下没有不散的宴席，分别的时刻还是到了，杜甫西入长安，李白要南下会稽（绍兴），其余众人也都将如星散。分别的酒宴上当然少不了诗歌，面对自己即将游历的下一站，李白的浪漫气质再一次被调动起来，他听说在绍兴附近有一座山可听到天姥歌谣之声，故名天姥山，马上以一支神游之笔，将一众文人带入到了他自己编织的天姥梦境之中。这个梦境是如此神幻瑰丽，虚无缥缈；这个梦境又是如此壮魄雄奇，深沉莫测。在诗人信手拈来的文字中，我们看到的，是李白不受律束、拔尘自树的大气质，是李白杂言其间笔随兴至的大情怀，而在这个筑梦的过程中，喜爱月光的李白又怎么可能丢弃月光？"我欲因之梦吴越，一夜飞度镜湖月""湖月照我影，送我至剡溪""青冥浩荡不见底，日月照耀金银台"，当皎洁的月色导引着一群文人共同进入天姥山的梦境，真正去不去天姥山已经不重要，有了李白这个在月光下纵情驰奔的浪漫骑士，有了这个"安能摧眉折腰事权贵，使我不得开心颜"的不羁的歌者，澄澈的山水本身已经自带光环，辐射于整个盛唐，照亮《全唐诗》的每个角落！

由此，我们在此后探寻李白的生命轨迹的时候，再也避不开月光。"人生得意须尽欢，莫使金樽空对月"，这是李白在豪饮三百杯后，送给元丹丘、岑征君等人的《将进酒》；"我寄愁心与明月，随风直到夜郎西"，这是李白听说自己的好友王昌龄被贬为龙标县尉时，为他写下的传世佳句；"俱怀逸兴壮思飞，欲上青天览明月"，这是李白和李华同登谢朓北楼时脍炙人口的诗行……在只属于李白的明月中行进，我们发现，漫游四海的李白，超尘拔俗的李白，从来不缺少知音，他的友情，他的乡愁，他的失意，他的放达，都被他收纳进了腾动的剑气和皎洁的月色之中。

青山横北郭，白水绕东城。

此地一为别，孤蓬万里征。

浮云游子意，落日故人情。

挥手自兹去，萧萧班马鸣。

——李白《送友人》

这首洋洋洒洒的《送友人》究竟写于何时，这位收获赠诗的友人是谁，虽已无迹可考，但在大量的唐代送别诗中，李白的送别诗所特有的生命的潇洒和笔底的豪情却总是跳脱而出，不察自明。事实上，这位一生交友广泛写过许多送别之作的诗人，一直都在用精神的出走呈现着专属于自己的诗和远方。当他高呼着"我辈岂是蓬蒿人"，"仰天大笑出门去"，当他"挥手自兹去"，伴着"萧萧班马鸣"，一路披星戴月，踏歌而行，我们看到，李白，就是一位丰神俊朗的"谪仙人"。尽管前路艰难，"欲渡黄河冰塞川，将登太行雪满山"，但他却从未减弱激情，"长风破浪会有时，直挂云帆济沧海"。从走出巴山蜀水的那一刻起，李白，作为剑客的李白，作为道士的李白，作为诗人的李白，已经注定无法回头。

事实也正是如此，这位出走半生的诗人，最终也没能回到自己的故乡，他的乡愁，埋葬在今天安徽省马鞍山市西南的长江东岸，在那里，有一处半壁突入湍流的山峦，它的名字，叫牛渚矶，又名采石矶。长江出三峡向东一泻千里，到这便昂首北向，非得在突兀的山岩上撞出轰天巨响，才浩浩荡荡地奔流入海。这座山并不很高，但它却有一个巍峨的文化海拔。探寻中国文人的心路历程，不到牛渚，就不算深刻。

一代诗仙李白的生命结局，是在安史之乱爆发后，和这座曾经烽烟四起的兵家必争之地牵扯到一起的。这位把山川和世态吟诵得后无来者的诗人,并没有在长久的奔波和漫游中,找到属于自己的经世致用之路,而此后长达八年的安史之乱,更是将诗人带入一片阴风惨月之中。"汉甲连胡兵,沙尘暗云海""草木摇杀气,星辰无光彩",在安史叛军的铁蹄之下,诗人和所有的流民一样,也在向着江南奔亡。到了江南之后,他结交了一大批避难吴地的扶风豪士,在和他们对剑使酒的过程中,身上的任侠精神再次被点燃,渴望像张良一样在乱世之中得遇明主,建功立节。恰恰在这个时间点上,曾任秘书著作郎的韦子春找到了他。这个韦子春,此时的身份,已经是玄宗第十六子永王李璘的谋主之一。

作为乱唐散落江南的皇族,永王李璘正积蓄着力量。彼时,在玄宗仓皇奔蜀的队伍中,太子李亨走到半路便停了下来,并没有跟着父皇一起逃亡,而是在灵武即位,以肃宗的名号趁乱抢到了皇权。对于这种"趁火打劫"式的权力更迭,远在江南的永王李璘当然不能服气,迅速地组织起一支力量,以韦子春为首的几个朝臣正是在此时"站队"到了永王一边。而要和肃宗分庭抗礼,帐下的幕僚显然不够,就这样,在永王四下网罗人才的过程中,曾在长安做过几天翰林供奉的李白,走进了永王的视野。

> 翡翠为楼金作梯,谁人独宿倚门啼。
> 夜坐寒灯连晓月,行行泪尽楚关西。
> ——李白《别内赴征(其三)》

这首《别内赴征》，是李白被永王下了三次征书之后，应征入永王幕府之前写给妻子宗氏的赠别之作，一共三首，此为其中一首。显然，喜欢将自己的情绪诉诸月光的李白，这一次透露出的是深深的伤感。兵荒马乱的年代，一向以贤相伊尹自期的李白太想实现自己的政治抱负，有一番作为了，但永王的热情招手却让李白陷入一种不祥的预感之中：彼时的肃宗已经在收复失地的同时，聚拢起民望，偏居江南的永王李璘名不正且言不顺，投身他的麾下，究竟能有多大作为呢？已经过了知天命之年的李白太想实现自己的沧海钓鲸之志了，面对永王的催促，他别无选择，"站队"，只有一次，人生最后的一搏，只能从永王的帐下开始！

　　然而，接下来的事实还是悲剧性地证明了李白的不祥预感。就在其入永王幕府仅仅两个月之后，肃宗的大军一路势如破竹，将永王之军杀得落花流水，永王李璘自己也死于乱军之中。慌乱的李白被迫逃往彭泽，不久即被俘获投入浔阳狱中。至德三载（758），李白被流放夜郎，次年，中途遇赦而归。此后，这位历经磨难的诗人浪迹大江南岸，穷困潦倒，漂泊无依，不得已于宝应元年（762）投奔在当涂做县令的族叔李阳冰。

　　由此，牛渚在纷争杀伐的底色上，被浓重地渲染上文化的苍凉。这位才华横溢的诗人一生走遍了名山大川，但他没有想到自己的最终归宿会是这样一座探入长江的山。孤世独立卓尔不群使他不为世俗所用，不为官场所容，李白只能拎一柄报国无门的剑，擎一坛肝肠寸断的酒，来到牛渚矶上聆听澎湃的涛声。"长风破浪会有时，直挂云帆济沧海"，李白至死都没能找到他梦寐以求的云帆和长风。"九日龙山饮，黄花笑逐臣。醉看风落帽，舞爱月留人"，站在牛渚的江边，感受重阳的氛围，李白再一次提到了明月。那是陶渊明的明月，也曾是李白一心向往的明月，可惜，这样迷人的月色留给他的时间已经不多了。宝应元年（762）十一月，就在写就这首重阳诗的一个月后，李白身染腐胁之疾。弥留之际，李白将万卷手稿交付给了族叔李阳冰，托其编纂作序。"大鹏飞兮振八裔，中天摧兮力不济。余风激兮万世，游扶桑兮挂石袂。后人得之传此，仲尼亡兮谁为出涕。"一首《临路歌》，将一位天才诗人的生命，永远地定格在了六十二岁。

传说李白在牛渚醉酒后，穿锦袍跳江捉月而死，善良的人们希望这位浪漫主义大师有个浪漫的生命终结。这位喜欢吟咏月光的诗人，给后世留下了许多脍炙人口的诗篇，但真正的皓月当空，朗照千里，对于李白，却是一个一生都无法企及的幻象。

杜甫：沉落，也是上升

将命运的塞楚化成一千五百余首沉郁顿挫的诗歌，并在浑然天成的韵律中折射出一个王朝的背影，杜甫，是一个高产的诗人，更是一个时代的歌者。

我们是在众多脍炙人口的诗行中记住这位伟大的现实主义诗人的。"星垂平野阔，月涌大江流"，这是杜甫眼中的长江；"两个黄鹂鸣翠柳，一行白鹭上青天"，这是杜甫眼中的春色；"无边落木萧萧下，不尽长江滚滚来"，这是杜甫眼中的深秋；而他充满悲怆色彩的"三吏""三别"《岁晏行》《兵车行》，则在继承汉魏乐府"感于哀乐，缘事而发"精神的同时，大胆创作，跳出乐府古题的框范，以一腔悲悯的情怀记录了安史之乱前后的社会生活图景，在深沉的诗思中嵌入自己对生命对时代的拷问。

然而，就是这样一位"读书破万卷，下笔如有神"的大师，一生却始终处于颠沛流离、饥寒交迫的生存境遇之中。生于"奉儒守官"的诗学世家，杜甫从青年时代起，就将祖父杜审言作为自己奋斗的偶像，他曾自豪地称"吾祖诗冠古""诗是吾家事"，立志像祖父那样写一手好诗，做一任朝官，"致君尧舜上，再使风俗淳"，求取功名，成就一番伟业。然而，在二十五岁这年，意气风发的杜甫应试落第了，并没有敲开仕进之门。当然，彼时杜甫的心情还没有沮丧，对于这次科场失利，他只用一句"忤下考功第，独辞京尹堂"轻描淡写了一下，此后很快便踏上了游历的征途。在他看来，自己的一腔抱负终究会有用武之地，只是时间问题。

岱宗夫如何？齐鲁青未了。
造化钟神秀，阴阳割昏晓。
荡胸生层云，决眦入归鸟。
会当凌绝顶，一览众山小。

——杜甫《望岳》

这首家喻户晓的《望岳》，正是创作于这段游历时期。登临五岳之首的泰山，杜甫"荡胸生层云""一览众山小"，涌上心头的是壮志凌云的豪气和舍我其谁的霸气。全诗虽为"望岳"，却不着一个"望"字，但在字里行间，我们看到的，却是由远望到近望、由凝望到俯望的过程，这个过程，是诗人登泰山的过程，更是诗人激昂壮阔的心路历程。

其实，这首《望岳》，只是这段时间杜甫创作流传最广的一首诗，在这段游历期，他还写下了许多豪气干云的诗篇，尤其是当他与"诗仙"李白会晤之后，更觉相见恨晚。彼时，年长杜甫十一岁的李白刚刚辞了翰林待诏，他们二人一见如故，曾携手登上梁孝王所建的吹台和单父的琴台，也曾一起去宋州附近的孟诸泽打猎，甚至两人还结伴去了鲁郡，在那里寻访炼丹的道士名师。在清风明月中酬答唱和，在溪水铮琮中谛听着彼此的心音，这段时光无论对李白还是对杜甫而言，都是他们人生最值得珍藏的回忆。尽管到了天宝四载（745），李白南下江东，杜甫西归故乡，二人洒泪分别之后就再也未能重逢，但浩如烟海的中国诗歌史，却因为这两颗双子星的短暂相逢，而放射出了最璀璨的光华。

如果说首次落第的杜甫在游历过程中收获了友情，激发了灵感，那么当他第二次在长安应举落第，已经难以掩饰心底的悲凉。彼时，由于当朝宰相李林甫妒贤嫉能，闭塞了朝廷的选材之门，使得学富五车的杜甫空有一腔抱负，也只能徒唤奈何，被迫困厄于长安。他曾献诗给尚书左丞韦济，也曾投书翰林学士张垍，甚至还在延恩匦中投了几篇赋颂。这延恩匦是武则天时代的产物，当时这位女皇曾令人铸铜匦于宫门之外，东面的叫延恩匦，求仕者可投书其中，等候朝廷录用。然而，无论是干谒也罢，投书也罢，杜甫一直都没能等来朝廷的征召，倒是自己困顿长安的日子越来越难以为继了。在投入延恩匦的那份《进雕赋表》中，他曾说自己"衣不盖体，常寄食于人，奔走不暇，只恐转死沟壑"。他们全家每天的口粮就是国家赈济穷人的五升米，常常是饿得起不来床，至于身上的衣服更是缝缝补补，不知打了多少补丁。

勾留长安的日子尽管如此饥馑，但杜甫还是没有放弃任何自举自荐的机会。杜甫眼前出现一豆微光的时间是在天宝十载（751）。就在这一年，玄宗举行了三场祭祀盛典，杜甫洋洋洒洒又写了三篇大赋投进了延恩匦。这一次，玄宗皇帝终于知道了杜甫的名字，为杜甫安排了一次特殊的考试，所有集贤院的学士都被吸引来，看着这个面容枯槁衣不蔽体的文人笔走龙蛇。这是杜甫一生中最荣耀的时刻，尽管这次考试之后，他还需要依次等候授官，但能在天子脚下，在集贤院众士子面前一展身手，杜甫恍然觉得，自己的好日子就要来了。

然而，让杜甫没想到的是，杜甫这一等就是四年！直到天宝十四载（755）冬天，杜甫才得到了一个出任河西尉的任命。如果从自己初来长安算起，自己为了得到这么一个赴云南荒僻之地的小官，已经足足在长安困守了十年！对于这个远得不能再远的小官，杜甫很是失望，没有赴任。朝廷对这个"挑肥拣瘦"的文人还算"照顾"，不久又给他安排了一个比河西尉小但在长安的官——右卫率府兵曹参军，任务是看守兵甲器杖，管理门锁的钥匙。这是一个小得不能再小的"京官"了，但比起云南的偏远来，杜甫已经知足，毕竟，可以有点俸禄维持家用了，不必过着"朝扣富儿门，暮随肥马尘。残杯与冷炙，到处潜悲辛"的拮据生活了。

然而，生命的痛苦好像从来就没放过这个可怜的诗人。就在得官后不久，杜甫回到奉先探望家小，没想到推门的一刻，就从妻子的泪眼中得知了一个噩耗：他最小的儿子刚刚饿死了！寒风和飞雪一齐打在这个中年文人的脸上，杜甫怀抱着儿子的尸身，已是欲哭无泪。"朱门酒肉臭，路有冻死骨。荣枯咫尺异，惆怅难再述。"当仰天长叹的杜甫将这声血泪控诉融入《自京赴奉先县咏怀五百字》的长篇巨制，十年长安漂泊已是字字血，声声泪，而天地之间却狂风劲吹,雪大如席,唯一与诗人应和的,竟是那串长安府库的钥匙!

而诗人的漂泊才刚刚开始!曾对玄宗说"野无遗贤"的李林甫让包含杜甫在内的一大批天下饱学之士在长安蹉跎数年,接替李林甫相位的杨国忠,更是让整个大唐陷入一片兵荒马乱的境地。就在杜甫去奉先县探亲期间,一场对大唐社会产生深远影响的安史之乱爆发了。皇帝扔下了社稷子民,只带了少数随从向着四川一路狂奔,陷落的两京陷入了惨烈的兵燹火劫之中。刚刚谋了个小官准备安稳度日的杜甫,再次背起了行囊,带着妻儿老小,开始了不知尽头的漂泊。当他听说太子李亨在灵武即位,是为肃宗,心中一直都抱持着"奉儒守官"之道的杜甫将家人安置在了鄜州羌村,自己则北向延州,前去投奔新的皇帝。一路上,连遭家国之难的杜甫已经再也没有心情写出"骁腾有如此,万里可横行""何当击凡鸟,毛血洒平芜"这样的诗句,在他的耳畔,充斥着撕心裂肺的哭喊声,凶悍嚣张的马蹄声,玉碎宫倾的坍塌声,亲人的离散,苍生的罹难,一起牵扯着诗人的神经,刺痛着诗人的心灵。而当安史之乱的叛军将杜甫擒获,扣押于长安,诗人的心情更深深笼罩在一片兵荒马乱的阴霾之中。

国破山河在,城春草木深。
感时花溅泪,恨别鸟惊心。
烽火连三月,家书抵万金。
白头搔更短,浑欲不胜簪。

——杜甫《春望》

这首《春望》，正是杜甫彼时心境的真实写照。残垣断壁，废井颓台，当这种黍离之悲涌上心头，杜甫眼中的任何景物都变成了悲泪的道具：看到花开，他会涕泗横流；听到鸟鸣，他会心惊胆战。尤其是处于离乱之中生死未卜的妻儿，更是让他望眼欲穿，五内如焚。他盼望着一纸报平安的家书，然而，持续燃烧的烽火却阻隔了他瞻望的目光，烟尘腾起之处，杜甫，身处沦陷区的杜甫，欲哭已无泪，欲语已失声。

> 今夜鄜州月，闺中只独看。
> 遥怜小儿女，未解忆长安。
> 香雾云鬟湿，清辉玉臂寒。
> 何时倚虚幌，双照泪痕干。
>
> ——杜甫《月夜》

月明之夜，杜甫思念着妻儿，同样的情绪也渗透进《月夜忆舍弟》中。由于安史叛军攻陷了汴州，继而又西进洛阳，使得山东、河南都处于战乱之中。当时，杜甫的几个弟弟正分散在这一带，由于战事阻隔，音信不通，杜甫在皓月当空之时，心生思念，遂作此诗。当"露从今夜白，月是故乡明"成为千古传唱的名句，有谁能够体味诗人心中的悲凉？

如果说杜甫悲苦的命运稍有一丝转机，还是在他从长安潜逃到凤翔肃宗的行在之后。当衣衫褴褛的杜甫出现在唐肃宗面前，这个匆匆即位的天子颇为感动，当即给了他一个左拾遗的官职。彼时的杜甫是兴奋的，他兴奋的不仅仅是解决了衣食之忧，更重要的是又可以实现自己"致君尧舜上，再使风俗淳"的政治抱负了。他欣然写道："今朝汉社稷，新数中兴年。"在寄望于新君的同时，也希望以自己的谏官身份积极地建言献策。然而，急于为国效力的杜甫显然忘了，新即位的皇帝并不需要抗颜直谏的臣子，当杜甫因为替与叛军作战打了败仗的房琯求情，肃宗勃然大怒，将其收监审讯，幸亏宰相张镐等人施以援手，杜甫才没被治罪。但替房琯求情的杜甫最终还是被归入了房琯一党，至德二载（757），就在房琯被贬为邠州刺史的同时，杜甫也被贬为华州司功参军。短暂的左拾遗生涯，对于困厄的杜甫而言，更像是一个刚做就醒的梦。

然而，命运的沉落，身世的飘零，却让杜甫向着大师之路不断跃升。如果只是单纯叙写自己的痛苦离愁，就不是真正的杜甫了，这个时期的杜甫，已经开始选择用那支求取功名的枯笔记录自己亲身经历的苦难。当《新安吏》《潼关吏》《石壕吏》成为诗人心底的悲鸣，当《新婚别》《无家别》《垂老别》成为诗人眼中挥之不去的清泪，杜甫，靠着微薄官俸勉强持家的杜甫，尽管全家有时甚至都到了烟火不举的地步，但他的悲悯情怀，彼时早已放大成对整个国家生灵涂炭的叹惋与哀呼。

当官场的黑暗、政治前途的无望和连年的饥荒让杜甫心力交瘁，心情沉重的诗人做出了一个选择——弃官离职！依然是漂泊，依然是像蓬草一样的随风远窜。沿着杜甫的诗歌路线行进，我们知道，杜甫全家从华州出走之后，先是流浪于秦州、同谷一带，当他觉得陇右之地已经无以为生，便带着家人一路颠簸，翻山越岭，历经一月有余，来到了成都。彼时的成都春和景明，这座自蜀汉以来便走向富庶繁荣的大都市，从此，将与中国文学史上一颗璀璨的星星紧紧联系在一起。

"大江东流去，游子去日长"，乡土亲族观念极浓的杜甫到了成都之后，曾一度在诗文中感慨自己的背井离乡，但这也许是连杜甫本人都不曾想到的，当他在友人尤其是剑南节度使严武的接济下，在成都的浣花溪畔建起一座草堂，他疲惫的诗心会在这处简陋的处所得以休整和释放。彼时，可怜的诗人仍旧需要朋友的帮助，每天还要临街叫卖一些草药才能维持一家人简单的生计，但远离了战乱频仍的中原，结束了颠沛流离的生活，还是让杜甫的诗心有了可以静下来观照草木观照自然的空间。"暂止飞鸟将数子，频来语燕定新巢"，这是杜甫在新落成的草堂前谛听鸟儿们的歌唱；"老妻画纸为棋局，稚子敲针作钓钩"，这是杜甫在描摹历经离乱的妻儿那份难得的闲适；"留连戏蝶时时舞，自在娇莺恰恰啼"，这是杜甫在花荫里感受着大自然的精神按摩……其实，中国文人的要求就是如此简单，一座简陋的草庐，一条不知名的花径，一个幽静无扰的空间，就已经是最大的幸福。身处这样的幸福之中，诗人的诗歌必将明快，而那首人们耳熟能详的《春夜喜雨》便也能在中国诗词的天空里簌簌地下起来了。

> 好雨知时节，当春乃发生。
> 随风潜入夜，润物细无声。
> 野径云俱黑，江船火独明。
> 晓看红湿处，花重锦官城。
>
> ——杜甫《春夜喜雨》

当然，坐落于浣花溪畔的这间草堂绝不是承载小情绪、小格调的地方，而是一处承载思想的驿站，一个激荡灵感的泉眼。当形容枯槁的杜甫在一家人的腹中餐有了着落之后，便手执枯笔，点亮油灯，开始创造着更多飞越于草堂之外的精神食粮。在千年以后，隔着草堂的微光，我们仿佛依然还能看到诗人"吟安一个字，捻断数茎须"的生命剪影。在诞生于这间草堂的近千首诗歌中穿行，我们看到的显然不是器局狭隘的"小我"，而是心忧天下的"大我"，尤其当一首《茅屋为秋风所破歌》横空出世，更让我们看到了一个伟大诗人悲天悯人忧国忧民的大情怀。

> 八月秋高风怒号，卷我屋上三重茅。茅飞渡江洒江郊：高者挂罥长林梢，下者飘转沉塘坳。
>
> 南村群童欺我老无力，忍能对面为盗贼。公然抱茅入竹去，唇焦口燥呼不得，归来倚杖自叹息。
>
> 俄顷风定云墨色，秋天漠漠向昏黑。布衾多年冷似铁，娇儿恶卧踏里裂。床头屋漏无干处，雨脚如麻未断绝。自经丧乱少睡眠，长夜沾湿何由彻！

> 安得广厦千万间，大庇天下寒士俱欢颜，风雨不动安如山。呜呼！何时眼前突兀见此屋，吾庐独破受冻死亦足！
>
> ——杜甫《茅屋为秋风所破歌》

在沉郁顿挫的文字中穿行，我们完全可以想象出这样的画面：狂风卷集着乌云，将诗人全家赖以栖身的草堂吹得茅草飞扬，而随着豆大的雨点接踵而至，彻骨的寒冷也直灌进漏风漏雨的茅屋，多年的被子已冰冷如铁，早已无法御寒，可即使在这样一种情况下，我们的诗人，却让"安得广厦千万间，大庇天下寒士俱欢颜"成为一声划破时空的质问。正是这声质问，让我们看到，身处冻馁之间的杜甫，已经在笔走龙蛇之间实现了心灵的超拔与升华。

是的，漂泊，就是杜甫一生的宿命，在"生涯似众人"的生活中，他始终带着一家老小四处投奔，为一口"稻粱谋"。随着好友严武被召还京，杜甫在成都失去了依靠，而恰在此时，蜀地也出现了兵乱，草堂短暂的宁静就这样被打破了，杜甫全家只能继续逃亡。他们先是去了梓州，不久又去了阆州。好在很快严武又重新回到了成都，任成都尹兼剑南、东川节度使；随着代宗即位，杜甫的好友房琯的处境也有了改善，授特进刑部尚书。在友人的关照下，杜甫一家在离开草堂两年之后，再次回到草堂。"两个黄鹂鸣翠柳，一行白鹭上青天"，数经离乱的杜甫又有了一次从容看天的时光，但这样的时光会长久吗？

苦难总是在和这位寻找静谧的诗人过不去，刚刚重返草堂不到一年，厄运再次让杜甫的生命进入到下行的通道。永泰元年

（765），高适、房琯相继病逝，不久严武也暴病身亡。一下子失去了三位可以诗文互答并能帮助自己的高官朋友，让杜甫顿时如遭当头棒喝，尤其是给予了杜甫无私帮助的严武的离去，更让靠接济度日的杜甫再次陷入生命的困顿之中。生活了四年多的草堂虽然不能遮风挡雨，却承载了杜甫生命里几乎全部的笑声，而如今，能住在这样的一间草堂也不复可能，这一次，他把生命的意象集中到了一条老船上，开始沿水路东行。"飘飘何所似？天地一沙鸥"，由草堂到老船，由短暂的安宁到继续居无定所，杜甫，这位上苍不曾厚待的诗人，在五十岁余的垂暮之年，已注定漂泊的命运，烈烈江风吹奏出一个悲情诗人的生命挽歌。

过着艰苦水上生活的杜甫一家人，就这样经嘉州、赴戎州、穿渝州、走忠州、过夔州、到岳州；身患肺病、糖尿病、风湿病等多种疾病的杜甫在沿江的漂流中，依然在写诗。"无边落木萧萧下，不尽长江滚滚来"，"五更鼓角声悲壮，三峡星河影动摇"，星河影动，落木萧萧，激荡着一条随波逐流的老船，更激荡着一个心忧家国的诗人的泪光。"亲朋无一字，老病有孤舟。戎马关山北，凭轩涕泗流"，当漂泊的行迹最终让杜甫和亲友失去了联系，当北方的战乱禁锢住杜甫眺望故乡的目光，坐在一叶孤舟之上，形容枯槁的杜甫，已经没有了前行的目标和方向。

这条破败老船的最后靠泊之处，是位于湖南郴州的耒水。就在老船进入耒阳后突然遇到了江水大涨，杜甫一家无奈靠泊于距县城四十里左右的方田驿。由于久居船上，杜甫的肺病、糖尿病益发严重，风湿病更是折磨得他无法入睡，不久，在挣扎着写下

《风疾舟中伏枕书怀三十六韵奉呈湖南亲友》这首绝命诗之后，一代"诗圣"杜甫将笔砚坠入水中，融入了浩荡的江水，化成了呜咽的江风。

关于杜甫之死，流传多种说法，一说为溺亡，一说为病死，还有一种说法，则是因消化不良而死。据说杜甫一家被洪水困了九天，当地县令得知后，马上给他们送去酒肉，而许久未进食的杜甫因为吃得过多，导致肠胃不适，最后消化不良而死。其实，在我看来，我宁愿相信杜甫是这样一种生命结局：这位一生都在饥寒中度日的现实主义诗人，始终在沉落的命运中，用诗歌撑托起上升的影像，却最终因一口迟到的食物而结束生命。这本身，就是对那个时代最辛辣的嘲讽。

岑参：策马突围

在高手云集的盛唐，岑参能够撑起一片真正属于自己的天空，要归功于他前后两次总计六年的戎马生涯。这六年，在岑参五十五岁的人生历程中，也许是短暂的，但恰恰是这六年，让他在才子遍地的大唐诗人群落中异军突起，和高适一起，成为边塞诗歌的领军人物。朔漠黄沙之中，岑参策马扬鞭，一路疾驰，而这种奋力突围的形象，也构成了岑参特有的生命剪影。

岑参的突围意识始自少年时代。这个敏而好学的早慧诗人，从小就沐浴了家族的荣光，同时，也背负了家族的使命。在《感旧赋》中，他曾不无骄傲地自言"国家六叶，吾门三相矣"。他的曾祖父岑文本，曾是太宗朝宰相，太宗称赞他"弘厚忠谨，吾亲之信"；他的伯祖父岑长倩，曾是高宗朝宰相；他的堂伯父岑羲也曾相中宗、睿宗。然而，与这张显赫的家谱相伴生的，是惨不忍睹的血色记忆：岑长倩因为皇储问题得罪武则天，最终被酷吏来俊臣斩首，五个儿子也一并弃首东市；岑羲同样也因为卷入了政治旋涡，依附太平公主，被唐玄宗满门抄斩。岑参的祖父岑景倩和父亲岑植也曾做过朝廷的高官，但不幸的是在岑参未成年时，其父岑植便去世了，他只能依靠长兄生活。

由此，堂皇煊赫的家族历史和凄凉惨淡的家道中衰一起交织成一条马鞭，催促着岑参快马前行。就在二十岁的韶华之年，岑参骑马走出了他隐居的嵩阳少室一带，向着长安进发。他太知道自己要什么了，先祖的光荣与梦想都在长安城，他必须以一种突围的姿态，将它们统统找回来。在干谒无门的时候，他说"来亦一布衣，去亦一布衣。羞见关城吏，还从旧路归"；在写给友人的送别诗中，他说"功名须及早，岁月莫虚掷"（《送郭乂杂言》），与其说是在劝勉友人，不如说是在激励自己。事实上，在岑参的意识里，重振家业的念头从未因求仕碰壁而消弭，相反，岑参更像个战士，不断地向着心中的梦想发起冲锋。

好运气还是来了，而且是在二十九岁的盛年。天宝三载（744），岑参一举中第，被任命为"右内率府兵曹参军"。这个官职品阶不高，从八品下，主要是在以东宫兵杖、仪卫、门禁等为职事的右内率府掌管武官的簿书。这样一个微不足道的小官职，当然不是岑参的梦想，但毕竟已经一脚踏进了皇城，他的耳畔已经开始喧响曾祖父岑文本当年在朝堂上的铿锵之声。

然而，历史却在五年之后，让岑参投给了长安一个策马西去的背影。这又是什么原因呢？其实，这正是胸怀壮志的岑参听从心底召唤的一次出走。在长安的琐碎繁杂的右内率府兵曹参军任上蹉跎五年，岑参并没有等来一飞冲天的机会，而随着边塞的马蹄声声声入耳，随着盛唐拓土开疆以军功报国日渐成为一种被人们尊崇的尚武精神，越来越多的中下层知识分子开始将投笔从戎、建功立业作为自己人生的进身之阶。听惯了长安的暮鼓晨钟，看惯了长安的朝阳与月光，已过而立之年的岑参冥冥之中觉得，自己寻求突围的地点不应该在长安，而应该在遥远的边塞。在马上濡笔成诗，一定会比在长安更能唤起激情，在长安按部就班的生活机遇实在太少，或许边关的一次报捷，更能让自己在朔风中写下自己的名字。

正是怀抱着这样一种信念，岑参在天宝八载（749）的落木萧萧之际，一路打马向西而去。他要投奔的，是安西节度使高仙芝的幕府。设于太宗朝的安西都护府，管辖着高昌及其周边地区，自其设立之日起，就像一个强有力的楔子，控制着西域通往中原的关隘，更成为大唐瞭望西域诸国的前哨。作为这里的最高长官，高仙芝素知兵马，作战骁勇，岑参久仰其名，他相信，能在其帐下效力，建立边功，未尝不是一条求取功名的捷径。正因如此，他在一路西行的过程中，尽管"十日过沙碛，终朝风不休。马走碎石中，四蹄皆血流"，却依旧沉然不改初衷，纵马疾驰。当然，岑参此次出塞不可能没有乡愁，不可能没有牵挂，毕竟他要去的，是陌生的边陲，而他的坐骑每往前进一步，就离亲人故土远了一步，当一个个驿站越来越趋近荒凉，他知道，他的长安，他的嵩阳，已经远隔关山，被封存成记忆里一个随时可能拨动情感的符号。

> 故园东望路漫漫，双袖龙钟泪不干。
> 马上相逢无纸笔，凭君传语报平安。
>
> ——岑参《逢入京使》

这首广为流传的《逢入京使》，正是岑参在西行途中的思乡之作。就在岑参踽踽独行的时候，他邂逅了一个前往长安的使者，俩人寒暄几句，便要交臂而过了，岑参的思乡之情随即喷涌出来。彼时，他的妻子尚在长安，正好可以托这个偶遇的使者带封书信回去，可偏偏又没有纸笔，只好求此人帮忙带个口信，报个平安。简洁的文字，却蕴含了巨大的情感力量，难怪明末清初学者唐汝询要道一声"叙事真切，自是客中绝唱"，而作为清代著名诗人，沈德潜对岑参此诗更是不吝赞美，说此诗"人人胸臆中语，却成绝唱"。行走在朔漠黄沙中的岑参，把故乡和爱人小心翼翼地包裹进自己的诗歌之中，却从未放下自己手中的马鞭。

来到安西都护府高仙芝帐下，岑参担任的职务是类似专管后勤事务的散官。和在长安时一样，岑参的工作仍旧是琐碎而忙碌的，但彼时悄然发生变化的，却是岑参的诗风。如果说在嵩阳和长安时，岑参还在唐人引为时尚的山水田园诗中逡巡，那么，当他真正跨马扬鞭走向风光奇绝的瀚海沙漠，他已经不自觉地开始寻找一种精神与文学的双重突围。依托当年写山水诗的积淀，岑参的诗歌意象依然不离山水，但和汉魏六朝以来明丽淡远的山水意象不同的是，岑参的山是巍峨峭拔的，岑参的水是波澜壮阔的！"火山今始见，突兀蒲昌东。赤焰烧虏云，炎氛蒸塞空"，这是令岑参叹为观止的火焰山;"银山碛口风似箭,铁门关西月如练。双双愁泪沾马毛,飒飒胡沙迸人面",这是令岑参举步维艰的银山碛;"曾到交河城,风土断人肠。寒驿远如点,边烽互相望。赤亭多飘风,鼓怒不可当。有时无人行,沙石乱飘扬。夜静天萧条,鬼哭夹道傍。地上多髑髅,皆是古战场",这是令岑参毛骨悚然的交河古战场……身为边关后勤小吏,岑参自然要终日奔波于安西四镇之间,负责战场上紧缺物资的供应,而边疆空阔辽远,每一次出行多则几百里,少也是几十里的路程,但岑参却在餐风饮露之间,用特有的山水意象完成了自己生命的嬗变:曾经的明山秀水渐渐从他的文字中消失,取而代之的,是奇峻壮魄的书写和笔力纵横的讴歌;而更重要的,是他的角色嬗变,他不再是"终日守笔砚"的书生,而成为一个纵马狂奔的战士!"西望云似蛇,戎夷知丧亡。浑驱大宛马,系取楼兰王",身处边关,岑参见证了唐军出征的气势;"一身虏云外,万里胡天西。终日见征战,连年闻鼓鼙",马踏戈壁,岑参参与了两军的交火;"脱靴暂入酒家垆,送君万里西击胡。功名只向马上取,真是英雄一丈夫",送别同僚,岑参在表达着对奔赴战场的友人的羡慕……在盛唐才子云集的舞台上,有很多人都在以边塞诗的名义,表达着自己建功立业的决心,抒发着自己浴血沙场的豪情,但岑参和他们的区别就在于,他选择了融入。他不是一个单纯跑来看边塞风光的看客,更不是一个深居书斋主观臆想的"伪军人"。他穿行于马嘶弓鸣声里,用腾踏的马蹄对应着高仙芝率部发动的一系列军事行动:出征,他要写诗;交锋,他要写诗;胜利,他要写诗;甚至失败,他仍要写诗。此时的写诗，已经不是初来安西时"马上相逢无纸笔"的状态，他的纸笔随身而带，心头灵动，便濡笔马上，一气呵成。他希望得到高仙芝的垂青，更希望得到这位边关统帅的认可，他想让高仙芝知道，他不仅仅是一位诗人，更是一个斗士，迎着铠甲上刺眼的光芒，他的本事绝不只是一个发放辎重的幕府小吏，而扯过烈烈旌旗，他更愿意成为一个醉卧沙场的赳赳武夫！

然而，天宝十载（751）秋天，人们却在长安城看到了岑参的身影。在浸染了三年边塞的风霜之后，岑参踩着层层秋叶回来了。又是秋天！当初离开长安奔赴边塞，岑参的衣服就曾落满了红叶，彼时，当他再次回到阔别三年的帝都，仍旧是萧瑟的秋天，只不过这一年长安多雨，落在背上，尽是刺骨的凉。安西的军旅生活，开阔了他的视野，树立了他的诗风，却并未实现他马上立功的志愿。在高仙芝看来，这个从长安来的文人终归是文人，是上不了沙场的；而在岑参眼中，高仙芝似乎也并没有想象中那么英武，他的刚愎自用，也不是岑参所喜。正因如此，岑参的归来，更像是一种无奈，壮志未酬的无奈。

回到长安之后的岑参，依旧用诗歌记录着他的生活。他和高适、杜甫、储光羲等人过从甚密，在长安四时变幻的风物中一起饮酒酬唱，一起相伴郊游，结下了深深的友谊，也留下了诗歌的印记。同游终南渼陂，杜甫说"岑参兄弟皆好奇，携我远来游渼陂"，岑参便和"闲鹭惊箫管，潜虬傍酒樽。暝来呼小吏，列火俨归轩"；同登大雁塔，高适道一声"香界泯群有，浮图岂诸相？登临骇孤高，披拂欣大壮"，岑参便笑对"塔势如涌出，孤高耸天宫。

登临出世界，蹬道盘虚空"……回到长安三年，岑参的生活不寂寞，和这么多诗坛高手在一起雅集唱和，他在汲取着诗歌的营养，也在收获着文人的友情，但每当静下来，岑参又会陷入一种深深的孤寂。边塞的刁斗之声总是在夜深人静的时候，刺入他的耳鼓，而每当这时，他便会亢奋起来，重新进入一种披挂上马的状态：是的，长安虽好，但没有功成名就的长安还不是我的长安！而翻检自己回到长安的诗行，总感觉缺了那么一些铁与血的声音！人生的突围远未结束，必须重回边塞！

天宝十三载（754）的夏天，对于岑参而言，是个难忘的时节，因为就在这年夏天，心情无处安放的岑参接到了来自安西、北庭节度使封常清的邀请。封常清和岑参曾经一起在高仙芝幕府供职，彼时，高仙芝另有他任，封常清遂升任节度使，正是用人之际，封常清首先想到的就是岑参，于是便修书一封，盛邀老友入幕。接到书信的岑参心情激动万分。如果说当年他投奔高仙芝，更多的是对高高在上的高仙芝的一种仰慕，那么封常清则不同，他与之有着同僚之谊，他相信，这样一位曾经的同僚经略边塞，自己一定会有一番大的作为。正是在这样一种好心情的驱动下，岑参想都没想就痛快地答应了，辞别了妻儿朋友，又一次打马向西而去。随着周遭的景色越来越荒凉，岑参的第二次出塞开始了。

从第二次出塞的诗作看，岑参的乡愁少了，昂扬的激情却愈发澎湃起来。对于封常清这位曾经的老友，如今的一方节度使，岑参是心怀知遇的感激的，给封常清写了很多诗，尤其是这首《北庭西郊候封大夫受降回军献上》，最能体现他的兴奋与豪情：

胡地苜蓿美，轮台征马肥。
大夫讨匈奴，前月西出师。
甲兵未得战，降虏来如归。
橐驼何连连，穹帐亦累累。
阴山烽火灭，剑水羽书稀。
却笑霍嫖姚，区区徒尔为。
西郊候中军，平沙悬落晖。
驿马从西来，双节夹路驰。
喜鹊捧金印，蛟龙盘画旗。
如公未四十，富贵能及时。
直上排青云，傍看疾若飞。
前年斩楼兰，去岁平月支。
天子日殊宠，朝廷方见推。
何幸一书生，忽蒙国士知。
侧身佐戎幕，敛衽事边陲。
自逐定远侯，亦著短后衣。
近来能走马，不弱并州儿。

——岑参《北庭西郊候封大夫受降回军献上》

在这首诗的最后几句，岑参的喜悦已经是跃然纸上："何幸一书生，忽蒙国士知。侧身佐戎幕，敛衽事边陲。自逐定远侯，亦著短后衣。近来能走马，不弱并州儿。"这里的"国士"，当然是指封常清,岑参感激封常清的知遇之恩,更相信自己此番侧身戎幕,可以走马扬鞭,不弱并州少年。岑参加入封常清幕府,就任的官职依然是负责后勤一类的工作,如果说有了一点变化,就是还兼任支度判官,协助支度使掌管军中的用度开支。但岑参的心情却是非常愉悦的,在经历了艰苦的边塞生活的历练之后,他的胸襟更开阔了,诗风也更雄奇了,在大幅度的夸张之中,他张扬起的,是自己积极用世的豪情,而在回拔孤秀的行文之中,他呈现出的,则是盛唐诗人极少涉足的全新领地——这个领地行政上的最高长官,是统兵数万骁勇善战的封常清,而这片领地的精神归属,却是从长安两次赶赴边塞的诗人岑参!

> 君不见,走马川,雪海边,平沙莽莽黄入天。
> 轮台九月风夜吼,一川碎石大如斗,随风满地石乱走。
> 匈奴草黄马正肥,金山西见烟尘飞,汉家大将西出师。
> 将军金甲夜不脱,半夜军行戈相拨,风头如刀面如割。
> 马毛带雪汗气蒸,五花连钱旋作冰,幕中草檄砚水凝。
> 虏骑闻之应胆慑,料知短兵不敢接,车师西门伫献捷。
> ——岑参《走马川行奉送出师西征》

在这首著名的《走马川行奉送出师西征》中,我们感受到的,是一种快马加鞭的节奏。一座轮台,一个封长清,已然成为岑参喷涌豪情的泉眼,但仔细品来,我们又发现,他既不是写轮台,也不是写披挂出征的封常清,他其实在状写自己内心的波澜:这种波澜高猛壮阔,势不可挡;这种波澜兼天涌来,气贯长虹!

由此,我们便能理解,在封常清幕府的三年中,尽管从诗题看,很多都是应酬之作,不是《奉陪封大夫宴》,就是《玉门关盖将军歌》,不是《敬酬李判官使院即事见呈》,就是《热海行送崔侍御还京》,但每一首诗对于岑参而言,都是穿透心灵的抒写,都是豪气干云的讴歌。这些文字里,没有简单的敷衍,没有期期艾艾,边关的狂沙走石,冷月寒霜,都被岑参以一种异常粗砺的笔锋,强劲地吹向盛唐,吹向长安。正是在这样一种用羌笛与胡笳演奏的庞大乐阵之中,一首《白雪歌》,伴着鹅毛大雪,卷地而来!

> 北风卷地白草折,胡天八月即飞雪。
> 忽如一夜春风来,千树万树梨花开。
> 散入珠帘湿罗幕,狐裘不暖锦衾薄。
> 将军角弓不得控,都护铁衣冷难着。
> 瀚海阑干百丈冰,愁云惨淡万里凝。
> 中军置酒饮归客,胡琴琵琶与羌笛。
> 纷纷暮雪下辕门,风掣红旗冻不翻。
> 轮台东门送君去,去时雪满天山路。
> 山回路转不见君,雪上空留马行处。
> ——岑参《白雪歌送武判官归京》

"忽如一夜春风来,千树万树梨花开。"当岑参吟出这联千古佳句的时候，殊不知，自己的人生也走进寒冬。转眼之间，又是三年过去了，封常清尽管视岑参为知己，无论出游抑或欢宴，都要叫上他，但三年之中，这位老朋友却并未对岑参委以重任。岑参空怀马上建功之志，却终难舒展，这让他渐渐生出落寞。他蓦然发现，自己不远千里，策马而来，实际只是完成着文字上的突围，而真正在仕途上的三年，却是"轮台万里地，无事历三年"！当这种壮志难酬的痛苦如沙暴一样袭来，岑参觉得，再滞留于塞外已无意义，离开，也许是最艰难却又是最应该的选择。

岑参的东归是在安史之乱爆发之际开始的。一场起自范阳的兵乱，最终却让岑参的两任上司命丧唐玄宗之手。安史叛军逼近潼关，奉命抵挡的封常清和高仙芝本欲在潼关浴血征袍，没想到却死在宦官监军边令诚之手，而临阵斩将自毁长城的唐玄宗绝对不会想到，正是这两道冲天的血光，助长了安禄山的气焰，直接导致了大唐帝国的全面溃败！当仓皇的玄宗逃亡蜀中，太子李亨在灵武即位，是为唐肃宗。至德二载（757），肃宗一行来到凤翔行在，郭子仪、杜甫等人也相继到来。也正是在这一年，从北庭东归的岑参被好友杜甫举荐，成为右补阙。这个官职尽管品阶不高，却是皇帝的近侍，地位极其重要。跟随这个危难之秋仓促即位的皇帝蛰居凤翔，瞻望近在咫尺却为叛军所占的长安城，岑参的一腔情怀再次被打开。九九重阳之日，他没有饮酒，却选择了一处高阜，向着故乡向着长安，投去了深情的一瞥。

强欲登高去，无人送酒来。

遥怜故园菊，应傍战场开。

——岑参《行军九日思长安故园》

"遥怜故园菊，应傍战场开"，习惯了边地金戈铁马的诗性书写，岑参遥望长安的眼神也充满了烽火的颜色。当然，这种烽火之色是岑参最不希望看到的烽火之色。如果说他在安西、在北庭看到的烽火，充满了马上建功、守土安边的豪情，那么当家园惨遭蹂躏，他的心中充满的，已是对长安故土的追念和收复失地的迫切！他是一个突围者，两次策马出塞，他最终的梦想，是要以光鲜的形象重返故乡的，但是现在，故乡，回不去了。

事实上，此后岑参还是回到了长安。随着肃宗收复两京，岑参也得以重返故乡，但宦海无常，安史之乱的连锁反应并未消弭，而仕途的蹭蹬更是接踵而来，岑参人生的最终归宿，是成都的一间客舍。在四川嘉州任满准备东归的岑参，不期因一伙流寇阻断了行程，被迫暂居成都，但没有想到，在成都逗留不久，他便身染沉疴，很快就怏怏而逝了。

往事越千年！当时间流转到二十世纪五十年代，在新疆的阿斯塔古墓群，考古工作者曾意外地发现了一纸账单。这张账单糊在一个独特的罩着尸体的纸棺上——古代纸张珍贵稀少，用过的纸不会随便扔掉，而是再做他用。在这张账单上，记载了天宝十二载至十四载（753—755）西州等驿站的马料出入账目，上面清晰地写道：岑判官马柒匹共食青麦三豆（斗）伍胜（升）付健儿陈金。

天宝末年，驻节西州的北庭都护正是封常清，而在其幕府中当判官姓岑的只有一人，那就是岑参，所以史学家断定这纸账单中所载的"岑判官"就是岑参。历史的烟云弥漫千载，后人却在这纸账单中得以重构一个盛唐诗人的形象，不得不说是一件幸事。是的，在岑参的生命纪年里，他更应属于边塞，六年的边塞生活并不长，而在他存世的四百余首诗作中，边塞诗也不过七十余首，但人们还是以边塞诗人的名义记住了他。朔风冷月之下，那个策马突围的诗人，那个往来于天山、轮台、雪海、交河的幕府小吏，在千年以后，已经放大成一个逐梦前行的影像，成为泱泱盛唐的一部分……

高适：逆袭不怕晚

唐代诗人中，真正显达者并不多，高适算是比较突出的一个。《旧唐书》说："有唐以来，诗人之达者，惟适而已。"他曾担任刑部侍郎、散骑常侍，在六十一岁的时候，晋封为渤海县侯，是唐代历史上仅有的因军功而至封侯的诗人，可谓荣耀加身，着实令无数苦读苦吟苦苦求索的诗人艳羡不已。而事实上，高适之"达"并非一帆风顺，他的仕进之路，其实也是一段艰辛的逆袭之路。

首先，高适并没有一个值得炫耀的起点。他是渤海蓨县（今河北景县）人，祖上都做过一些不入流的小官，十几岁时，在父亲去世之后，他便移居于宋州宋城（今河南商丘睢阳）一带，靠着向亲朋好友索求借贷维生。《新唐书》说他"少落魄"，大致就指这段时间。可以说，这样一个毫无优势可言的家世出身，对于高适而言，既是动力，也是阻力：因为要光耀门庭，就必须谋求仕进之路，这让高适早早就开始为求取功名做着积极的准备，而要求取功名，没有很好的人脉，缺乏仕途的引荐人，又注定让这个盛唐才子经历一番痛苦的磨砺。

二十解书剑,西游长安城。

举头望君门,屈指取公卿。

国风冲融迈三五,朝廷欢乐弥寰宇。

白璧皆言赐近臣,布衣不得干明主。

归来洛阳无负郭,东过梁宋非吾土。

兔苑为农岁不登,雁池垂钓心长苦。

世人遇我同众人,唯君于我最相亲。

且喜百年有交态,未尝一日辞家贫。

弹棋击筑白日晚,纵酒高歌杨柳春。

欢娱未尽分散去,使我惆怅惊心神。

丈夫不作儿女别,临歧涕泪沾衣巾。

——高适《别韦参军》

这是若干年后高适写给一位韦姓参军的送别诗。诗看似是在送别友人,其实更是在讲述自己早年不堪回首的经历。"二十解书剑,西游长安城。举头望君门,屈指取公卿",可以想见,当年刚刚二十岁的高适曾经是何等意气风发,何等踌躇满志!当书与剑一起装进他远赴长安的行囊,他坚信此一去,必当"屈指取公卿"——以自己的才学,可以立取功名。

然而,无情的现实却给了这个来自河南的后生当头棒喝。真正走进长安这座当时世界的轴心,最大的都市,他才意识到,自己不过是鲜衣怒马的贵族眼中的一粒沙尘。"白璧皆言赐近臣,布衣不得干明主",在干谒之风盛行的唐代,两手空空来到长安的高适,注定是两手空空地返归故乡。科举落第如同一场凄风冷雨,给信心满满乘兴而来的高适浇了个清醒,浇了个通透。"归来洛阳无负郭,东过梁宋非吾土。兔苑为农岁不登,雁池垂钓心长苦",以苏秦自比的高适在首次赶考碰壁之后,并没有马上准备再次踏上科举这座"独木桥",而是躬耕垄亩,雁池垂钓,彻头彻尾地要当一个农民了。当然,作为诗人的农民高适还保留着一点诗人的狂放不羁,"弹棋击筑白日晚,纵酒高歌杨柳春";这个二十岁的年轻人一边在迎迓着岁月,一边在消解着岁月;而每个村民都能看出来,高适并不属于宋州,只要有机会,他迟早都要走出去,实现自己建功立业的人生梦想。

开元十八年(730)秋,不甘寂寞的高适终于打马上路了。此番他要前往的,是燕赵蓟门一带。这是一次没有多少实质性目标的出行,他没有可以投奔的高官,没有可以赴任的职务,他的出行,更像是一次生命里的寻找,一次精神上的浪游。"郑公经纶日,隋氏风尘昏。济代取高位,逢时敢直言。道光先帝业,义激旧君恩。寂寞卧龙处,英灵千载魂",经过贞观名臣魏徵的故居,高适心生感慨,借古人酒杯浇心中块垒;"代公实英迈,津涯浩难识。拥兵抗矫征,仗节归有德。纵横负才智,顾盼安社稷。流落勿重陈,怀哉为凄恻",拨开武周名将郭元振老宅前的衰草,高适抚今追昔,渴望有朝一日能马上封侯;"梁公乃贞固,勋烈垂竹帛。昌言太后朝,潜运储君策。待贤开相府,共理登方伯。至今青云人,犹是门下客",拜谒武周名臣狄仁杰的祠堂,高适擂胸而呼,吞吐着建功立业的豪情……而当他的瘦马浪迹到蓟门，他思想的闸门更是被彻底打开。彼时的蓟门，已是大唐的边地，这里粗砺的风土和铮鸣的鼓角，让高适的内心沸腾着，奔涌着，燃烧着。在碣石，这个从梁宋内地走来的年轻人第一次见到了苍茫浩瀚的大海，拍岸而起的每一朵浪花，都被摄入诗人的笔端；在卢龙，这个大唐重要的边防要塞，高适"倚剑欲谁语，关河空郁纡"。最重要的是他在蓟门用诗歌记录的足迹："蓟门逢古老，独立思氛氲……勋庸今已矣，不识霍将军"，这是他对边地军队赏罚不均的现状发出谴责；"戍卒厌糠核，降胡饱衣食"，这是他对边地过分强调边功发出的一声忧叹；"羌胡无尽日，征战几时归"，这是他对久戍难归的兵卒们投以同情……彼时的高适，不过是一介布衣，但他的诗歌中已经有一种大情怀，伤己的同时，更多的还是怀抱一颗忧国忧民之心。作为诗人的高适也许不会想到，他在边地几乎可以说是漫无目的的浪游，会为自己日后成为大唐边塞诗的旗手奠定坚实的根基。当刁斗覆压住炊烟，进而变成寒夜里的梆音，高适，无人引荐无人聆听的高适，只能打马而返。边地的幕府里并没有他可以晋身仕途的机会，而他在两年浪迹的过程中，最大的收获是以一个旁观者的视角审视了大唐的边塞：这种审视，是杂糅着个人悲怆的审视；这种审视，更是带入了家国情怀的审视。从这个角度看，蓟门的浪游对高适而言，更像是一次必要的生命意识的叩问，一次必要的扭动命运的发力！

　　回到宋州之后，不甘心的高适很快便再赴长安参加了科举考试，但能攀上这部"登天之梯"的人毕竟凤毛麟角，高适再次落榜了。这一次，他没有那么急着回家乡，而是在长安逗留了一段时间。长安的繁华热闹让高适目不暇接，而更让高适对长安生出留恋的是在这里他结交了一批可以心声互答的文友。在和颜真卿、张旭、王之涣、王昌龄这些诗文同道雅集唱和中，高适收获着创作的灵感，同时，也在一杯浊酒一盏淡茶之间，找到了一个可以释放郁闷的出口。

当然，长安对于布衣之身的高适而言并不是久留之地，不久高适便再次回到了宋州。这一次回乡，也许连高适都不会想到，一待就是十年！而成就他个人名声的诗作也正是创作于这十年之间！高适所处的梁宋一代当然不是边塞，但高适的边塞诗却在这里实现了质的飞跃。当他静坐书斋心游万仞的时候，他的眼中浮现出的不是宋州风物，而是遥远的蓟门，而当他提笔落墨，他的字里行间，已是悲壮豪犷的边塞长歌。《燕歌行》，作为高适边塞诗的一记绝响，正是从这里飞进了歌舞升平的盛唐！

汉家烟尘在东北，汉将辞家破残贼。
男儿本自重横行，天子非常赐颜色。
摐金伐鼓下榆关，旌旆逶迤碣石间。
校尉羽书飞瀚海，单于猎火照狼山。
山川萧条极边土，胡骑凭陵杂风雨。
战士军前半死生，美人帐下犹歌舞。
大漠穷秋塞草腓，孤城落日斗兵稀。
身当恩遇恒轻敌，力尽关山未解围。

铁衣远戍辛勤久,玉箸应啼别离后。
少妇城南欲断肠,征人蓟北空回首。
边庭飘飖那可度,绝域苍茫更何有。
杀气三时作阵云,寒声一夜传刁斗。
相看白刃血纷纷,死节从来岂顾勋。
君不见沙场征战苦,至今犹忆李将军。

——高适《燕歌行》

  作为乐府古题,《燕歌行》对于唐代诗人们并不陌生,汉朝作为一个特有的意象,更是常被诗人们摄入影射现实的笔端,但高适的《燕歌行》一出,还是让这位身处中原的诗人的名字不胫而走。"汉家烟尘在东北,汉将辞家破残贼。男儿本自重横行,天子非常赐颜色",当这四句诗横空出世,高适已经总领起一种豪迈雄壮的调子,而此后,随着榆关、碣石、瀚海、狼山这些边塞独有的称谓相继出现,当羽书、铁衣、白刃、刁斗这些边塞特有的物象接踵而至,高适已经在用他庞沛的才情为我们勾勒出一幅奇峻壮观的边关图景。当然,如果说这位在书斋中完成边塞诗的诗人和同一时期的另一位边塞诗旗手岑参有什么不同,那就是高适在诗歌中注入了更多悲天悯人的情怀。"战士军前半死生,美人帐下犹歌舞","少妇城南欲断肠,征人蓟北空回首",随着这些句子的喷薄而出,我们隔着历史的烟尘,仿佛依然可以看见高适悲悯的目光,尤其是最后一句"君不见沙场征战苦,至今犹忆李将军",更是势压全篇,作者虽不在边塞,但我们已然能够感受到边塞戍卒对爱惜士卒的飞将军李广的深情召唤!

在宋州的十年,高适胸怀着边关的风刀霜剑,也在迎来送往众多行经宋州的文友至交。他和李白、杜甫这两颗盛唐诗坛的双子星相见恨晚,一起同游梁宋,一起凭吊古迹,一起饮酒赋诗,也一起抒发着功业无成的愤懑,而在彼此的唱酬赠别中,一介布衣的高适,更多以一种不曾衰减的豪情为友人壮行,为自己鼓劲。

千里黄云白日曛,北风吹雁雪纷纷。
莫愁前路无知己,天下谁人不识君。
——高适《别董大》

《别董大》,高适一共写了两首,但这首传诵最广,为什么呢?我想当然是因为这句"莫愁前路无知己,天下谁人不识君"。天宝六载(747)春,吏部尚书房琯被贬出朝,门客董庭兰也被迫离开长安。身为琴师的董庭兰古琴弹得出神入化,但当时流行胡乐,能欣赏古乐的并不多,所以董庭兰一直都曲高和寡,尤其是这次又灰头土脸离开长安,心情的郁闷更是可想而知。就在这年冬天,董庭兰来到了河南宋州,在这里见到了老朋友高适。高适好像对这位老兄的长吁短叹视而不见,在一起干了几杯酒后,提笔就给排行老大的董庭兰写了两首诗,尤其一句"莫愁前路无知己,天下谁人不识君",就像是突然摔碎了一只酒碗,让董庭兰酒醒了一半:是啊,有这么一句励志的话揣进行囊,再继续前行可得挺直腰板儿啦!

其实，高适的这首诗又何尝不是写给自己的呢？这个时候，高适已经四十多岁了，但仍然是漂泊的状态，直到董庭兰见到他，他还是饥一顿饱一顿，过着贫寒的生活。然而尽管如此，高适却从没唉声叹气，他一边继续埋头苦读，一边交游，等待着机会。

天宝八载（749），高适寂寥的生活终于迎来了一次难得的转机。就在这年八月，朝中重臣张九龄的弟弟——时任睢阳（即更名后的宋州）刺史的张九皋，听闻高适其才，"深奇之"，遂举荐其参加朝廷有道科考试，结果一举中第。多年寒窗苦读的高适一朝金榜题名，心中的喜悦当然是难以名状的。"褐衣不得见，黄绶翻在身"，在行将知天命之年得以黄绶在身，高适的人生眼看就要进入上行的通道。他被任命为封丘尉，这样一个县尉之职，当然不是高适心中的理想，但他还是去赴任了，毕竟这是自己入仕的第一步，毕竟不必再经受衣食不给的磨砺。然而，任封丘尉的第二年，在受命向蓟北送新征的士兵返程途中，高适还是下定了辞职的决心。之所以铁定了要挂印而走，则是因为在封丘尉任上的他并不快乐，当这种不快乐被生性不羁的高适以诗歌的形式呈现出来，我们看到的，是和当年陶潜辞官一样的无奈心境。

我本渔樵孟诸野，一生自是悠悠者。
乍可狂歌草泽中，宁堪作吏风尘下。
只言小邑无所为，公门百事皆有期。
拜迎官长心欲碎，鞭挞黎庶令人悲。
归来向家问妻子，举家尽笑今如此。

生事应须南亩田，世情付与东流水。
梦想旧山安在哉，为衔君命且迟回。
乃知梅福徒为尔，转忆陶潜归去来。

——高适《封丘作》

"我本渔樵孟诸野，一生自是悠悠者。乍可狂歌草泽中，宁堪作吏风尘下。"也许有人会说，高适太不珍惜这一得来不易的官职了，毕竟年近半百，能求得个可解温饱的职位也该知足了。然而，这就是中国文人，真正的文人，是不会将就的，他们宁可狂歌于草泽之间，也不愿作吏于风尘之下，不愿为斗米而折腰！挂印辞职的高适毅然决然地投给了封丘一个背影，他的脚步向着长安迈去。在长安，他的文友们在热情地期待着他的到来，崔颢、杜甫、储光羲、綦毋潜、岑参张开双臂，都在以最纯粹的文人之心迎候着这位诗坛老大哥，而辞官赶来的高适显然也在与文友们的游历畅饮过程中，找到了生命中一段难得的闲放时光。

高适的命运出现逆袭，是在天宝十一载（752）。就在这一年，时任陇右节度使的大唐名将哥舒翰看中了他，邀请他加入自己的幕府。能够参军报国，让高适特别兴奋。早在当年赴蓟门浪游时，高适就在找寻着从军的机会，没想到这个梦想会在自己近五十岁的垂老之年姗姗迟来。"男儿功名遂，亦在老大时"，对于老友在这个年龄还能从军西北，杜甫给予的是热情的鼓励。离开长安向西进发的高适在对即将见到的哥舒翰充满感激的同时，更是充满了建功立业的豪情。"浅才登一命，孤剑通万里。岂不思故乡？从来感知己",按住腰间的佩剑,银须暗生的高适并没有感觉自己的衰老,相反,他觉得,自己的路,刚刚开始。

高适是在陇右节度使驻地鄯州西平郡见到哥舒翰的。见到这位战功卓著的名将,高适顿生仰慕,而哥舒翰对高适也是"见而异之",遂"表为左骁兵曹,充翰府掌书记"。如果说第一次出塞奔赴蓟门,对于高适而言,是一种没有目标的浪迹,第二次出塞再赴蓟门,是为了完成一件令人心烦的差使,那么当高适在生命的暮年第三次出塞,来到西北边陲,他已是豪情万丈,踌躇满怀。翰府掌书记虽然不是什么像样的官职,但比起困于公门忙于琐事的封丘尉,这个位置,不仅可以让高适感受到朔漠的雄奇风光,更可以真正谛听到边关风驰电掣的马蹄声。

正是在这样一种豪情的驱动下,高适的边塞诗创作开始呈现井喷之势。在马嘶弓鸣声里,"铁骑横行铁岭头,西看逻迤取封侯。青海只今将饮马,黄河不用更防秋",这是高适在饱蘸笔墨,对跃马横刀的哥舒翰极尽赞美;"万里不惜死,一朝得成功。画图麒麟阁,入朝明光宫",这是高适在歌颂边功的同时,抒发自己"画图麒麟阁"的愿望;"黄云白草无前后,朝建旌旄夕刁斗。塞下应多侠少年,关西不见春杨柳。从军借问所从谁?击剑酣歌当此时。远别无轻绕朝策,平戎早寄仲宣诗",这是高适在以气势磅礴的笔锋为浑将军送行,清人赵熙批此诗道:"浑将军得此一诗,胜于史篇一传"……在边关的风雪与寒霜中仗剑而歌,华发已生的高适在状写战争、为不知名的将士立传的同时,也在让自己逆向生长。他是笔走龙蛇的诗人,更是跃马沙场的军人,两种身份叠加在一起,高适陡然发现,这才是自己应有的样子。

而高适对生命真正的逆袭,还是因为随后的安史之乱。天宝十四载(755),安史之乱爆发,唐玄宗下诏哥舒翰讨伐叛军。哥舒翰本意据守潼关,可奸相杨国忠却逼迫其出关迎敌,结果兵败被俘,变节投敌。潼关失守后,唐玄宗被迫出走四川,身在乱军中的高适没有被叛军的功名利禄所引诱,冒死抄小路星夜兼程,追上了唐玄宗。此时,大臣们对哥舒翰是一边倒的谩骂之声,高适却站出来勇敢地替哥舒翰说了公道话。不仅如此,面对这位被迫逃亡的皇帝,他不卑不亢,有理有据地分析了潼关失守的原因。唐玄宗非常认同他的说法,提拔他为侍御史,不久又任命其为谏议大夫,任命的制文是这样说的:"侍御史高适,立节贞峻,植躬高朗,感激怀经济之略,纷纶赡文雅之才。长策远图,可云大体;讜言义色,实谓忠臣。"受命于危难之秋的高适没有因为仕途的平步青云而沾沾自喜,相反,却如履薄冰,在谏议大夫的位置上恪尽职守,"负气敢言,权幸惮之"。尤其是当房琯向玄宗建议,将天下分封给太子李亨、永王李璘、盛王李琦、丰王李珙诸子,高适更是预见到可能导致的危机,"盛言不可",但玄宗并没有采纳。很快,高适的这种担心就变成了现实,至德元载(756)十二月,永王李璘自江陵东下,直取金陵。肃宗对当时高适提出的不可分制的切谏记忆犹新,马上"召而谋之,适因陈江东利害,永王必败",肃宗大喜,遂任命其为淮南节度使,与来瑱、韦陟一起率军讨伐永王。这是高适决然不会想到的。就在几年前,还只是供职哥舒翰幕府不在朝廷编制的区区幕僚,而历经安史之乱的硝烟和改朝易主的风云变幻，高适，曾经三次走向边塞的高适，曾经用荡气回肠的诗歌树立自己边塞诗旗手地位的高适，彼时已然以从三品朝廷命官的身份披挂上阵，在五十余岁的人生暮年，吹响了出征的号角，开启了一段壮丽的军旅生涯！

高适的东征很顺利，在未渡淮水之前，便实施了一系列策反之计，而当他率领的部队渡过淮水，众叛亲离的永王已经兵败自杀。这次平叛之后，高适又受命参与讨安史叛军，解救睢阳之围，以一个将军的形象书写一个诗人的传奇。当他在唐代宗广德元年（763）迁任剑南节度使，再次以六十岁的高龄抵御吐蕃的入侵，人们看到，这位当年在蓟门、在陇西用诗歌彰显自己名字的文人，已经变成了一位老当益壮击敌于千里的军事统帅。尽管此番与吐蕃的交战"师出无功"，松、维等州寻为蕃兵所陷，他自己也为严武所代，但唐廷对这位臣子的任用并未削弱。回到长安后，高适被"用为刑部侍郎，转散骑常侍，加银青光禄大夫，进封渤海县侯，食邑七百户"。第二年正月，高适病逝，朝廷"赠礼部尚书，谥曰忠"，可谓极尽哀荣。

高适字达夫，事实上，在这位"达夫"身上，那些失意的文人在羡慕他晚来的通达显赫的同时，更应看到一条生命的逆袭轨迹，而这条轨迹的拐点，其实早在高适吟出那句响遏行云的"莫愁前路无知己，天下谁人不识君"时，就已经开始了……

王维：双面"诗佛"

在中国古代诗人中，能将画意与诗情熔炼得高妙完美者，首推王维。"大漠孤烟直，长河落日圆"，这是王维的塞上；"太乙近天都，连天到海隅"，这是王维的终南山。他在精心地构建着诗与画的格局，用分明的设色做框范，用生动的气韵敉平缝隙，于是诗画合一，使得晚他三百多年的东坡居士为之啧啧连声。

然而，当我们在王维恢宏的辋川别业前伫立良久，我们不能不怀疑自己的眼睛，这是安史之乱前后的唐朝么？山水太清幽，我们听不到纷乱的马蹄声；禅理太奥渺，我们无法从封闭的道德之外，感受中国文人真正的精神内核。无疑，山水的磅礴气韵永远涵摄着诗人学者的心旌。与王维同时的李白对山水也有着真诚的朝觐，但静谧的山水并未封闭他的视野和胸襟，相反倒使这位谪仙人相信自己能"喷气则六合生云，洒毛则千里飞雪"。山水的灵秀与达观对应和建构起李白的人格，李白找到了真正的清醒与超越。相形之下，王维却在山水的遮蔽中，走向最深的孤独与寂寞。

纵览盛唐三位最有影响的诗人，我们发现，他们更像是代表了在盛唐并行不悖的儒释道三家：杜甫倾于儒，其沉郁顿挫的诗风，让其成为一代"诗圣"；李白狂放不羁，飞动洒脱，颇倾于道，摘得"诗仙"美誉；王维闲淡冷寂，修持禅定，更倾于佛，被世人称为"诗佛"。若是进一步考察王维的生命轨迹和创作轨迹，我们会发现，王维要比杜甫、李白圆融得多，是一位行走在红尘与禅境之间的双面"诗佛"。

王维的佛缘与生俱来。他生逢佛教中国化的鼎盛期，林立的宗派，纷繁的义理，在当时已经使佛教形成一股强大的势力，以至于唐玄宗都轻视不得。他敕令用自己寝殿的材料修建安国寺的弥勒造像，并亲自注释了《金刚般若经》。在举国上下袅袅升腾的烟霭中，身居山西太原的王维一家，又是奉佛最谨的。王维母亲崔氏，"师事大照禅师三十余岁，褐衣蔬食，持戒安禅，乐住山林，志求寂静"（《王右丞集笺注》），"维弟兄俱奉佛，居常蔬食，不茹荤血……"可以想见，生于是家的王维，从骨子里就受到了佛教思想的浸润，而这一点，在王维的表字中已经得到充分的体现。王维二十岁时以"摩诘"作为自己的表字，足见其对佛教经典《维摩诘经》的熟谙与喜爱。这维摩诘乃是古印度毗舍离地方的一个富翁，家有万贯，"虽为白衣，奉持沙门清净律行；虽处居家，不着三界，示有妻子，常修梵行"，最终修得大乘佛典而成正果。王维取字摩诘，事实上已经笃定了自己对佛的虔敬之心。

然而尽管佛缘深厚，慧根早具，王维却并没有成为一个光辅丛林的衲子，而是从一开始就执着于世俗的功名。精通音律能诗擅画的王维十五岁便来到长安，游于京洛，周旋于王公贵族之间。敏锐的文学才思，极高的艺术禀赋，让王维很快便在两京打开了知名度，"凡诸王驸马，豪右贵势之门，无不拂席迎之，宁王、薛王待之如师友"。而王维在京洛之间的活动，目的只有一个，那就是强化自己的影响力，为求取功名造势。王维所处的时代，科举制尚处于完善之中，真正能从科举中登第的实属凤毛麟角。若想引起考官们的重视，就必须造成声势，甚至做出一些惊世骇俗之举，当年陈子昂高价买琴当众摔碎的办法，就曾经博取了整个京洛的眼球。被誉为艺术全才的王维在求取功名的道路上，走的则是一条"上层路线"。据说当时他先是找到了岐王，岐王让他扮成一位乐师，随之一起去参加公主府中的盛宴。"维妙年洁白，风姿多美"，公主喜之，待王维奏得一曲《郁轮袍》，其声调哀切，更是满座动容，这时岐王顺势说道："此生非止音律，至于词学，无出其右。"王维于是将怀中所藏诗卷献呈公主，公主看过，觉得王维博学多才，便极力推荐他，"维遂做解头而一举登第矣"。

这则野史逸闻的可信度也许有待考证，但王维在王公贵族间混了个脸熟却着实在他求取功名的路上起了大作用。二十岁便考中进士被授予太乐丞的王维，一手捻着佛珠，一手翻着诗卷，他相信在染俗与超俗的中间地带，自己可以走得更远。

然而，王维的生命轨迹很快便由刚刚涉足的仕途转向了位于河南名曰淇上的地方。此地因毗邻淇水得名，一度是魏晋士人阮籍、刘伶、嵇康等人的隐居之地，而从京师来到淇上，则是因为王维的宦途出了点意外。就在担任太乐丞不久，他因为私自为岐王排演了一场黄狮子舞而触怒了皇帝,要知道,黄狮子只能是舞给皇帝一人的,任何人都是无权观看的,王维因此被贬出长安,"坐累为济州司仓参军"。在济州任上,王维一待就是四年。这四年王维过得并不顺意。他曾借玄宗泰山封禅之机,作了一首《上张令公》的诗,献给担任封禅大典主持的中书令张说,希望能援引一下自己,但这首诗却如泥牛入海,并没有什么下文。后来王维干脆辞官跑回了长安。回到长安的王维当然没闲着,与前来应进士举的孟浩然一起,和在朝中担任要职的张说的弟子张九龄结成了忘形之交,以期在仕途上能迈进一步。然而,彼时的张九龄正和张说一起遭到"朋党论"的攻击,张九龄自顾不暇,更不消说汲引贤俊了;不久,随着张说病死,张九龄因丁母忧去官,王维的入仕之路更是变得灰暗起来。正是在这种背景下,王维来到了淇上,当"竹林七贤"的影子在王维的眼前交替着出现,这位六艺皆通礼佛甚谨的大唐才子默默地点燃一炷香,香烟缭绕之中,双手合十的王维决定隐居了。

> 屏居淇水上,东野旷无山。
> 日隐桑柘外,河明闾井间。
> 牧童望村去,猎犬随人还。
> 静者亦何事,荆扉乘昼关。
> ——王维《淇上田园即事》

淇上静谧的田园风光进入王维的诗行,陡然有了一丝禅意。

据说此诗当月便遍传两京,脍炙人口。王维深沉的禅思显然在一个地方不能得到充分的张扬,在状写过淇上田园风光之后,王维转而去了嵩山。在那里,他的弟弟王缙正做着一任地方官,自己在嵩山隐居,一可衣食无忧,二可饱览中岳美景,岂不快哉!

> 清川带长薄,车马去闲闲。
> 流水如有意,暮禽相与还。
> 荒城临古渡,落日满秋山。
> 迢递嵩高下,归来且闭关。
>
> ——王维《归嵩山作》

"迢递嵩高下,归来且闭关。"在《归嵩山作》中,王维的意思已经表达得很明显,他要从此闭门谢客,打算过与世隔绝的隐士生活了。然而,王维和陶渊明的最大不同,在于陶渊明可以隐得彻底,隐得透明,而王维之隐,则隐得纠结,隐得不甘。事实上,隐居淇上、嵩山的那段时间里,王维其实一直在等待,他在等待着亦师亦友的张九龄,张九龄起复回京了,他的隐居生活也就可以画上句号了。

开元二十三年(735),对于王维来说,是个值得欢欣鼓舞的年头,因为就在这一年,丁忧归来成为一国宰相的张九龄将王维提携为右拾遗,次年,再拜为监察御史。王维为此特意写了一首《献始兴公》,在对"所不卖公器,动为苍生谋"的张九龄不吝赞美之辞的同时,也用一句"贱子跪自陈:可为帐下不"表明了自己愿意效力帐下的忠心。王维的隐，终于等来了久违的知音；王维的禅，终于不再是冷禅，枯禅。

然而，这样的好日子并未持续多长时间，开元二十四年（736）年底，随着张九龄被罢相，口蜜腹剑的李林甫大权独揽，王维也遭遇到了巨大的冲击。但这一次王维并没有弃官归隐，而是对张九龄深表同情之后，转而给李林甫写了一首诗，献上华丽的赞美之词。不仅如此，对李林甫的一个叫苑咸的亲信，他也不遗余力地歌颂，称其为"才子"，"楚辞共许胜扬马"。在博取了新权贵的欢心之后，王维自然官位无虞，继续做着他的监察御史。在此期间，他还曾一度奉命出使塞上，前往劳军，其著名的《使至塞上》，便创作于这个时期。

> 单车欲问边，属国过居延。
> 征蓬出汉塞，归雁入胡天。
> 大漠孤烟直，长河落日圆。
> 萧关逢候骑，都护在燕然。
> ——王维《使至塞上》

这就是王维的厉害之处，"大漠孤烟直，长河落日圆"，仅寥寥数笔和极简的构图，便勾勒出了边塞的空阔与辽远，同时，也因为这联千古名句，奠定了他在中国文学史上的地位。而"直"与"圆"，又恰恰构成了王维的性格特征：他骨子里洁身自好，蔑视着李林甫这样阴鸷狠辣的权贵，外在却并未与他疏离；他渴望做个清净无为闲然禅定的隐士,又不堪躬耕垄亩衣食自足的清教徒生活。正因如此,在他身上,中国士人的一种新的隐逸方式出现了,那就是——"吏隐",一面在朝做着官,拿着朝廷的俸禄,一面放情山林,松风煮茗。这种亦官亦隐的存在方式,似乎暗合了"天下有道则仕,天下无道则隐"的中国士人信条,但能像王维这样,做到仕隐两得,好像也并不容易。

> 中岁颇好道,晚家南山陲。
> 兴来每独往,胜事空自知。
> 行到水穷处,坐看云起时。
> 偶然值林叟,谈笑无还期。
>
> ——王维《终南别业》

大概从开元二十八年(740)起,王维便隐居于终南山的别墅。此间距长安约百里,散朝归来,他脱去官服,便一头扎进自己的别墅,点一炷香,沏一壶茶,在终南山的绿树环围之中寻找着一份超尘拔俗的自在。彼时,他的妻子崔氏已去世十年,早可续弦的王维却并未再娶,"孤居一室,屏绝尘累",独自享受着一种特有的禅定之乐。他所云的"中岁颇好道",显然既非儒家之道,亦非道家之道,而是佛家之道,在对南北宗兼收并蓄的过程中,王维参禅入定,脸上没有风暴,平定而安详。

如果说王维在终南山别业找到了"吏隐"的清静,那么随着他于天宝初年购得初唐诗人宋之问的蓝田辋川别业,王维的"吏隐"

已经开始走向空寂。亦官亦隐的生存状态，加之圆滑的处世哲学，让李林甫对这位毫无政治野心的张九龄"朋党"颇为放心，并没有为难王维，而王维也乐得做个拿着俸禄按常秩升迁的太平官。在花费不菲的资财买下辋川别业后，王维又依据辋川的山水形势植花木、堆奇石、筑造亭台阁榭，建起了孟城坳、华子冈、竹里馆、鹿柴等二十余处景观，把二十余里长的辋川山谷，修造成兼具耕、牧、渔、樵功能的园林胜地。也正是在这座远离尘嚣的辋川，王维一步步将自己修炼成了一尊"诗佛"。他和他的道友裴迪经常在一起研读释学禅理，一泓碧水之中，他们"浮舟往来，弹琴赋诗，啸咏终日"。当然，除了裴迪，王维交往的僧人居士还有很多，在其诗文中有名有姓的就将近三十人。当"焚香独坐，以诵经为事"的王维远离了政治的旋涡，又不乏口体之养，一部《辋川集》，便在入世出尘的中间地带，平静地浮出水面。

空山不见人，但闻人语响。
返景入深林，复照青苔上。
——王维《鹿柴》

独坐幽篁里，弹琴复长啸。
深林人不知，明月来相照。
——王维《竹里馆》

> 人闲桂花落，夜静春山空。
> 月出惊山鸟，时鸣春涧中。
>
> ——王维《鸟鸣涧》

> 木末芙蓉花，山中发红萼。
> 涧户寂无人，纷纷开且落。
>
> ——王维《辛夷坞》

在辋川，习禅的王维几乎将自己的佛性点染在每一朵花、每一片叶、每一座小山、每一条溪流之中。这些花花草草、山山水水经过王维的禅心净化，已经看不出诗人情绪的起落，全都变成了辋川别业一幅幅静谧的小照。无论是《鹿柴》，还是《竹里馆》，无论是《鸟鸣涧》，还是《辛夷坞》，我们看到的永远是空寂的状态：仰望空山，只听人语响；独坐幽篁，明月来相照；山鸟惊飞，时鸣春涧中；红萼飘零，开落有谁知？……在王维的诗歌意象中行走，所有动态的画面全是为了衬托静态，所有清幽的色调都在渲染着寂寥。在王维之前，也曾有许多诗人将山林的幽静状态写入诗行，但从未有人用动静相衬诗画结合的方式如此完美地艺术呈现。当深受禅宗浸润的王维以空灵的意象编织起自己的诗行，以清寂的语境传递禅的玄机，这个在竹林深处抚琴长啸的诗人已经把自己冲涤成一尊远离尘嚣的佛，尽管他的众多仆僮还在为他洒扫着偌大的庭院，准备着丰盛的早餐，尽管上朝的官车已经备好，恭敬的马夫持鞭执辔，正在等待他一声出发的号令……

如果在清幽的辋川别业一直以这样一种空寂的状态"吏隐"下去，王维的琴声也许永远不会有变奏的可能，然而，天宝十五载（756）六月疾驰的马蹄声，还是叩碎了辋川的宁静。起兵反唐的安禄山一路势如破竹，很快便攻下了长安屏障——潼关，兵锋直指帝都！彼时，已经取代病死的李林甫荣登相位的杨国忠为玄宗给出了一条弃长安奔蜀中的权宜之计，沉醉在温柔乡里仓皇不知所措的玄宗无奈之下只能弃城而逃。他只带上了杨国忠、杨贵妃、高力士及少数的随从，趁着夜色悄然出城，而至于其他的王室贵族、大臣公卿他已经无暇顾及。被遗弃的这群人的命运可想而知，他们中的很多人直接被枭首剖腹，惨不忍睹，留下的少量朝官则被押往洛阳，在那里，他们将要面对的是他们的新主子——安禄山。

王维就走在这支队伍的中间。《旧唐书》载，安史之乱发生后，王维"扈从不及，为贼所得。维服药取痢，伪称暗病。禄山素怜之，遣人迎置洛阳，拘于普施寺，迫以伪署"。从这段文字，我们知道，王维在长安城陷被抓之初，曾想过一些逃亡的办法，但是没有成功。被押往洛阳后，"惜才"的安禄山强迫给他授了个官职。其实，安禄山的惜才不过是个幌子，更多的是要用王维的名气给自己建立的政权装点一下门面。作为"诗佛"的王维对安禄山也许百无一用，在玄宗朝都能吏隐多年的王维当然也不可能在这个叛乱的军阀手下有什么作为，但安禄山不在乎，给这个已经吓得面白如纸的诗人封个官职，既是对前朝的蔑视，也是对前朝的嘲弄。盛大的弦歌响起来了，凝碧池畔，被掳来的大唐梨园乐工们在露刃持弓的兵士们的胁迫下，用恢宏的唐乐对应着一个叛国者的笑容。随着弦歌进入高潮，一个叫雷海青的乐工终于控制不住，摔碎乐器，西向恸哭，结果在戏马殿惨遭肢解。于是乐声再起，羯鼓震天，丝竹战栗，全是哀声……

万户伤心生野烟，百僚何日更朝天。
秋槐叶落空宫里，凝碧池头奏管弦。

——王维《凝碧池》

这首《凝碧池》，是王维在听裴迪诉说了这起流血事件后，泣涕而作。担任着伪职的王维在心生忧惧的同时，也更加怀念曾经的天朝岁月，憧憬与世无争的清静生活。而面对叛贼的威压，王维又只能长歌当哭，徒唤奈何。但是令王维决然想不到的是，他在洛阳叛军中完成的这首诗，日后竟会成为拯救他的一根救命稻草！唐肃宗至德二载（757）十月，唐军攻克洛阳，陷贼的三百余人被勒赴长安，收系于大理寺狱和京兆府狱。这些人中，有的被杀，有的被赐死，有的被流放，而王维却仅仅被降为太子中允，继续在肃宗的新朝为官。王维之所以能幸免于难，其中一个重要的原因就是在陷贼之后作了《凝碧池》一诗，其忠心令新登大宝的肃宗好生感动；再加上其弟王缙在平定安史之乱中立功，请削己刑部侍郎之职以赎兄罪，使肃宗最终宽宥了王维担任伪职之罪。几年之后，王维又由太子中允完成了四次迁转，最终官拜尚书右丞。

而经历了安史之乱的劫难，王维的"吏隐"变得更加彻底了。

如果说在安史之乱前,王维的"吏隐"还是因为从心里不愿攀附李林甫之流,带有一些"天下无道则隐"的清高,那么在经历了安史之乱的生死之劫后,王维已是心如止水,诸法皆空。他的清修之地仍旧是辋川别业,他让他的居所不染纤尘,《洛阳要记》云:"王维居辋川,宅宇既广,山林亦远,而性好温洁,地不容浮尘。日有十数扫饰者,使两童专掌缚帚,而有时不给。"他仍然状写宁静和空寂,安史之乱的噩梦他只字不提,安史之乱的余波他更是漠不关心。他的朋友仍旧是僧人居士居多,"日饭十数名僧,以玄谈为乐"。他的"文人画"越画越好,删繁就简的构图与冲和淡远的意境,更像出自山中老僧之手。更重要的,他已经将安史之乱前所标榜的"身心相离"中"离"的距离进一步拉大了,已经完全在"身"与"心"之间拉开成了一道鸿沟,这道鸿沟是如此不可调和:在朝堂,他是官居四品的王右丞;在辋川,他是焚香独坐的禅僧,"不须愁日暮,自有一灯然"。为了表明自己对"身心相离"的决绝态度,在他晚年所写的《与魏居士书》中,更是对上古以来隐士们"迹随心隐"的遁世方式不以为然,即便是他所景仰的陶渊明,也认为其"不肯把板屈腰见督邮,解印绶弃官去"并非明智之举,是"一惭之不忍而终身惭"。更进一步,他还给自己的"身心相离"作出了这样的解释:"君子以布仁施义、活国济人为适意,纵其道不行,亦无意为不适意也。苟身心相离,理事俱如,则何往而不适。"在王维看来,人只要适意,精神满足即可,身如何行无关紧要,重要的是心感觉如何。当王维将半官半隐亦官亦隐的"吏隐"经验语重心长地推荐给来辋川做客的道友,王维,在夯实自己"诗佛"地位的同时，已经将他的辋川，变成了一个中国文人用以逃避心灵消磨志向的别业。

"味摩诘之诗，诗中有画；观摩诘之画，画中有诗"（苏轼语）。王维的诗很空灵，王维的画很虚静，然而在空灵与虚静中，深深感动的，只有王维自己。

孟浩然：仕隐两空

在唐代诗人中，有着很多组合，"李杜"——李白和杜甫，"高岑"——高适、岑参，"元白"——元稹和白居易，人们将这些诗人组合在一起，或是因为他们志趣相投，或是因为他们诗风相近，总之，这些组合构成了中国诗人的重要方阵，辉煌了唐诗的一隅。和前面提到的几个组合一样，"王孟"组合同样也构成了唐诗的一道重要的风景——山水田园诗派。一个王维，一个孟浩然，以冲和淡远的诗风，将大唐的田园诗推向了一个高峰。然而，仔细回望这对组合，我们却发现，比起亦官亦隐恬然自适的"诗佛"王维，孟浩然的人生却寂寥太多。生逢开元的全盛时期，孟浩然却以布衣终其身不达而卒，在有唐一代著名诗人中也算是比较郁闷的了。

清晓因兴来，乘流越江岘。

沙禽近方识，浦树遥莫辨。

渐至鹿门山，山明翠微浅。

岩潭多屈曲，舟楫屡回转。

> 昔闻庞德公，采药遂不返。
> 金涧饵芝术，石床卧苔藓。
> 纷吾感耆旧，结揽事攀践。
> 隐迹今尚存，高风邈已远。
> 白云何时去，丹桂空偃蹇。
> 探讨意未穷，回艇夕阳晚。
>
> ——孟浩然《登鹿门山》

这首《登鹿门山》，是孟浩然早年隐居湖北襄阳时的作品。出生于山清水秀的襄阳，成长于薄有田产衣食无虞的小庄园家庭，孟浩然在四十岁以前，一直过的是一种以诗自适的隐居生活。这首诗，记叙的是青年孟浩然一次"郊游"的经历。我们看到，这天清早，朝暾初上，孟浩然便乘着一叶小舟顺水而下了。他要去的地方，是距离襄阳城东南三十多里外的一座名山——鹿门山。据《襄阳记》记载："鹿门山旧名苏岭山，建武中，襄阳侯习郁立神祠于山，刻二石鹿，夹神道口，俗因谓之鹿门庙，遂以庙名山也。"而在郁郁葱葱层峦叠嶂的鹿门山徜徉，最让孟浩然生成一颗朝觐之心的，还是蕴藏在这座山中特有的隐逸之气。最早给鹿门山设定这种气韵的人被称作庞德公。东汉末年，天下大乱，作为襄阳大儒，这位庞德公拒绝了时任荆州刺史刘表的数次延请，坚决不出来做官，刘表不解道："夫保全一身，孰若保全天下乎？"庞公则笑道："鸿鹄巢于高林之上，暮而得所栖；鼋鼍穴于深渊之下，夕而得所宿。夫趣舍行止，亦人之巢穴也。且各得其栖宿而已，天下非所保也。"于是他便和妻子一起在鹿门山脚下开出一片菜园,过起自给自足的生活。刘表看到庞公如此,也没有放弃请他出来做官的念头,又对庞公说:"先生苦居畎亩而不肯官禄,后世何以遗子孙乎?"这庞公也没客气,放下手中的锄头,直接用句狠话把刘表怼了回去,他说:"世人皆遗之以危,今独遗之以安。虽所遗不同,未为无所遗也。"刘表一看这位高人已经铁了心隐居不仕了,只好作罢,而庞德公则与其妻"登鹿门山,因采药不返"。鹿门山,从此在东汉末年纷争杀伐的底色上,氤氲起一层超尘拔俗远离尘嚣的隐逸之气。据说在当时,无论是诸葛亮,还是庞统、司马徽,都曾经走进鹿门山,专程拜访过这位颇具仙风道骨的世外高人。他们齐聚于庞德公的周围,聆雨听风,弈棋品茗,在壮大一个隐士群体的同时,也张扬起鹿门山的风骨与性情。

"探讨意未穷,回艇夕阳晚。"从鹿门山伴着夕阳归来,孟浩然便一头扎进了涧南园。这里不远处有一条溪涧劈谷而来,平缓处可泛行小舟,过去它曾一度是冶炼军器的旧址,彼时,却是孟浩然在襄阳的一处幽静的庄园。祖上给他留下的这份田产,足可以让他过上安闲恬适生资丰厚的田园生活,而从鹿门山归来,孟浩然显然汲引了更多的隐逸之气,他的诗歌创作愈发进入一种出离世外的状态。"弊庐隔尘喧,惟先养恬素。卜邻近三径,植果盈千树",这是孟浩然在他的涧南园栽植果树,游赏养心;"左右林野旷,不闻朝市喧。钓竿垂北涧,樵唱入南轩",这是孟浩然在他的涧南园悠然垂钓、烹茶会友;"水亭凉气多,闲棹晚来过。涧影见松竹,潭香闻芰荷",这是孟浩然弄棹泛舟、听雨闻荷……彼时,深居其中的孟浩然已然将涧南园当作了自己诗歌里的一个极为重要的意象，它和相距不远的鹿门山一样，在渗入这位襄阳才俊的字里行间的同时，也涵养出孟浩然"骨貌淑清，风神散朗""灌园蓺竹，以全高尚"的气质特性。

如果孟浩然在他的涧南园一直这么隐下去，也许涧南园真的会和鹿门山一样，成为收纳中国文人气性的一处圣地，而隐于其中的孟浩然也许真的会和陶渊明一样，成为"采菊东篱下""心远地自偏"的真正的隐士。然而，开元十六年（728）冬天，襄阳的文人圈却传开了一个消息：四十不惑的孟浩然走了！他离开了那座吟咏终日的世外桃源，目的地是长安！礼部会试在正月进行，孟浩然要赶在开元十七年（729）新年到来之际，从襄阳一路向西北进发，去参加大唐的科举考试！这个平日看似安之若素的湖北文人，究竟是被抽动了哪根神经，在四十岁的不惑之年，突然想到了进京赶考？

其实，这些面露惊异之色的人对孟浩然并不了解。在孟浩然的心中，一直住着两个人，其中一个，就是隐居鹿门山的庞德公。不问世事不慕功名的庞德公对于孟浩然而言，就是他隐居涧南园的精神标杆。然而，在孟浩然的心中，还有另外一个标杆，那就是曾隐居终南山的初唐文人卢藏用。卢藏用早年一度隐居养名于终南山，在中宗朝被征召为官，一路官运亨通，累迁要职。他的道士朋友司马承祯曾和他谈起想退隐天台山的打算，卢藏用当即建议他隐居终南山，他遥指远山道："此中大有佳处。"司马承祯则说："以仆观之，仕宦之捷径耳。"对于这个"终南捷径"的典故，不单是孟浩然，唐代其他文人都是再了解不过的。自唐高祖开始，诏求隐逸便成为一种重要的选官方式，于是很多文人都跑到了终南山，以隐养名，他们其实不是在山中修身养性，而是希望经人举荐，一朝成名。卢藏用走的正是这条捷径，当他遥指终南山，"终南捷径"事实上已经成为很多文人心中的一个多少有些拧巴的梦想：一方面，他们高调声称自己渴望进入一种物我两忘的隐逸之境，另一方面，他们又希望以隐求仕，通过隐抬高身价，等人举荐，待价而沽，最终平步青云，一飞冲天。

正是在仕与隐这种矛盾而又统一的状态中，孟浩然在他的涧南园一直隐到了四十岁。此间，他写了大量淡泊明志的诗歌，但我们也注意到，孟浩然也经常会发一些无人引荐的长吁短叹。还是再来看看这首《田园作》吧：

弊庐隔尘喧，惟先养恬素。
卜邻近三径，植果盈千树。
粤余任推迁，三十犹未遇。
书剑时将晚，丘园日已暮。
晨兴自多怀，昼坐常寡悟。
冲天羡鸿鹄，争食羞鸡鹜。
望断金马门，劳歌采樵路。
乡曲无知己，朝端乏亲故。
谁能为扬雄，一荐甘泉赋。

——孟浩然《田园作》

在前面我们已经说了,"弊庐隔尘喧,惟先养恬素"的孟浩然在悠然地享受一种田园之趣,但是同样在一首诗中,孟浩然却呈现了两种完全不同的心态。顺着往下读,我们看到,孟浩然经常会有些惆怅,"晨兴自多怀,昼坐常寡悟",为什么会如此呢?原来,是因为"望断金马门","朝端乏亲故"。后来,他干脆急得喊了出来:"谁能为扬雄,一荐甘泉赋"!一首《田园作》,就这样暴露了中国封建文人的生存状态:他们向往隐逸,又流连着仕途,在仕与隐的交错缠绕之中,他们陷入了一种特有的痛苦之中。

正因如此,我们才可以解释,为何在开元十六年(728)冬天,迎着凛冽的北风,襄阳文人孟浩然进京赶考的步伐会如此笃定。他不能等了,他已经四十岁了,既然自己没有卢藏用那般好运,就走出隐居之所,在科举这座独木桥上拼出一条仕晋之路吧,况且自己的文采诗才并不差,搏一下,未必搏不出个锦绣前程!

到了长安之后的孟浩然,马上要做的事情便是迅速拓展自己的朋友圈。在唐代,没有人引荐的科举,命中系数可以说是极低的,要打通一条仕晋的通道,用自己的诗文作敲门砖,结交几个朝中的朋友,是极为重要的。作为一个浸润在诗歌里的帝国,有时一介布衣与朝廷命官之间,并非有着不可逾越的鸿沟,一纸诗文,一次唱和,就有可能在落魄与显达之间,架起一座友谊的桥梁。逗留长安的这段日子,孟浩然确实和几个文人官员交上了朋友,尤其是和时任秘书少监、集贤院副知院事的张九龄,时任秘书省校书郎的王昌龄以及尚无实职暂为待诏的王维过从甚密,而在与这些朋友的诗文唱和过程中,孟浩然的才学也得到了广泛的认可。据说有一次雅集，大家轮流联句赋诗，第二位轮到孟浩然了，他的诗句是："微云淡河汉，疏雨滴梧桐。"众人皆击掌叫好，认为此联清丽到了极点，索性都放下了笔，谁也接不下去了。尤其是以田园诗见长的王维，对这位来自湖北、长自己十余岁的文友更是钦佩有加，不仅常将孟浩然这句"微云淡河汉，疏雨滴梧桐"挂在嘴边，视为范本，更是与其交情甚笃，成为忘形之交。

然而，尽管孟浩然在长安博得了不小的诗名，拥有了不少的人气，却并没有在科举考试中金榜题名，畅饮曲江之滨。这其中的原因，最主要的还是孟浩然自期过高。他有些急于求成，又不想屈居下僚，引荐不成又心生怨怼，在诗中流露出"年年白社客，空滞洛阳城""寂寂竟何待，朝朝空自归"的情绪。这些情绪的流露当然无助孟浩然的干谒活动，也给官友们的引荐增加了难度，再加之科举考试本身就是强手如林，能出头者凤毛麟角，落第也就可想而知了。

然而，在孟浩然简单的生命履历中，我们发现，经历这次科举失败之后，他并没有像其他举子那样愈挫愈勇，从头再来，而是不久就回到了家乡，此后再也没有参加过大唐的科举考试。一个为仕而隐的诗人，在科举成为唯一可以晋身仕途的通道的时候，怎么会如此轻易地就放弃了努力呢？

记载于《新唐书》的一段文字，似乎可以为孟浩然的这番举动做出一个解释。《新唐书》云："维私邀入内署，俄而玄宗至，浩然匿床下，维以实对，帝喜曰：'朕闻其人而未见也，何惧而匿？'诏浩然出。帝问其诗，浩然再拜，自诵所为，至'不才明主弃'之句，帝曰：'卿不求仕，而朕未尝弃卿，奈何诬我？'因放还。"

这段文字，记录的其实是孟浩然一次十分尴尬的面试经历。话说信心满满的孟浩然落榜之后很郁闷，便跑到王维办公的地方去说说话解解闷。可偏偏凑巧，这天正好玄宗皇帝也经过王维的内署，一听说皇帝来了，孟浩然赶紧藏了起来。王维毕恭毕敬地出门迎接皇帝，想想孟浩然正藏着呢，还是得把他喊出来，一是这样不犯欺君之罪，二是没准这还会给老大哥一个一步登天的机会。想到这里，王维便据实向皇帝禀告，玄宗一听，马上面露喜色道："朕对孟浩然也是闻其名而未见，有什么可怕的，叫他别藏着了，快出来吧！"待孟浩然战战兢兢地出来面见皇上，玄宗也挺有兴致，便让他背一首自己最拿手的诗听听。要知道，这可是千载难逢的机会啊，这可是比当年卢藏用的"终南捷径"快出不知多少倍的"捷径"，抓住了这次皇帝"面试"的机会，孟浩然可就有了出头之日！王维在旁边一听，都暗暗替这位老大哥高兴。

然而，孟浩然也不知是因为紧张还是被动了哪根神经，把这次千载难逢的"面试"搞砸了！搞砸的原因，竟是因为孟浩然给皇帝背了一首完全不在点儿上的诗！孟浩然给皇帝背的这首诗名叫《岁暮归南山》，全诗如下："北阙休上书，南山归敝庐。不才明主弃，多病故人疏。白发催年老，青阳逼岁除。永怀愁不寐，松月夜窗虚。"

如果单纯从诗本身而言，这当然是一首好诗，孟浩然把它拿出来，也是拿出了自己的得意之作，但他恰恰忘了，他面对的是当朝皇帝！而一句"不才明主弃，多病故人疏"，不是明摆着在皇帝面前发怀才不遇的牢骚吗？这首诗意思很清楚：我自己很有才，只是皇帝没给我空间！玄宗听了，当然是大为震怒，刚开始的好心情全没了，他生气地对孟浩然说："我也没说不用你啊，是你自己不争取啊！算了，你还是哪儿来哪儿去吧！"

就这样，科举失意的孟浩然算是彻底在皇帝的面试中被定了性，只能打道回府。因为有皇帝这句话压着，主考官根本不敢录用，孟浩然一生也就参加了这么一次科举考试，此后再没参加过。

这则逸闻有个名字，叫"转喉触讳"，流传的版本也有好几个，除了王维说，还有李白说、李元绂说、张说说等，虽然这则典故的三个当事人之一不确定，但关于孟浩然的这番"面试"的窘事却大同小异。当为仕而隐继而又信心满满地来长安求仕的孟浩然遭遇到人生中最冷的"倒春寒"，他知道，科举对他而言，已经是一个遥不可及的梦，而如此回到家乡，他还会安心地隐下去吗？

> 春眠不觉晓，处处闻啼鸟。
> 夜来风雨声，花落知多少。
>
> ——孟浩然《春晓》

这首妇孺皆知的《春晓》，是孟浩然回到襄阳时所作。在《春晓》的字里行间，我们看到的动静相搭的别样春色，是淡雅闲适的田园意趣，而这，也是孟浩然在重返他的涧南园之后，将他的山水田园诗风导入一个新境界的开始。离开了长安浮躁之地，重新在故乡的一隅悠居下来，我们看到，孟浩然眼中的田园风光已经俯拾皆"诗":"行至菊花潭,村西日已斜。主人登高去,鸡犬空在家",这是孟浩然在白描一次寻友不遇的经历;"故人具鸡黍,邀我至田家。绿树村边合,青山郭外斜。开筵面场圃,把酒话桑麻。待到重阳日,还来就菊花",这是孟浩然在记录村子里一次开心的小聚……彼时,在孟浩然的诗歌意象中,开始出现一大片黄灿灿的菊花,志在学陶的孟浩然不仅将菊花融入自己的字里行间,更融入了自己退居襄阳的生活。

当然,回望落第后孟浩然的生命轨迹,我们看到,孟浩然的脚步又并未止于家乡的山水,他一下子成了旅行家,成了行吟诗人。他的足迹遍及汉江和长江南北,东至扬州、永嘉,南至三湘,北至京洛。他曾泛舟吴越,在那里,"我行适诸越,梦寐怀所欢",也曾壮游湘赣,在那里,"湖经洞庭阔,江入新安清"。在游历的过程中,他结交了更多的朋友,纵情山水之间,孟浩然俨然成为看淡名利超拔世间的风流狂客。

吾爱孟夫子,风流天下闻。
红颜弃轩冕,白首卧松云。
醉月频中圣,迷花不事君。
高山安可仰,徒此揖清芬。

——李白《赠孟浩然》

这首《赠孟浩然》,是李白给孟浩然的赠诗。李白小孟浩然许多,叫一声孟夫子,既是尊称,也是敬慕。在"谪仙人"李白看来,孟夫子对功名是主动放弃，不屑一顾的。正因为孟浩然做到了"红颜弃轩冕，白首卧松云"，李白才认为这位隐居襄阳云游四方的老兄"高山安可仰，徒此揖清芬"，是自己的楷模。

然而，放弃科举的孟浩然真的就放弃了对功名的追逐了吗？回到家乡之后，包括在游历名山大川的过程中，他真的就做到了远离尘嚣不再寄望仕途了吗？事实上，我们在孟浩然从长安落第归来的诗歌中行进，除了可以看到蕴含其中的疏简之气，还是可以看到孟浩然心中的那份躁动与不甘。皇帝的一句话也许彻底封住了科举的通道，但孟浩然并没有真正安心做一个隐士，他的隐，是一种无奈的隐，而他对仕的渴望，从来没有停止过。

八月湖水平，涵虚混太清。
气蒸云梦泽，波撼岳阳城。
欲济无舟楫，端居耻圣明。
坐观垂钓者，空有羡鱼情。
——孟浩然《望洞庭湖赠张丞相》

这首流传甚广的投赠诗，可以看作是孟浩然求仕心态的直接映射。这首诗是孟浩然在游历洞庭湖时写给张九龄的。彼时，张九龄已不在丞相之位，而是被贬谪到了荆州。当年在长安时，张九龄并没有给这位忘形之交提供一个职位，倒是在贬谪之日，处在人生低谷的时候，被孟浩然的这首投赠诗触动，尤其是"欲济无舟楫，端居耻圣明。坐观垂钓者，空有羡鱼情"这两句，已经让张九龄对这位昔日的文友心生怜惜，他必须做出一些行动了。就这样，孟浩然凭着这首献诗走进了张九龄的幕府，成了张九龄手下一个没有实职的幕僚。成为一介幕僚的孟浩然的运气也算差到了极点，入幕不久就因患病离开了张九龄，又回到了襄阳，而张九龄没过两年，也死在了荆州任上。孟浩然这段勉强称之为仕途的履历，只有不到一年的时间。

> 吾怜孟浩然，褊褐即长夜。
> 赋诗何必多，往往凌鲍谢。
> 清江空旧鱼，春雨馀甘蔗。
> 每望东南云，令人几悲咤。
>
> ——杜甫《遣兴五首》

和李白一样，杜甫也有一首诗上来就点到了孟浩然，但与李白眼中"风流天下闻"的"孟夫子"不同的是，杜甫眼中的孟浩然"褊褐即长夜"，不仅谈不上风流，而且已经窘迫到了身着粗布衣挨过漫漫长夜的地步，而这，正是晚年孟浩然的生命境遇。在求仕无望、川资耗尽之后，贫病交加的孟浩然回到故乡，不仅没有了仕的可能，就是想重新回到隐的状态，也不复可能。当仕隐两空的孟浩然再次瞻望当年那座鹿门山，诗人的眼中已满是苍凉之色。

开元二十八年（740），孟浩然死于疽疮之疾。据说当时王昌龄路过襄阳看望孟浩然，本已有病在身不宜食鲜的他吃了一些鲜鱼，结果疽疮发作，不久便暴卒。一生都在仕与隐中徘徊的孟浩然，最终给世间留下的，是一声无奈的叹息。

贺知章：杯里乾坤

臣子，道士，诗人。八十六载世事沧桑，贺知章完成了三种人生体验，因诗人而臣子、因臣子而道士，还是因臣子而道士、因道士而诗人？后人无法说清，就是生于斯世的李白也仅仅在脑海中存留了一个金龟的意象。

贺知章的风流与放诞贯穿他的一生，也贯穿了他的诗篇。"山源夜雨度仙家，朝发东园桃李花"，这位大唐集贤院的学士，没有杜甫那么蹇楚的命运，也极少李白"行路难"的浩叹，在众多入仕无门的诗人中，他应该算是一个显达者，由进士而太子宾客，由太子宾客而秘书监，可谓春风得意。

得意了，当然就离不开酒。因为都来自江南，他和包融、张旭、张若虚结为"吴中四士"。作为"吴中四士"的代表，作为一个显达的宫廷诗人，贺知章更是在杯觥中找到了可以释放才情的出口。

> 西学垂玄览,东堂发圣谟。
> 天光烛武殿,时宰集鸿都。
> 枯朽沾皇泽,翩飞舞帝梧。
> 迹同游汗漫,荣是出泥涂。
> 三叹承汤鼎,千欢接舜壶。
> 微躯不可答,空欲咏依蒲。
>
> ——贺知章《奉和圣制送张说上集贤学士赐宴赋得谟字》

贺知章的这首诗,流传度不高,但洋溢其中的骄矜与自适,却在其为数不多的存诗中体现得最为明显。全诗紧扣一个"宴",极写了一场天子之宴的规格与礼遇,赴宴者身份的高贵与显达,而一句"三叹承汤鼎,千欢接舜壶",与其说在表达着贺知章对皇帝把自己视为贤臣的知遇之恩,不如说是贺知章在醉饮千杯之后,毫无避讳地张扬着自己的得意。这位武后证圣元年(695)的进士,能在皇家飨宴上给张说写上一首诗,可见张说在贺知章心中的分量。张说曾前后三次为相,执掌文坛三十年,为开元前期一代文宗。正是在张说的举荐下,贺知章才得以入丽正殿编书,继而在开元中任礼部侍郎兼集贤院学士。相信在一片觥筹交错声中,平步青云的贺知章在用一首首应和圣制之诗山呼万岁的同时,少不了会和张说这位对自己有提携之恩的朝中宰辅多喝上几杯御酒,多道上几句感激之言。

当然,作为跨越初盛唐的诗人,彼时的贺知章也和天下所有文人一样,尚处于文风转换的阶段。对于六朝浮靡的文风,贺知章效法前朝的"初唐四杰"、陈子昂，也在力避将自己的诗作随波逐流成"争构纤微，竞为雕刻"的宫廷诗；但作为一个在盛唐气象中浸淫日久的臣子，贺知章又一次次在浩大奢靡的宫廷盛宴中迷醉，诗酒之乐的前提，首先是官居上位的显赫身份和锦衣玉食的优渥生活。

由此，贺知章的疏狂纵酒便不是一般人能够学得来的。"杯中不觉老，林下更逢春"，这是贺知章在就着春花美酒，一杯接一杯地感受着盎然的春意；"落花真好些，一醉一回颠"，这是贺知章用断章残句准确地描摹着自己的醉态。据说，每次醉酒，贺知章都会笔走龙蛇，文不加点，整篇诗文一气呵成。最值得一说的，还是贺知章在醉态之中出神入化的书法艺术。他写得一手漂亮的草书，名播于开天年间，卢象曾用"青门抗行谢客儿，健笔连翩王献之"将其比作著名书法家王献之，温庭筠更是用一句"落笔龙蛇满坏墙"来赞颂贺知章书法的飘逸随性。更可以佐证贺知章的醉态诗书的，还有一则出自唐人窦蒙《述书赋》的记载。窦蒙评唐名家书多讥贬，但对贺知章却褒扬有加，说贺知章"每兴酣命笔，好书大字，或三百言，或五百言，诗笔惟命。问有几纸，报十纸，纸尽语亦尽。二十纸，三十纸，纸尽语亦尽，忽有好处，与造化相争，非人工所可到也"。这则出自唐人的记载，距贺知章生活的时代不远，应该是可信的。从这段文字中，我们所感受的，绝对是一个高逸狂放的酒仙。当贺知章将自书的"四明狂客"的匾额高挂于厅堂，充溢在这位"狂客"心头的，一定是满满的骄傲。

也许真正打破这种矜持，是从与李白的相识开始的。唐天宝元年（742），诗人李白应唐玄宗之诏来到京城长安，一时未得进见，孤身住在驿站之中。一天，李白在长安著名的紫极宫游览，恰好遇到了贺知章。彼时的贺知章已经官拜太子宾客、银青光禄大夫兼正授秘书监，尽管已经是八十四岁高龄，却精神矍铄，满面红光。他早就听说过李白这位来自巴蜀的诗人，紫极宫一见，更是瞬间消弭了四十多岁的年龄差，一见如故。超逸不群的李白，生就一副道骨仙风，让生性豪爽的贺知章相见恨晚，连呼李白为"谪仙人"。在白发皓首的贺知章眼中，眼前这个从巴山蜀水来到长安的诗人，尽管个头不高，却目光如电，炯炯有神，其自信的谈吐，放旷的个性，活赛一个被"贬谪"到凡尘的神仙，让自己早已经熟视无睹的长安文人群落顿时有了耀眼的光芒。更让这位"四明狂客"折服的，还是李白神游八极大开大合的诗歌。"噫吁嚱，危乎高哉！蜀道之难，难于上青天！蚕丛及鱼凫，开国何茫然！尔来四万八千岁，不与秦塞通人烟。西当太白有鸟道，可以横绝峨眉巅"，当贺知章激情澎湃地高声吟诵起李白新出炉的这首《蜀道难》，他忽然发现，这样一首看似不遵守格律的诗歌，却有如天马行空，让文字彻底地飞了起来！和这首出自天才诗人的天才诗歌相比，自己和一班宫廷文人的奉和圣制之诗又显得多么地微不足道，前者，是迎风盛放的空谷幽兰，而后者，不过是脱去水分的干瘪之花！

当然要喝酒！为了这份迟来的关照与自省，更为了这份迟来的忘年之交！就这样，黄昏时分的一家长安酒肆，携手走进了两位谈笑风生的中国文人。这是两位怎样的中国文人啊！一位鹤发童颜,一位仙风道骨;一位是大唐显宦,一位是乡野布衣。然而,这就是盛唐,这就是以诗为媒、以诗为大的盛唐!生命中最不可能有交集的两个文人,就在这家长安酒肆,实现了最有深度的生命交集!无须呼朋引伴,两个文人就可以代表彼时活跃在盛唐的两个文人群体;无须礼节客套,文字早就澄明如洗,不言自明!玉盘珍馐上了满满一桌,数个酒坛被伙计们陆续端了上来,好客嗜酒的贺知章要用一席水陆八珍之宴款待飘逸出尘的"谪仙人"!酒杯一次次举起,在沉醉与清醒之中,耄耋老人贺知章,四明狂客贺知章,与李白这位贬到人间的天上神仙一次次实现着文字与杯觥的撞击,一次次推进着诗歌与思想的对话。当数个酒坛被一饮而尽,当如火的夕阳已交替为一轮高挂中天的皓月,长安醉了,中国文人,醉了。

如果贺知章与李白的酒局到此结束,它将会和大唐文人的众多酒局混为一处,不会留下任何痕迹,这场酒局之所以让后世的人们津津乐道,其关键就在于闯入了一个金龟的意象。据《新唐书》记载,唐初,内外官五品以上,皆佩鱼符、鱼袋,以"明贵贱,应召命"。鱼符以不同材质制成,"亲王以金,庶官以铜,皆题其位、姓名",装鱼符的鱼袋也是"三品以上饰以金,五品以上饰以银"。到了武后天授元年(690)改内外官所佩鱼符为龟符,鱼袋为龟袋,并规定三品以上龟袋用金饰、四品用银饰、五品铜饰。

好了,说了这么多,"金龟"便要成为这场著名酒局的关键核心了。就在贺知章与李白都喝得酩酊大醉之时,贺知章忽然发现,自己给酒家结账的银两不够了!怎么办呢?朝廷显宦当然不差这顿饭钱，但当务之急，是拿什么抵给酒家？八十老翁在自己身上摸来摸去，摸到了一个硬硬的物件——金龟！这是亲王和三品以上官员随身的佩戴之物，更是身份的标志与象征，但此刻，在贺知章的眼中，就是自己与"谪仙人"的一顿酒钱啊！好吧，那就拿去换酒为乐！当满头华发酒兴正酣的贺知章将所佩金龟毫不犹豫地解下来递给酒家，他不会想到，金龟，作为大唐显宦的重要饰物被兑换成美酒，对于李白而言，已是一种人生殊荣。自此，一个"金龟换酒"的文人故事将传遍坊间，和那首酣畅淋漓的《蜀道难》一起，让李白在长安声名鹊起。李白对这场"金龟"之谊，更是铭记在心，及至后来听闻贺知章驾鹤西去，李白独自对酒，怅然有怀，想起当年金龟换酒，挥毫泼墨，一口气写下了两首《对酒忆贺监》。人们最耳熟能详的，便是下面这首：

> 四明有狂客，风流贺季真。
> 长安一相见，呼我谪仙人。
> 昔好杯中物，翻为松下尘。
> 金龟换酒处，却忆泪沾巾。
>
> ——李白《对酒忆贺监（其一）》

同样，这个金龟意象的闯入，也让贺知章在耄耋之年，呈现出一种清醒的醉态。在杜甫著名的《饮中八仙歌》中，杜甫用生动传神的笔法，说"知章骑马似乘船，眼花落井水底眠"，将一个"老顽童"的醉态写得活灵活现。我们无法考证杜甫是否像李白一样，同贺知章有过生命的交集，但杜甫为我们后世塑造的这一弥散着诙谐而清狂的"酒仙"形象却已深入人心。事实上也是这样，"眼花落井水底眠"的贺知章正是在那次与李白畅饮达旦的两年之后，上疏请度为道士，致仕还乡。

至于贺知章晚年入道的原因，《旧唐书》只说是"因病恍惚"，但我更愿意相信，是两年前与"谪仙人"李白的那场"金龟换酒"的豪饮，强化了贺知章入道的心愿。有唐一代，道教炽盛，唐朝统治者将老子搬来认祖归宗。到了玄宗朝，道教更是取得了极高的政治地位。开元二十九年（741），唐玄宗曾下诏"道士、女冠宜隶宗正寺"，也就是说，道教隶于宗正，乃是"以李宗属皇籍也"。在这样一种背景下，崇尚道教皈依道教，便成为当时的社会风潮。身为朝官的贺知章一直笃信佛教，对佛教高僧执弟子之礼，对佛教义理也有相当的造诣，但随着朝廷对道教弘扬的愈发热心，本来就释道兼修的贺知章在精神信仰上也开始向着道教倾斜。恰恰在此时，出蜀入京的李白与贺知章相见了。李白不仅笃信道教，甚至还自炼丹药，很难想见，在那场著名的酒宴中，李白在得意于自己的诗作的同时，是否还向贺知章推销了自己的炼丹修道之术。从这个意义上讲，当天宝三载（744）春，贺知章上表请求告老还乡，度为道士，两年前那个充满了诗意与酒气的金龟，不能说起了决定作用，但至少起了一定的促进作用。

唐玄宗对这位在八十六岁皈依道教并致仕还乡的老臣，给予的是令人艳羡的厚遇殊荣。贺知章老家浙江越州的旧宅被赐名千秋观，成为贺知章的修道之所，老宅周边数十亩大的湖泊被作为放生池，并赐鉴湖一曲；对这位老臣的临别钱行，更显现出玄宗的一片浩荡皇恩。《唐诗纪事》载："天宝三年，太子宾客贺知章，鉴止足之分，抗归老之疏，解组辞荣，志期入道。朕以其年在迟暮，用循挂冠之事，俾遂赤松之游。正月五日，将归会稽，遂钱东路，乃命六卿庶尹大夫供帐青门，宠行迈也。岂惟崇德尚齿，抑亦励俗劝人，无令二疏独光汉册。乃赋诗赠行。"从这段文字中，我们可以想见当时是一种怎样隆重的钱行场面。当"青门祖帐，冠盖如云"成为贺知章在垂暮之年返归故乡时最难忘的记忆，当"筵开百壶钱，诏许二疏归。仙记题金箓，朝章换羽衣"的皇帝赐诗和一杯甘洌醉人的御酒，成为贺知章无上荣光的致仕"凭证"，贺知章，已经创下了有唐一代致仕高官的最高礼遇纪录。这种礼遇，归因于那个海晏河清的盛世，更归因于当时道教缭绕不绝的香烟火烛。

然而，对于贺知章而言，最大的收获其实是在行将就木之年，让自己的文字焕发了前所未有的生机。这位诗书大家的作品大多散佚，《全唐诗》仅仅辑录了他的十九首诗歌。我们无法揣测这位朝廷重臣的传世之作为何如此之少，但可以肯定的是，真正让贺知章名播后世的，恰恰是他返归故乡时的几首小诗。

碧玉妆成一树高，万条垂下绿丝绦。
不知细叶谁裁出，二月春风似剪刀。
——贺知章《咏柳》

这首千古传唱的《咏柳》，直到现在，仍是蒙学的必诵诗篇，之所以如此，恰恰缘于它的删繁就简，清丽脱俗。时值二月早春，奉诏还乡的贺知章一路乘船经南京，到杭州，再到萧山县城，最后到达南门外蕃水边的旧宅，沿途州县官员纷纷到驿站相迎，当然少不了酒肉款待。但这位耄耋老翁却在酒酣耳热之时，将关注的目光投向了河岸边一株迎风招展的柳树。这株柳树有如碧玉妆成，一下子调动起了这位归乡游子的全部情感，彼时，昔日浮华雕琢的庙堂之文显然已经不能承载自己澎湃真挚的眷眷乡愁，只有朴实无华的文字，才配得上家乡的山山水水，一草一木。

由此，"不知细叶谁裁出，二月春风似剪刀"，注定以神来之笔冠压中国历代咏柳诗词。一个"裁"字，看似不经意为之，却生动形象地彰显出垂柳的曼妙之美，而春风的"剪刀"之喻，更是开启了中国文人吟咏春风的别样思路。贺知章也许不会想到，这种思路上的自由，恰恰缘于精神上的自由：当自己以八十六岁高龄重归桑梓之地，几十年的宦海荣名似乎都已经不再重要，守望一泓碧波，坐看一棵垂柳，最平白的文字，便是最走心的文字。

少小离家老大回，乡音无改鬓毛衰。
儿童相见不相识，笑问客从何处来。
　　　　　　　　——贺知章《回乡偶书（其一）》

和《咏柳》异曲同工，这首广为流传的《回乡偶书》，仍然是贺知章在还乡之后，为后世留下的一首佳作。依然是平白质朴，依然是不事雕琢，但和清新的《咏柳》相比，这首《回乡偶书》已然融入了一丝淡淡的感伤。"少小离家老大回"，离开家乡数十年，自己的乡音没有改变，但满头的白发却分明地记录下流逝的光阴与生命的沧桑，父老乡亲们已经作古，坟头上早已荒草萋萋，儿时的玩伴也已是记忆的影像，无法在村口的石磨旁、池塘边，听到可以对应的回响。物是人非，是所有天下游子返归故乡时必须经历的一道心灵之坎，而偏偏在这个时候，在故乡的画境中闯入了几个垂髫小儿，他们好奇地打量着贺知章这位蹒跚踱步华发满头的老人，完全将他看成了一个异乡人，竟然齐声笑问："客从何处来？"

悲哀吗？肯定会有，阔别故乡数十载，尽管是衣锦还乡，尽管风物依旧，但自己已经是一个无法融入故乡的异乡客！快乐吗？一定快乐，即便在乡梓之地，再难寻到熟悉的面孔，再难找到曾经的知音，但远方的游子终于回来了，抚摸一下故乡的老墙，看着一群孩子放飞纸鸢，甚至到村头的池塘边听几声久违的蛙鸣，这些，都足以成为自己乐返故乡的理由！

  离别家乡岁月多，近来人事半消磨。
  惟有门前镜湖水，春风不改旧时波。
        ——贺知章《回乡偶书（其二）》

同样是《回乡偶书》，这首诗的知名度较前一首弱了许多，但将贺知章的归乡心境表达得更充分的，却是这一首。如果说前一首道出的是贺知章回乡时的"异乡人"心境，那么后面这首诗则呈现出贺知章重温旧梦的喜悦。贺知章归隐的故乡绍兴镜湖，又称鉴湖，相传因黄帝铸镜于此而得名，湖面宏阔，水势浩渺，而水质尤佳，驰名中外的绍兴酒正是用镜湖水酿制。一生喜好杯中物的贺知章，是少年时从这片酒乡走出的，醇厚的酒香不仅飘逸在其数十年的宦海生涯中，更融入他高逸豪放的个性之中，而在生命的暮年，仍旧可以喝着故乡酒，坐望故乡水，又是怎样的一桩幸事！"惟有门前镜湖水，春风不改旧时波"，诗助酒兴，酒燃乡情，出走一生的贺知章，洒脱一生的贺知章，归来，外在虽是鬓毛已衰的垂垂老者，而内在，依然是风流倜傥的吴越少年！

贺知章死在回乡的当年，享年八十六岁。唐肃宗即位后，为了感念这位太子宾客当年对自己的侍读之情，下诏追封其为礼部尚书。对于这位生前显达于世死后极尽哀荣的盛唐诗人，我们看到的，是一个长长的由喧嚣走向宁静的生命轨迹。贺知章八十六岁的生命，贯穿了大唐最美好的黄金时代，当此后"渔阳鼙鼓动地来，惊破《霓裳羽衣曲》"，安史之乱掀起长达八年的漫天沙暴，贺知章早已魂归黄土。"金龟换酒处，却忆泪沾巾"，"谪仙人"李白伤逝的挽歌意切情真，这位与贺知章相差数旬的诗文大家，其实，不单纯是在悼亡一位"金龟换酒"的忘年之交，更是在悼亡一个时代，一个一去不复返的时代。

王昌龄：冰心可鉴

盛唐诗人中，王昌龄的存诗并不多，一百八十余首，但他的江湖地位却不容撼动，被人称为"诗家天子"。和李白是"诗仙"，杜甫是"诗圣"，王维是"诗佛"一样，王昌龄这个"诗家天子"的名号，同样也充满了霸气。走进《全唐诗》，有谁不会随口吟出一句"秦时明月汉时关"呢，又有谁不会张口就是一句"一片冰心在玉壶"呢？在王昌龄的生命历程中，透明的性格，可鉴的冰心，成就了他"诗家天子"的地位，也造成了他悲剧的人生。

王昌龄的远年祖先还是比较显赫的，系南朝世族琅琊王家，但到了王昌龄这一代，家道式微已久，父祖几代人，都没有晋身仕宦的。正因如此，王昌龄才说自己"久于贫贱，是以多知危苦之事"，从少年时代便立下鸿鹄之志，冀望求取功名，实现自己济世安邦的理想。站在时代的风口上，这个山西太原的少年曾发出"气高轻赴难，谁顾燕山铭""何当边草白，旄节陇城阴"的豪放呼喊。当然，在当时朝野崇道的社会风尚中，王昌龄也曾有过短暂的修道经历。然而，当升腾的烟霭在王昌龄的视野里逐渐延宕成恢宏的盛唐气象,当越来越多的文人才子将敏锐的才思汇聚成盛唐激昂奋进的时代潮流,刚刚及冠的王昌龄已经按捺不住心中的澎湃,他必须走出去,借着盛唐气象,成就自己的人生气象。

正是怀抱这样一颗积极用世的冰心,王昌龄一路策马扬鞭,来到了当时的国际大都会长安。长安的风物长安的繁华,让王昌龄流连驻足,而像当时很多的士子那样,投书权贵,干谒豪门,自然也成为王昌龄求取功名的重要通道。在《上吏部李侍郎书》中,他曾说:"昌龄岂不解置身青山,俯饮白水,饱于道义,然后谒王公大人以希大遇哉?"他希望自己的卑微之身能得遇"贵人",进而能在长安得以施展拳脚。然而,事实证明,这样的投书与干谒并未起到多少作用,对于长安而言,王昌龄仍然是客,是客,就不可久留。

由此,中国诗歌史上的一次壮丽出走便成为必然。盛唐,给了知识分子更多立德立功立言的可能,而建功于边塞,无疑是一条重要的途径。每个生在盛唐的文人,骨子里都把自己看作了浪漫的骑士,边塞军旅的生涯会给他们的人生镀上一层烽火之色,铁马冰河的梦境会助力他们晋身仕途的青云之志,边塞的雄奇壮阔荒旷冷峻则更可以让他们的文字多出一分刚健的风骨。正是怀着这样的想法,在长安无法驻留的王昌龄又一次策马出发了,他没有返回故乡,而是一路向西,绝尘而去。开元十二年(724)秋,王昌龄从长安出发,经八百里秦川腹地扶风,沿渭水谷地一路驰奔西北,直抵渭水源一带,然后狄道而行,投奔当时陇右节度使的驻扎地鄯州。正是在这个过程中,他途经了武街古战场。那是一场发生于开元二年（714）的血战，当时吐蕃十万兵马进犯临洮，意在掠取陇右牧的十几万匹骏马。刚刚即位的唐玄宗惊悉边关告急，立即派出唐军十余万人、马四万余匹前往御边。唐军七百勇士在大将王晙的率领下，夜袭了吐蕃宿营的大来谷口，使得吐蕃军中大乱，第二天夜里再次袭击，吐蕃军大溃逃散，此后又再战长城堡，吐蕃军彻底失败，损失数万人。应当说，武街之战虽是一场胜仗，但在开元盛世一系列守土开疆的大战中，并未引起人们的注意，真正让人们记住它的一个原因，是这场战役发生十年之后，诗人王昌龄的到来。

> 饮马渡秋水，水寒风似刀。
> 平沙日未没，黯黯见临洮。
> 昔日长城战，咸言意气高。
> 黄尘足今古，白骨乱蓬蒿。
> ——王昌龄《望临洮》

"饮马渡秋水，水寒风似刀。"十年前的这片战场，仍然裸露着乱如蓬蒿的白骨，而迎着瑟瑟秋风，王昌龄在感慨壮士征夫的同时，也在迁想那位一战功成的唐军将领王晙。边关在中国文人的眼中，永远是这样的两极之色，一面是戍卒的血泪，一面又是煌煌功业，作为从长安的月色中打马而来的诗人，王昌龄的内心也交织着这样的情感。尤其是随着他的坐骑一路向西抵达青海湖畔，我们看到，他要在边陲建功的生命豪情、一往无前的英雄主义襟怀，已经不可遏制地喷礴而出！

> 青海长云暗雪山，孤城遥望玉门关。
> 黄沙百战穿金甲，不破楼兰终不还。
> ——王昌龄《从军行（其四）》

《从军行》是乐府旧题，但王昌龄却在这个乐府旧题之下深深刻上了属于自己的烙印。《从军行》王昌龄一口气写了七首，每一首都堪称精彩。如果说"黄沙百战穿金甲，不破楼兰终不还"用苍凉的意境传达了王昌龄的慷慨意气，那么"大漠风尘日色昏，红旗半卷出辕门"则展现了唐军强大的战斗力，"明敕星驰封宝剑，辞君一夜取楼兰"，更是描摹出了将军欲奔赴边关杀敌立功的急切心情。

由此，《出塞》一曲便水到渠成！一路西行的王昌龄，与其说是在炼诗，不如说在"捡"诗。乘着边关的月色前进，在昔日的长城烽燧下歇脚，王昌龄始终在蓄积着情感，酝酿着爆发，而这个爆发的出口，正是《出塞》！

> 秦时明月汉时关，万里长征人未还。
> 但使龙城飞将在，不教胡马度阴山。
> ——王昌龄《出塞（其一）》

对于这首气势雄浑流传千古的名篇，明代诗人李攀龙评价甚高，认为它是唐人七绝的压卷之作，而清代学者沈德潜则认为"'秦时明月'一章，前人推奖之而未言其妙。盖言师劳力竭而功不成，由将非其人之故；得飞将军备边，边烽自熄，即高常侍《燕歌行》归重'至今人说李将军'也"。他这段话批评李攀龙只知推奖此诗而未言其妙，其实，奔走在孤星冷月之下的王昌龄更像是在通过这首诗一吐自己的生命意趣，那就是：在讽刺朝廷"用将非人"的同时，将自己建功立业的壮志雄心镶嵌其中，弓马沙场也许并非自己所长，但以自己的才能，以自己的一颗澄澈的报国之心，长安，应当会给自己留出可以济世兴邦破敌封侯的位置！

"早知行路难，悔不理章句"，阔别长安一年之后，王昌龄打马归来。渴望功名马上取的王昌龄除了收获诸多高质量的诗篇，并没有真正浴血沙场，而是重新回到正常科举考试的上升通道。由投笔从戎到"再理章句"，王昌龄更加刻苦了；一年的边塞生涯，他的诗文创作也在长安赢得了认可，加大了干谒的筹码。开元十五年（727），他应进士试时一举及第，被授予秘书省校书郎。校书郎只是一个闲散的官职，胸怀青云之志的王昌龄当然志不在此，七年之后，也就是在开元二十二年（734），他再次应博学宏词科的考试，并再次登第。博学宏词科考试，是在科举制度之外延揽知识分子的一种手段。这项考试制度于唐开元年间始设，之所以称"博学宏词"，其意在考拔能文之士。按理说，通过了严苛的科举考试，又在博学宏词科中再次登第，应当有一个大好前程了，可王昌龄的官职却不升反降，被授予了汜水尉这样一个小官。怀抱一颗赤诚冰心的王昌龄，并没有迎来一飞冲天的机会。

随之而来的仕途蹭蹬更是让王昌龄心态如冰。就在几年之后，王昌龄获罪被贬岭南。这个历来被人们视为蛮荒之地的所在，曾一度让王昌龄心生绝望。面对旷野荒丘，他长叹一声，便是"岭色千重万重雨，断弦收与泪痕深"，但更多的时候，他将自己压抑的情感遮蔽了起来，转而以一首首闺怨诗的面目呈现出来。由此，汉宫失宠的班婕妤便成为王昌龄贬谪岁月的一个重要生命意象："玉颜不及寒鸦色，犹带昭阳日影来"，这是他在借班婕妤故事演绎自己的落寞；"西宫夜静百花香，欲卷珠帘春恨长"，这是他在借班婕妤之口一舒自己心中的郁气；"谁分含啼掩秋扇，空悬明月待君王"，这是他在通过班婕妤的泪眼望眼欲穿皇帝的垂青……很多学者认为王昌龄的七绝尤其写闺怨的七绝，一个重要的表征就是"怨而不怒"，殊不知，这正是王昌龄的心思所在。他渴望得到朝廷的认可，渴望让长安看到自己在南荒的澄澈，尽管有无限的苦闷，但他只认为这是命运捉弄，从不敢埋怨他人，遑论君王了。好像命运也真的给了这位诗歌天才一个转机，就在远贬岭南的第二个年头，王昌龄遇赦北返，担任江宁县丞。虽然未能回到长安，但由蛮荒之地回到富庶的江南，还是让王昌龄心情好了许多。这份好心情，在他的《客广陵》中展露无遗：

> 楼头广陵近，九月在南徐。
> 秋色明海县，寒烟生里闾。
> 夜帆归楚客，昨日度江书。
> 为问易名叟，垂纶不见鱼。
>
> ——王昌龄《客广陵》

然而，就在单纯的王昌龄还沉浸在不久即可重返长安的梦想之中的时候，一道贬谪的诏书再次如一声棒喝袭来。这一次，王昌龄的贬谪之地是远在三湘的龙标。龙标地处今天的湖南怀化一带，仍旧是一片瘴疠之地。更不幸的是，彼时大唐已进入李林甫时代，正是这个曾蒙蔽唐玄宗说"野无遗贤"的权臣，彻底阻塞了人才上升的通道，让大唐的帝国之车开始向着由盛而衰的轨道滑落，身在龙标的王昌龄，实际已经没有了重返长安得偿所愿的可能。

为什么身怀赤诚之心的王昌龄屡次遭贬，始终无法实现自己的人生抱负呢？在有关这位天才诗人的零星记载中，有一个词似乎可以说明问题，那就是："不矜细行"。《尚书·旅獒》有云："不矜细行，终累大德。为山九仞，功亏一篑。"说的就是不拘小节最后误了大事。当"不矜细行"这个结论放在王昌龄身上，我们完全能够理解，哪个才子不放旷？哪个诗人不高傲？孤傲的心性当然不为世俗所容。王昌龄的仕途坎坷，其实也是许多中国文人的整体投射：不懂投机钻营，不会曲意逢迎，而这样的结果只能是尽管赤诚一片，冰心可鉴，却无人喝彩，颠沛的仕途就是一条必由之路。

然而，"不矜细行"的王昌龄虽然没有成为仕途上的达者，但也因为"不矜细行"的个性赢得了盛唐文人的广泛尊敬。在文风浩荡的盛唐，王昌龄与李白、孟浩然、高适、王之涣、王维、岑参这些响亮的名字都有过交集。他和这些才情汪沛的文人或是结伴交游，或是曲水流觞，或是登临唱和，或是诗文互答，都相交甚笃，无论是明山秀水，还是酒肆高阁，都因为他们的登临而意趣横生。

"旗亭画壁"的故事，至今仍是中国文人的一段佳话。据说有一天，王昌龄、高适、王之涣三位诗人一起去酒楼小酌，忽然有梨园掌管乐曲的官员率一众梨园女子登楼宴饮。三位诗人遂悄然回避，躲在暗角里看她们表演节目，与此同时，他们也暗定了一场"赌局"：三人都是诗歌高手，难分伯仲，不妨就让这些乐坊女子评判一下，谁的诗入歌词多，谁便是三人中的翘楚。

一位歌女首先唱道："寒雨连江夜入吴，平明送客楚山孤。洛阳亲友如相问，一片冰心在玉壶。"王昌龄就用手指在墙壁上画一道："我的一首绝句。"紧接着另一歌女唱道："开箧泪沾臆，见君前日书。夜台今寂寞，独是子云居。"高适伸手画壁："我的一首绝句。"很快，又一歌女开唱："奉帚平明金殿开，暂将团扇共徘徊。玉颜不及寒鸦色，犹带昭阳日影来。"王昌龄又伸手画壁，说道："两首绝句。"

王之涣也是自负名高，可是歌女们竟没有唱他的诗作，很是尴尬，就对王昌龄、高适说："这几个唱曲的，无论从姿色还是嗓音都不入流，真正高雅的曲子，她们哪能唱得？"于是用手指着几位歌女中最漂亮、最出色的一个道："你们且看她会唱什么，如果不是我的诗，我甘拜下风。"等了一会儿，那个姑娘果然唱起了王之涣最得意的诗作："黄河远上白云间，一片孤城万仞山。羌笛何须怨杨柳，春风不度玉门关。"一曲唱罢，三人相视一笑，笑得最开心的当然是王之涣了。那一天，这三个盛唐文人都喝了不少酒，而他们"旗亭画壁"的故事也弥漫成了盛唐醇厚悠远的酒香。

寒雨连江夜入吴，平明送客楚山孤。
洛阳亲友如相问，一片冰心在玉壶。
——王昌龄《芙蓉楼送辛渐》

被歌女们唱响的这首《芙蓉楼送辛渐》，是王昌龄在江宁县丞任上的送别之作。辛渐何许人也，历史没有记载，但王昌龄的这首诗，却让辛渐的名字连同芙蓉楼的名字传诸千古。迷蒙的烟雨笼罩着吴地江天，重檐画栋的芙蓉楼见证着一对友人的别离，老友辛渐就要返归洛阳了，饯行的宴席上，王昌龄在对友人依依不舍的同时，也用"玉壶"之喻呈示着自己的一片冰心。事实上，以"玉壶冰"比喻自己的高洁，并不是王昌龄的首创，早在六朝时，鲍照就曾在《代白头吟》中写过"清如玉壶冰"的诗句，唐开元初，宰相姚崇也曾写过一篇《冰壶赋》，王维、李白、卢纶等人也都曾以"玉壶冰"自勉，但真正脍炙人口的名句还是专属于王昌龄。当"洛阳亲友如相问，一片冰心在玉壶"赋予了芙蓉楼冰清玉洁的人文气性，王昌龄也将自己的为官为人之道永远地定格在了一首千古擅名的送别诗中。

当然，文人都是有个性的，而尤为难得的，恰恰是王昌龄"不矜细行"的个性成就了他坚实浩大的朋友圈。当不拘小节推心置腹成为王昌龄交友的准则，这个盛唐才子尽管面对着太多仕途的风雨，但与此同时也收获了真挚的文人之谊。

> 洞庭去远近，枫叶早惊秋。
> 岘首羊公爱，长沙贾谊愁。
> 土毛无缟纻，乡味有槎头。
> 已抱沉痼疾，更贻魑魅忧。
> 数年同笔砚，兹夕间衾裯。
> 意气今何在，相思望斗牛。
> ——孟浩然《送王昌龄之岭南》

这首《送王昌龄之岭南》，是王昌龄被贬岭南途经襄阳之时，友人孟浩然挥笔而作。王昌龄小孟浩然近十岁，且二人诗风迥然相异，但"数年同笔砚"，却让二人互为知己。当孟浩然听闻好友王昌龄被贬岭南，当即写下了这首诗以示别情。在诗中，他将王昌龄比作了怀才不遇的贾谊，对他的遭遇深表同情。也正是在这次短暂的相聚中，热情好客的孟浩然因食河鲜又过量饮酒，不久即毒疮迸发而死。在贬谪路上听闻噩耗的王昌龄悲伤不能自已，他没有想到，这位诗坛老大哥的背疽即将痊愈，却为送自己一程而拼了性命。这，也恰恰是盛唐文人最性情的一面：朋友之间，只要冰心互鉴，可以酬答的就不只是诗文，还有生命！

事实上，贬谪路上的王昌龄，正是因为他的兼容为友，才让自己的行走没有太过孤单。友人的劝慰之作中，最令这位七绝圣手萦绕于心的，相信一定是李白的这首《闻王昌龄左迁龙标遥有此寄》：

> 杨花落尽子规啼，闻道龙标过五溪。
> 我寄愁心与明月，随风直到夜郎西。
> ——李白《闻王昌龄左迁龙标遥有此寄》

就在王昌龄因言获罪，被贬为龙标县尉之时，漫游扬州的李白听闻此讯，百感交集，遂写下了这首千古擅名的诗作。穿行于这首诗的字里行间，我们发现，"闻道"，表达着诗人的惊惜，"过五溪"，暗含迁谪之地荒远，最深情的还是最后两句，"我寄愁心与明月，随风直到夜郎西"，在这种特殊的意境中，我们可以看到曹植《杂诗》中"愿为南流景，驰光见我君"的影子，也可以找到张若虚《春江花月夜》"此时相望不相闻，愿逐月华流照君"的感觉。以明月为生命重要意象的李白，没有忘记将这片皎洁的月光献给心声互答的挚友。我们相信，当心情落寞的王昌龄在贬往龙标这片荒蛮之地时，这首诗的力量一定是巨大的。文人之谊，显然已经成为这个"诗家天子"最可宝贵的精神财富，而这种财富，如果没有他自己的一片冰心待友，没有他的豁达豪放，不拘小节，又怎会获得？

王昌龄最后的生命结局，总是让人发出一声长叹。当安史乱起，两京沦陷，玄宗避乱奔蜀不久，肃宗即在灵武称帝，进而大赦天下。彼时，身在龙标的王昌龄做了一次人生的选择，离开龙标，向东北方向而去！关于王昌龄的这次远行，后世学者有多种揣测，有人认为他可能是去投奔永王，因为他的好友李白正在永王军中，也有人说他可能是去投奔亲友，但学界的这种揣测只能永远是揣测了，因为王昌龄还没有到达他的目的地，就在途经豪州的时候被人斩杀了，杀他的凶手，正是豪州刺史闾丘晓。闾丘晓为人阴险，妒贤嫉能，想必自负才高的王昌龄也没有把他放在眼里，竟被他罗织罪名，残忍杀害。在那个兵荒马乱的年代，生命如同蝼蚁，但一代七绝天才的生命竟然最后被断送在一个心胸狭隘的恶官之手，不能不让人扼腕叹息。

当然，杀害王昌龄的闾丘晓也没有落得什么好下场。就在王昌龄冤死后不久，闾丘晓便被当时的中书侍郎兼河南节度使张镐以贻误战机之罪所杀。据说在临刑之时，闾丘晓以双亲年迈无人奉养乞命求饶，张镐的质问力如千钧："王昌龄之亲，欲与谁养？"闾丘晓无言以对，只能赴死。张镐之所以痛下杀手，是因为闾丘晓对邻近的由张巡许远驻守的睢阳城见死不救，及张镐救兵赶到，睢阳已陷；另外，也是因为身居宰辅之位的张镐素来垂顾文人，对王昌龄之死心痛不已，偏偏闾丘晓这时又自己撞到了枪口上，岂有活路？这位乱世宰相也许与王昌龄根本就没有什么交集，但正因如此，我们才看到了文人之交的那份纯粹！相信冤死的王昌龄在九泉之下也会稍许宽慰：不容于俗的"冰心"，让自己经历了仕途的坎坷，以至生命的血色，但也正是自己这颗可鉴的"冰心"，让其在文人扎堆的大唐，拥有了一段令人羡慕的风华岁月，锻造了一段弥足珍贵的文人之谊！

第三章

中唐
自古逢秋悲寂寥

步入中唐，高亢之声渐远，低沉之音徘徊。安史之乱的历史翳影，不仅覆压住了大唐的政治弈局，让藩镇割据成为这场社会大动荡之后最大的"政治遗产"，更因连年的战火，吞噬了一代人的青春岁月。面对纷乱的时局、凋敝的民生与盛唐气象形成的强大反差，诗人们当然会生出无尽的落寞与凄凉。由此，对盛唐的集体回望便成为他们广泛弥散的诗情，而对现实的愤懑，又让他们将自己的诗行分别驶向讽喻时弊不平则鸣和栖心佛禅隐逸林泉的轨道。当然，在串起这些或入世或出世的文字的过程中，我们也看到了文风流派的多样性，看到了许多诗人有意识地在衰中思变，衰中求盛。然而，毕竟大唐帝国秋声已至，迎着萧萧落木，他们的诗行中，注定难再有明丽雄浑的喻体，更多的，只是苦闷的象征……

韦应物：告别，在野渡无人处

浩如烟海的唐诗之中，山水诗占了相当大的比重。这些诗歌以明丽的意象和澄澈的诗风，不仅观照了中国气势磅礴的名山大川，同时也让许多不知名的小溪和山丘一起融入了中国文化的大江与山峦。放眼唐代最卓越的山水田园诗人，后世专家学者们一致公认的，便是"王、孟、韦、柳"四家：王维、孟浩然，引领的是朗畅流丽、清新淡雅的盛唐田园诗风，而韦应物、柳宗元，则架构起了洗练古拙、真朴瘦硬的中唐田园诗韵。在此四人中，存诗五百余首的韦应物以五古见长，有"五言长城"之称。明人何良俊认为："韦左司性情简远，最近风雅，其恬淡之趣，亦不减陶靖节。唐人中五言有陶、谢余韵在者，独左司一人。"回望韦应物的五十五载人生路，我们发现，告别，几乎成为他一生的主题。

韦应物首先告别的，是让他刻骨铭心的开天盛世。韦应物出身世家望族，自西汉迁入关中定居京兆，韦氏家族贵宦辈出，堪称衣冠鼎盛，《旧唐书》载："自唐以来，氏族之盛，无逾于韦氏。其孝友词学，承庆、嗣立力量；明于音律，则万石为最；达于礼仪,则叔夏为最;史才博识,以述为最。"韦应物的曾祖韦待价曾为武周朝宰相,祖父韦令仪曾做过宗正少卿和梁州都督,父亲韦銮、伯父韦鉴都是以山水花鸟见长的知名画家,尽管官阶不详,但相信历经几世门荫,也差不到哪去。在讲求郡望门阀的大唐社会,韦应物从一出生,便与一众诗人文人拉开了距离。你也许不会想到,韦应物人生最早的起步,竟和清代词人纳兰容若一样,是皇帝身边的侍卫。一般皇帝近侍都是从忠心于自己的贵族豪门子弟中遴选出来的,闾里市井之子断无机会。正是承袭门资恩蒙,韦应物年仅十五岁便进入宫廷,做了玄宗的近侍三卫郎。彼时,适值天宝十载(751),正是大唐国运昌明、物阜民丰的全盛时期,在流红叠翠的皇城宿卫的少年韦应物,无疑是志骄意满的。世袭的门荫,令人艳羡的近侍身份,使他并未潜心书斋,胸怀凌云之志,相反,荒唐少礼、恃宠骄纵则成为少年韦应物的标签。多年以后,韦应物在《逢杨开府》一诗中,曾对那段时期的自己做过一番反思。

少事武皇帝,无赖恃恩私。
身作里中横,家藏亡命儿。
朝持樗蒲局,暮窃东邻姬。
司隶不敢捕,立在白玉墀。
骊山风雪夜,长杨羽猎时。
一字都不识,饮酒肆顽痴。
武皇升仙去,憔悴被人欺。

> 读书事已晚,把笔学题诗。
> 两府始收迹,南宫谬见推。
> 非才果不容,出守抚惸嫠。
> 忽逢杨开府,论旧涕俱垂。
> 坐客何由识,惟有故人知。
>
> ——韦应物《逢杨开府》

在唐人的诗作中,汉武帝就是唐玄宗。从这首《逢杨开府》中,我们看到的,是"无赖恃恩私"的韦应物放浪不羁的形象:白天他出入赌局,晚上则随便和女子发生关系,没有人敢抓他,因为他是"立在白玉墀"的皇帝近身侍卫!韦应物写给友人的这首诗当然有夸张的自嘲之意,但从这首诗里,我们除了感受到韦应物的年少猖狂不拘礼数,还应该看到韦应物对那个开放、包容、充满活力的盛世的深深怀念,因为这样的太平日子在天宝十四载(755)年底也就是韦应物潇洒地做了玄宗近侍不到四年,便走进了大唐王朝的至暗时刻——安史之乱。这场长达八年的大动乱,不仅让玄宗从海晏河清的皇座上彻底跌落,而且也彻底改变了包括韦应物在内的所有大唐子民的命运。"憔悴被人欺"的韦应物直到此时才意识到,自己年轻时的放浪形骸已经使自己成为不学无术百无一用的边缘人。好在安史之乱平息后,随着长安收复,太学也得以恢复,因中宗曾下诏"三卫番下日,愿入学者,听附国子学、太学及律馆习业",依此例,韦应物因为曾做过皇帝侍卫,可以零门槛地进入太学读书。"读书事已晚,把笔学题诗。"正在从这个时候起,韦应物才和那个身着戎装的贵胄子弟身份告别,取而代之的,是一个求知若渴笔走龙蛇的文人形象。这种身份的转换,也许是时代让韦应物做出的被动之举,但毫无疑问,正是因为走进了后安史之乱时代,转而折节读书,以笔墨替代了曾经握在手中的刀枪,才让韦应物对盛唐的告别更具悲怆的意味。

> 生长太平日,不知太平欢。
> 今还洛阳中,感此方苦酸。
> 饮药本攻病,毒肠翻自残。
> 王师涉河洛,玉石俱不完。
> 时节屡迁斥,山河长郁盘。
> 萧条孤烟绝,日入空城寒。
> 寒岁之高步,缉遗守微官。
> 西怀咸阳道,踯躅心不安。
> ——韦应物《广德中洛阳作》

这首《广德中洛阳作》,可以看作是韦应物对盛唐依依惜别的代表之作。安史之乱的历史阴影,不仅覆压住了大唐的政治弈局,让藩镇割据成为安史之乱最大的"政治遗产",更因连年的战火,吞噬了一代人的青春岁月。"生长太平日,不知太平欢",在太平时节里浸淫了近二十年的韦应物,尤其是作为曾经伴随皇帝左右经历过钟鸣鼎食诗酒繁华的见证者,面对"王师涉河洛,玉石俱不完"的纷乱时局、"萧条孤烟绝,日入空城寒"的凋敝民生与盛唐气象形成的强大反差,当然会生出无尽的落寞与凄凉。由此,对盛唐的热烈讴歌便成为这位身处中唐的诗人广泛弥散的诗情。"君不见开元至化垂衣裳,厌坐明堂朝万方。访道灵山降圣祖,沐浴华池集百祥。千乘万骑被原野,云霞草木相辉光",这是韦应物在《骊山行》中追念的盛世荣光;"北风惨惨投温泉,忽忆先皇游幸年。身骑厩马引天仗,直入华清列御前。玉林瑶雪满寒山,上升玄阁游绛烟。平明羽卫朝万国,车马合沓溢四廛",这是韦应物在《温泉行》中怀念万国来朝的盛唐威仪;"出身文翰场,高步不可攀。青袍未及解,白羽插腰间。昔为琼树枝,今有风霜颜。秋郊细柳道,走马一夕还",这是韦应物在《寄畅当》中状写盛唐男儿建功立业的刚猛之志……逡巡于这些寄赠与感怀之作中,我们看到,早已告别侍卫之身的韦应物,却迟迟无法和"云霞草木相辉光"的盛唐时代说再见。安史之乱后,唐代士子文人们均有对盛唐的追忆之作,但像韦应物这样有着深度盛唐情结的诗人却并不多见,正如美籍汉学家斯蒂芬·欧文所说:"韦应物不是一位中唐诗人,他与盛唐风格和主题仍有着千丝万缕的联系。然而,他的许多最优秀的诗篇是有'毛病'的盛唐诗,它们的美正体现于矛盾的不完美之中。"迎着中唐的风云变幻,以一首首深情款款的"告别"之诗融入盛唐的天空,韦应物这种时空交错的创作状态,无疑更加剧了他的痛楚与悲怆。

如果说韦应物对盛唐的告别是对一段繁华岁月的悲鸣,那么对亲人的告别,则直接将韦应物带入了人生的大孤独之中。有学者曾做过统计,在韦应物的诗集中出现"别"字的地方共有七十六处,"离"字有四十九处,甚至有整整一卷共计六十七首"送别"诗。在这些"告别"之作中,最让人动容的,还是韦应物写给妻子韦夫人元苹的悼亡诗。天宝十五载(756),年方十六的元苹嫁给了时年二十的韦应物。和韦应物的显赫郡望相比,元苹的家世出身毫不逊色。她的远祖是昭成皇帝,北魏开国皇帝拓跋珪之祖——拓跋什翼犍,南朝十六国时期的鲜卑贵族。北魏自孝文帝拓跋宏迁都洛阳后,诏令改汉姓元氏,代居洛阳。祖元平叔,官简州别驾,从五品下,赠太子宾客;父元挹,官尚书吏部员外郎。这位正值韶华的元小姐嫁入韦家后,与夫君韦应物举案齐眉,相濡以沫。然而天不假年,在走过了二十载情深意笃的婚姻生活之后,元苹不幸染病,香消玉殒,年仅三十六岁。这对韦应物无疑是个巨大的打击,他饱蘸着伤逝的泪水,亲自为亡妻撰写了墓志铭。这篇墓志铭完全打破了常规的格式,以大段篇幅述说自己对妻子的怀念之情:"每望昏入门,寒席无主,手泽衣腻,尚识平生,香奁粉囊,犹置故处,器用百物,不忍复视。"时至今日,当我们再次品读这样声声涕泪的文字,不能不为韦应物对妻子的脉脉深情所动。

香炉宿火灭,兰灯宵影微。
秋斋独卧病,谁与覆寒衣。
——韦应物《郡斋卧疾绝句》

像告别盛唐一样,韦应物对妻子的告别也并不是仅仅写一篇祭文了事,而是用诗篇贯穿了自己的后半生。这位再也没有续弦的重情文人，将无尽的哀思化成了十九首情真意切的悼亡诗，或追思生前往事，或抒发死后怀念，拉长了韦应物伤逝的背影，也丰富了中国爱情诗的一角。"斯人既已矣，触物但伤摧""童稚知所失，啼号捉我裳""忽惊年复新，独恨人成故""时迁迹尚在，同去独来归"……在泣泪沾襟的十九首悼亡诗中行走，我们看到的是韦应物投给亡妻的一段长长的告别的轨迹。直到晚年卧病，看着"兰灯宵影微"，韦应物更是用一句"谁与覆寒衣"传递着自己对九泉之下的爱妻的思念。这样的痴情，又岂是吟着"曾经沧海难为水，除却巫山不是云"的元稹所能比？！

> 永日方戚戚，出行复悠悠。
> 女子今有行，大江溯轻舟。
> 尔辈况无恃，抚念益慈柔。
> 幼为长所育，两别泣不休。
> 对此结中肠，义往难复留。
> 自小阙内训，事姑贻我忧。
> 赖兹托令门，仁恤庶无尤。
> 贫俭诚所尚，资从岂待周。
> 孝恭遵妇道，容止顺其猷。
> 别离在今晨，见尔当何秋。
> 居闲始自遣，临感忽难收。
> 归来视幼女，零泪缘缨流。
> ——韦应物《送杨氏女》

中年丧妻的韦应物，一手拉扯大了两女一儿，颇为不易，这首《送杨氏女》，正是韦应物嫁长女时的情感流露，因长女所嫁夫婿姓杨，韦应物遂将长女以杨氏女称之。在这首长诗中，我们看到的，仍旧是韦应物告别的背影。长女要远嫁他乡，离别之际，父女的分别自然无限感伤，当然，在依依不舍的同时，韦应物也没有忘记给即将远行的女儿送上几句叮咛："贫俭诚所尚，资从岂待周。孝恭遵妇道，容止顺其猷。"他告诫女儿要遵从孝道礼仪，要勤俭持家，殷殷舐犊之情，跃然纸上。

和盛唐说再见，和亲人说再见，让韦应物的诗歌充满了苍凉孤寂的意味，但是在其仕隐交错的生命轨迹中逐渐和浮躁喧嚣说再见，却让我们看到了韦应物的一颗云水禅心。韦应物一生的活动区域大抵经历了洛阳、长安、滁州、江州、苏州几处地方，但日本学者赤井益久的研究却让我们看到，韦应物几乎在每个生活阶段，都和一座静谧空寂的处所实现了勾连，这个处所便是寺院。在为玄宗做侍卫时，韦应物时常出没于武功宝意寺；任洛阳丞时，同德精舍是他的必由之地；做了京兆府功曹，善福精舍是他的退居之所；而从苏州刺史任上退下来，他的选择仍是暂居于永定寺。事实上，这绝非一种巧合，而是韦应物在仕与隐的不断交替过程中精神指向的外在呈示。《唐国史补》说韦应物"立性高洁，鲜食寡欲，所居焚香扫地而坐"，这种潜藏于深处的超尘拔俗之心，直接以文字的方式被韦应物固化在了他驻留的每一座寺院之中。"翠岭香台出半天，万家烟树满晴川"，这是韦应物眼中的宝意寺；"高阁照丹霞,飔飔含远风",这是同德寺给韦应物的印象;"广庭独闲步,夜色方湛然",这是韦应物在善福精舍悠然踱步;"野寺霜露月,农兴羁旅情",这是韦应物在永定精舍的心灵独白……从洛阳、长安到滁州、江州再到终老苏州,韦应物在仕途蹭蹬之中,另外一条情向佛禅的平行线总是如影随形。这条潜在的平行线,又是如何延伸开来的呢?

在前面我们已经提及,韦应物的侍卫出身,曾给他带来无上荣光,但随着安史之乱的爆发,荣光不再,转而折节读书,则让他"周览思自奋""永怀经济言",希望以自己的身勤吏事、心忧民瘼,为重塑盛世之光贡献自己的力量。为此,在国家危难之时,他曾毅然奔赴洛阳,就任洛阳县丞。在那里,他夙夜在公,恪尽职守,让"膏腴满榛芜,比屋空毁垣"遭受战乱荼毒的东都渐渐恢复生机。然而,在官场浸淫日久,韦应物开始愈发感到自己陷入了直道难进、执政两难的境地之中。面对朝堂上出现的此消彼长的朋党之争和官场上营私舞弊的污浊之气,韦应物既不想同流合污,又无法置身局外,只能用手中之笔证明自己的高洁。他写下了一些讽喻诗,《杂体五首》《长安道》《高陵书情寄三原卢少府》《始至郡》等诗篇,都如同投枪一般,直刺贪官污吏和统治阶层穷奢极欲的生活。这些以乐府旧题和七言歌行体所写的诗歌,尽管数量不多,却铿锵有声,令稍后于他的白居易激赏不已。在《与元九书》中,白居易指出:"如近岁韦苏州歌行,才丽之外,颇近兴讽;其五言诗,又高雅闲淡,自成一家之体,今之秉笔者谁能及之?"一生写下大量脍炙人口的讽喻诗的白居易,相信在对韦应物不吝赞美的同时,也从韦诗中汲取到了力量,并将这种力量注入到了自己的诗行之中。

然而,身为下僚的韦应物除了通过讽喻诗表达自己的不满,又能做什么呢?在中国文人的心中,都住着一个"采菊东篱下"的陶渊明,当坚硬的高墙无法撼动,这位不为五斗米而折腰的东晋隐士便会浮现在中国文人的眼前。看清官场的韦应物正是如此,他"日夕思自退",希望像陶渊明一样决绝于仕途。"鲜食寡欲""焚香扫地"的韦应物既然无法改变现实,便只能选择独善其身。他不会想到,当他开始将自己的身姿逐渐向佛禅倾斜,并最终以"高旷出尘表,逍遥涤心神"的山水诗在"王、孟、韦、柳"四大家中独占一席,一句记录于《唐诗快》的评语也让他在向着喧嚣告别的过程中,赢得了和陶渊明齐名的声誉。《唐诗快》云:"天下人皆要做官,然自有一种做不得官之人,如嵇叔夜、陶渊明是也,得韦左司则三矣。"

然而,韦应物毕竟不是嵇康和陶潜,对盛世的怀念使他从本质上并未与他所处的社会划开一道不可弥合的鸿沟。他向喧嚣世俗的告别方式,和王维一样,是士大夫阶层的一种理想生活方式——吏隐:一方面,并不是完全地弃绝官场,他不可能真正地像陶渊明那样决绝地挂印而去,躬耕于垄亩之间;另一方面,他又不愿向阴风浊浪妥协,因此,吏隐,便成为一种遗世独立的特有方式。在公廨署廨与禅院精舍之间游走,韦应物对喧嚣官场的告别,是间歇的,也是持久的。

独怜幽草涧边生，上有黄鹂深树鸣。

春潮带雨晚来急，野渡无人舟自横。

——韦应物《滁州西涧》

这首唐人山水诗的代表之作，可以说正是韦应物复杂心境的体现。此诗作于唐德宗建中三年（782），当时韦应物正出任滁州刺史。中唐时的滁州，"州贫人吏稀""四面尽荒山"（韦应物语），直到宋代，滁州仍是"舟车商贾四方宾客之所不至"（欧阳修语）。然而，就是这样一片闭塞荒凉之地，却因为两位诗文大家的路过而声名远播：一位，自然是唐宋八大家之一的宋代文人欧阳修，一篇《醉翁亭记》，不仅让人们记住了一个清醒的"醉翁"，更让人们记住了滁州壮美的山水；另一位，也是最早让滁州渲染上文化色彩的推手，便是以一首《滁州西涧》确立自己在唐人山水诗中地位的韦应物。建中三年（782）夏，生性高洁不为长安官场所容的韦应物被人以推荐刺史之名排挤出尚书省，远赴安徽滁州。对于被外放的官员而言，排解政治郁气的最好出口，便是寄情山水。庄子有云："巧者劳而知者忧；无能者无所求，饱食而遨游，泛若不系之舟，虚而遨游者也。"（《庄子·列御寇》）对此，韦应物是有深刻体会的，他曾用一句"扁舟不系与心同"，表达自己虽怀知者之忧，却遨游于仕宦无所作为的心情。这首《滁州西涧》，正是韦应物在滁州寄情山水时的所悟所感。荒郊野渡，萋萋幽草，再配上悄然自横的不系之舟，一种大孤独便扑面而来。对于这首诗，同样挑起滁州文化重量的欧阳修认为："滁州城西乃是丰山，无西涧，独城北有一涧，水极浅，不胜舟，又江湖不到，岂诗人务在佳句，而实无此景耶？"其实，醉翁欧阳修大可不必较真，比他早出生二百多年的韦应物，站在寂寥无人的野渡之滨，其实已经把自己放逐到了一个避开物欲避开世俗的方外之地。听上几声黄鹂的鸣叫，看着一叶小舟静静地承载着春潮急雨，这种向着喧嚣的告别，正是韦应物所追求的人生至境。

史载，韦应物在滁州任刺史约两年半时间，此后又转迁江州，继而又担任苏州刺史。苏州刺史任满后，韦应物没有得到新的任命，由于为官清廉，他竟一贫如洗到没有川资回京候选，只能寄居于苏州永定寺，不久便客死他乡。这位走过五十五载人生的诗人，用无限怅惘的眼神告别了他引以为傲的大唐盛世，告别了他深深眷恋的骨肉至亲，最后留给世间的眼神，仍然是凄楚的告别，那是对再也无法回去的故乡的告别。五百余首诗，就平铺在这条路上，只是韦应物再也无法踏上归程。

刘禹锡：桃花之劫

玄都观的满院桃花，不经意间成为牵累诗人的羁绊。

诗人刘禹锡是在一个晴和的春日走进玄都观的。这座坐落于长安城中的著名道观，每天都在迎来送往着众多的香客。和善男信女们一样，刘禹锡也要求一卦签，焚一炷香，但更让这位诗人热衷的，还是欣赏玄都观满院的桃花。观里的道士们在偌大的道院里栽上近千株桃树，在和煦的春风里，桃花如红霞般绽放，和袅袅升腾的香烟一起，构成了长安一道绝美的景观。

在这样的画境中徜徉，刘禹锡周身通泰，长舒一口心中郁积之气。十年了，就在长安的风物渐渐从脑海中消退的时候，自己又迎来了长安的春天，怎能不让人为之兴奋？对于十年前的自己，刘禹锡是充满自得的。这位北方匈奴人的后裔，因生长于苏州，而在骨子里浸润了吴越的山水灵秀之气，自言"清白家传贵，诗书志所敦"，少年时代的知识储备便已做到博而不杂，专而不陋。他的习诗经历更为刻苦，据说十几岁的他曾有过一段离家进山师从诗僧皎然和灵澈的经历，这两位中唐诗坛的方外宗主对刘禹锡的文学影响甚大。刘禹锡个人超群的资质禀赋和不堕门风的宿志，又让他在二十岁的年龄便连登三科：先是通过了礼部的进士考试，与柳宗元同榜登第；同年，又荣登博学宏词科；贞元十一年（795），风华正茂的刘禹锡再逞学霸之风，通过了吏部取士科的考试，授太子校书。作为东宫管理图书的一个小官，年轻气盛的刘禹锡不会知道，他即将成为中唐一场雷霆变革的直接参与者，而将他带入这场雷霆的人，同样隶属东宫——在太子李诵身边做了十八年侍读的王叔文。

王叔文棋枰老到，但更老到的还是他对时局的洞若观火。正是在他的精心布局之下，一个以他为首集结了王伾、韩晔、刘禹锡、柳宗元等东宫僚属的"东宫集团"迅速成立，并成功地让太子李诵由一个二十多年的储君变成了广有四海的皇帝，是为顺宗。尽管彼时的顺宗已因中风口不能言，但这并不影响顺宗在摇头与点头之间让王叔文等人完成一场轰轰烈烈的改革。在王叔文的主导下，被认为有"宰相之器"的刘禹锡和柳宗元等人一起，成为积极奔走的马前卒。他们禁绝宫市和五坊小儿，免除各种杂税，整顿财政，堪称夙夜在公，雷厉风行。然而，这注定是一场短命的改革，由于触动了朝中贵族势力和宦官集团的利益，这场史称"永贞革新"的改革从一开始就举步维艰，仅仅持续了一百八十余天便宣告失败。刚刚即位不久的顺宗被迫"禅位"给发动政变的宪宗，不久便甚为可疑地死去，而改革的首倡者王叔文也随之被杀，参与改革的所有主力全部被逐出长安，以司马的身份贬谪边地，是为"二王八司马事件"。

本来积极推行新政的政治明星刘禹锡,正是在这样一种背景下,先是被流放连州,随后又再贬朗州。在颠沛流离的赴任之路上,刘禹锡心情沉郁,他知道,奔赴偏远的荆楚之地,实际上就是在远离自己的政治理想。刘禹锡眼看群小当道,却又无可奈何。当然,遭遇贬谪的刘禹锡并未因此放浪形骸,在朗州任上,他深入踏察当地山川形胜,了解民俗民风,做出了不少政绩,而也正是在朗州任上,刘禹锡的诗文创作进入了一个上升期。《旧唐书》记载朗州"蛮俗好巫,每淫祠鼓舞,必歌俚辞。禹锡或从事于其间,仍依骚人之作,为新辞以教巫祝。故武陵溪洞间夷歌,率多禹锡之辞也"。一个遭贬的逐臣,能做到不以己悲随遇而安,已属难能可贵,而刘禹锡在此心态下还能将朗州"甿谣俚音"化成一首首飘荡于山水之间的大师之作,荆楚何其有幸!事实上,正是这种逐臣生活,让刘禹锡的文字进入一种超拔之态。他在其《刘氏集略》中说:"及谪于沅、湘间,为江山风物之所荡,往往指事成歌诗,或读书有所感,辄立评议。穷愁著书,古儒者之大同,非高冠长剑之比耳。"这位崇敬屈原的诗人站在屈原曾经披发行吟的荆楚大地上,已然将开阔的胸襟和高洁的操守悉数化成了奔涌豪放的文字。

  自古逢秋悲寂寥,我言秋日胜春朝。
  晴空一鹤排云上,便引诗情到碧霄。
——刘禹锡《秋词》

这首著名的《秋词》，正是刘禹锡在朗州任上所作。尽管从京师被贬谪到了远离政治中心的朗州，但诗人并未意志消沉，这首《秋词》，以"自古逢秋悲寂寥，我言秋日胜春朝"响亮开篇，上来就断然否定了前人悲秋的观念，激越向上的诗情跃然纸上。一句"秋日胜春朝"，不仅用对比手法，热情地赞美秋天，更表达了自己达观的心态。第三句，刘禹锡更是具体生动地勾勒了一幅生动壮美的画面，通过"一鹤凌云"，不仅为"秋日胜春朝"做了最佳的注脚，更是将自己比喻成了一只排云而上直入碧霄的白鹤。这只鹤在落木萧萧的秋天也许是孤独的，但在它振翅冲天的一刻，它又是自由的，看淡一切的，全无伤秋之意，有的只是"飘浮云于泰清，集长风乎万里"的超然与豁达！正因如此，刘禹锡的这首《秋词》一经问世便响彻诗坛，人们对这位被贬谪的官员充满了敬意。在伤秋遍地的诗词中，他们看到的，是刘禹锡达观的人生态度，而正是这样一种人生态度，让刘禹锡不仅没有在朗州任上懒政怠政，反而身体力行，带动了一方发展。

刘禹锡政治上的时来运转发生在元和九年（814）冬，也就是他官贬朗州司马的第十个年头。就在这一年，朝廷的一纸诏书将这位流放的诗人召回了京师，和他同期征还的，还有柳宗元等四人。元和十年（815）早春二月，一路风尘的刘禹锡终于重新踏上了长安的土地。这片土地，他曾经是那么熟悉，彼时，夹杂在玄都观赏花的人群中，他更愿意做一个看客，一个面无表情内心却蕴藏风暴的看客。

> 紫陌红尘拂面来,无人不道看花回。
>
> 玄都观里桃千树,尽是刘郎去后栽。
>
> ——刘禹锡《玄都观桃花》

这首《玄都观桃花》,正是刘禹锡心中的风暴催生的产物。在深吸一口长安的空气的同时,刘禹锡开始无限悲凉地感到十年间的物是人非。彼时,当年轰轰烈烈的"永贞革新"早已成为玄都观稍纵即逝的香火,没有留下任何痕迹,而当年他和同道力主革除的弊政,早已卷土重来,成为覆压在长安上空的阴霾。那些争奇斗艳的桃花,更像是弹冠相庆的当朝新贵,在玄都观香火的笼罩下,炫目而张扬。

很快,朝中的一些当道者便从这首看似脱口而出的小诗中嗅出了别样的味道,"玄都观里桃千树,尽是刘郎去后栽",刚刚回长安椅子还没坐稳的刘禹锡写这首诗究竟何意?虽然刘禹锡巧妙地化用了一个典故,说是有个叫刘晨的书生和他的一个叫阮肇的朋友一起游历天台山,沿桃花流水而上,遇到了仙女,但朝中新贵却相信,这个重返京师的旧臣其实是"贼心不死",他写这首诗,分明就是在讥讽他们这些"后来者":"桃千树"又如何,不过是"刘郎去后栽"而已!

很快,这首创作于玄都观绚烂桃花之中的小诗,便成为王叔文一党死灰复燃的铁证。在一片谗毁声中,本来就对永贞改革心怀愤恨的宪宗一气之下,以"语涉讥讽"将还未来得及洗去征尘的刘禹锡再次逐出长安。刘禹锡是元和十年(815)二月返回长安的,但三月初，就被再贬播州刺史，和他一起回京的柳宗元也被贬为柳州刺史。播州地处黔西南，荒僻不毛，赵璘在《因话录》中称其为"最为恶处"。诏命始下，刘禹锡"吞声咋舌"，八十老母已经不起折腾，而皇帝的诏命却如此翻云覆雨，怎不让人心寒！好在御史中丞裴度一再向宪宗苦谏，宪宗才"开恩"将刘禹锡改贬为连州刺史。连州和十年前的贬谪之地朗州并无二致，一个是荆楚草泽，一个是南粤荒莽，而面对那些投来错愕眼神的连州百姓，刘禹锡早已泪眼蒙眬：连州同样也有姹紫嫣红的桃花，但和暗藏杀机的玄都观桃花相比，这里的桃花是多么简单而透明啊！

刘禹锡并没有终老在偏远的连州，但悬挂在刺史厅上他手书的《连州刺史厅壁记》，却以遒劲的笔体和激昂的文字，彰显出了这位贬官安心于此治理州郡的决心；他的《莫徭歌》《连州腊日观莫徭猎西山》等诗篇，已然成为当地瑶族百姓世代传承的精神瑰宝。就在担任连州刺史的第四年冬天，刘禹锡老母病逝，依照礼法，官员应卸任丁忧，居家守丧，刘禹锡遂辞官送老母灵柩回洛阳。北归途中，噩耗又来，自己的战友兼文友柳宗元病逝。这位客死柳州的兄弟希望刘禹锡能帮其抚养子女并编纂遗稿，刘禹锡均含泪遵嘱。这对同年进士，永贞革新的生死之交，自二次召返长安在一起短短不足一月，便各贬一方，沦落天涯，而彼时，迎着呼啸的北风护送母亲灵柩返乡的刘禹锡又失志同道合的好友，其心之痛，又怎是风刀霜剑所能比拟！

中唐的朝堂事实上已是宦官集团把持的朝堂，元和十五年（820）正月，被宦官推上皇位的宪宗为宦官所弑，新登基的穆宗身后，同样是一群坐大成势的宦官势力。宪宗已死，穆宗登基，永贞旧党早已风流云散，不在新皇帝提防的视线之内，也就在此间，守丧期满的刘禹锡受诏量移，改迁夔州，不久又转任和州（今安徽和县）刺史。从荒僻的贬所一步步走向财赋地望皆优之地，刘禹锡的心神也为之一振："三千三百西江水，自古如今要路津。月夜歌谣有渔父，风天气色属商人"，这是刘禹锡乘舟路过湖北江陵时的时光迁想；"王濬楼船下益州，金陵王气黯然收。千寻铁锁沉江底，一片降幡出石头"，这是他沿江东下途经湖北西塞山时发出的思古幽情。中国的山水就这样对应着中国文人的喜怒哀乐，而缺少了中国文人的观照，山水的气韵好像也不再生动。当行走在大江南北的中国文人，在每一座山每一条河上，用诗歌写下自己的沉浮起落，仕途蹭蹬，山川大河便与他们一起紧紧地绑定，不再仅仅是令人驻足的自然景观，也成为风行百代的人文景观。

> 朱雀桥边野草花，乌衣巷口夕阳斜。
> 旧时王谢堂前燕，飞入寻常百姓家。
> ——刘禹锡《乌衣巷》

新的机遇有时总是接踵而至，在和州任上不到两年，刘禹锡的人生再度出现亮色。宝历二年（826），刘禹锡的老友裴度重新执掌朝政，就在这年冬天，刘禹锡被召回东都洛阳。彼时的刘禹锡虽然在宦海沉浮之中已迈入知天命之年，但重被起用的兴奋还是溢于言表。这首人们耳熟能详的《乌衣巷》，正是创作于奉命调回洛阳路经金陵（今江苏南京）途中。生长于江南的刘禹锡此前并未踏足金陵，这一次游历金陵，访古览胜，刘禹锡终于得偿所愿，一口气写下了五首怀古之作，合称《金陵五题》，其中，《乌衣巷》是最著名的一首。品读这首《乌衣巷》，我们发现，这里的景物是寻常的，语言是浅显的，但这短短二十八个字里充满了藏而不露的历史大情怀。诗人当时去凭吊的，是位于金陵秦淮河上的朱雀桥和南岸的乌衣巷。东晋时期，这里曾是一片繁华鼎盛之地，然而，走过东晋的浮华与喧嚣，乌衣巷便也走进了历史的沉寂。当刘禹锡慕名来到这里，他看到的，已是另一番景象：斑驳的朱雀桥早已不见了当年的车水马龙，只有疯长的野草在对应着静静的秦淮河；乌衣巷再也不见鲜衣怒马的豪门子弟，只有夕阳斜照在昔日的高墙之上。"旧时王谢堂前燕，飞入寻常百姓家"，善于进行历史钩沉的刘禹锡，这一次选择用一只轻盈的飞燕完成历史的穿越。这只燕子曾是王、谢两大家族的常客，曾在他们雕梁画栋的豪宅筑巢作窠，而如今，当它再次飞回，当年的豪宅已成梦境，取而代之的，是普通人家的寻常屋檐。这是一种反差极大的历史穿越，在这种穿越中，刘禹锡抚今追昔，感慨万千。

如果说金陵让刘禹锡更多是怀古，那么到了扬州，见到了老友白居易，刘禹锡的文字中，更多已是对现实的感慨。

巴山楚水凄凉地，二十三年弃置身。
怀旧空吟闻笛赋，到乡翻似烂柯人。

> 沉舟侧畔千帆过，病树前头万木春。
> 今日听君歌一曲，暂凭杯酒长精神。
> ——刘禹锡《酬乐天扬州初逢席上见赠》

这首《酬乐天扬州初逢席上见赠》，是刘禹锡在扬州的筵席上，与同样被贬的白居易相遇时的酬答之作。从永贞革新失败被贬开始算起，刘禹锡已经在外任上连续放逐了二十三年之久，人生有几个二十三年啊，当他再次被召回京师，已是白发皓首的老人。正因如此，白乐天杯觥之间，一首《醉赠刘二十八使君》，便杂带着人生的浩叹脱口而出："为我引杯添酒饮，与君把箸击盘歌。诗称国手徒为尔，命压人头不奈何。举眼风光长寂寞，满朝官职独蹉跎。亦知合被才名折，二十三年折太多。"在这首诗中，白居易对刘禹锡被贬谪的遭遇表示了同情和不平。刘禹锡听后不胜感慨。然而，和老友白居易相比，刘禹锡的反应好像更通达一些，他没有怨天尤人，对自己二十三载宦海沉浮的总结，竟是一句"沉舟侧畔千帆过，病树前头万木春"！看，又是流传千古的金句！又是和《秋词》一样的人生态度！当仕途坎坷的刘禹锡以沉舟、病树自喻，我们发现，这位连续远窜的文人尽管不断面对着生命的悲凉，却始终保持着达观。沉舟侧畔，有千帆竞发；病树前头，正万木皆春。在诗中，他反而劝慰白居易不必为自己的寂寞、蹉跎而忧伤，对世事的变迁和仕途的蹉跎，表现出了豁达的襟怀。

"老大归朝客"，"重见帝城春"，又是一个明媚的春日，因裴度汲引，到洛阳赴任的刘禹锡第二年春天便被调往长安，担任主客郎中。好像冥冥之中要还一笔宿账，刘禹锡再次来到了玄都观。然而，蹉跎的岁月可以催老一个人，同样也能改变一座道观的香火。昔日摩肩接踵的玄都观早已是门庭冷落，斑驳的石阶上长满了青苔，而曾经花枝招展的满院桃林也早已成为尘封的记忆，取而代之的是随风摇曳的荒草和燕麦。

百亩庭中半是苔，桃花净尽菜花开。

种桃道士归何处？前度刘郎今又来。

——刘禹锡《再游玄都观绝句》

再次走进玄都观的刘禹锡发现，自己和玄都观竟有着如此化解不开的因缘，而这里盛而转衰的桃花又多像自己跌宕起伏的人生！

然而，单纯的诗人不会知道，玄都观永远是自己人生的陷阱，并不是可以倾诉的知音。当《再游玄都观绝句》风传京师，朝廷敏感的神经再次被触动，当朝皇帝只给了刘禹锡掌管校理经籍一类的闲职。随着裴度在朋党之争中被排挤，离朝外任，凶险的政治环境也让刘禹锡深感长安不是久居之地，不久便接到了外放苏州刺史的诏书。以垂老之躯尝遍远宦况味的刘禹锡，历尽因玄都观而起的两次劫波之后，已不敢瞻望赴任路上的每一树桃花，此刻，桃花，已经成为这位诗人生命中可怕的劫数。

刘禹锡最终的人生归宿是在洛阳。在又经历了几年苏州、汝州、同州三地的外放之后，刘禹锡在开成元年（836）秋致仕去官，迁太子宾客分司东都，退居洛阳。在洛阳，刘禹锡很快就重新找到了自己生命的定位，彼时，大唐的朝堂刚刚经历"甘露之变"，又开始变天了，倒是东都洛阳一群文章至交的存在，让刘禹锡忘掉了仕途的磨难和政治的险恶。在洛阳，他和同样致仕的老友裴度、白居易等人终日畅饮，谓之"文酒之会"。春天里，他会兴奋地奔走相告："春来自何处，无迹日以深"；夏天到了，他要"新竹开粉奁，初莲爇香注"；秋天，他看到的是"檐燕归心动，鞲鹰俊气生"；而伴着飘飞的冬雪，刘禹锡更是如孩子般欢呼雀跃，笑云"琼林映旗竿""玉树满眼新"。这位被白居易誉为"诗豪"的诗人，一生写下了大量的怀古咏史之作，尽管经历了一前一后两首《游玄都观》带给自己人生的颠沛流离，但好像总能在山光水色面前，消解掉自己的政治郁气，化生命劫数于无形。

这就是刘禹锡，当他在七十一岁病逝，后人有意让缤纷绚丽的桃花洒进两《唐书》寥寥数言的传记。这位经历过永贞革新的闯将，经历过玄都观两次"桃花之劫"的歌者，躲在他豪气干云的文字背后，其实，更想让人们记住他的另一个名字：前度刘郎。

柳宗元：寒江独钓

中国文人在皇帝的御批下，性格既复杂也单纯。

贞元二十一年（805），卑湿酷热的湖南永州用滂沱大雨迎来了一位颇负才气的大师。永州太寂寞，瘴气和兽类充斥着山野河泽，唯独缺少智慧的生命和浩荡的人文精神，于是，好像上天有意要安排一位文化使者来开拓永州的蒙昧与蛮荒，柳宗元踽踽而来。

柳宗元的心境异常复杂。这里没有京师的繁华与喧嚣，有的只是宁静，孤寂落寞的宁静。事实上，在奔赴永州之前，柳宗元的人生一直都是畅达而风光的。作为河东名门望族后裔，柳宗元少有才名，年仅十三岁，便以一篇辞采飞扬的《为崔中丞贺平李怀光表》名动长安；二十一岁时，更是在没有通过任何请托的情况下，在长安科举中成功胜出，跻身仅仅三十二人的耀眼榜单。尤其值得一提的是，柳宗元和来自江南的刘禹锡一起，都是一举中的。风华正茂的年龄，共同的志趣爱好，让柳刘二人相交甚笃，而更让当时的文人为之羡慕的是，这个年轻气盛的组合会在几年之后，凭借深厚的文化积淀和果绝的政治勇气，以火箭般的速度获得别人苦苦攀爬数十年也未必能得的中枢之位，成为耀眼的政治明星。

柳宗元彼时的风光，来自中唐时期那场雷霆万钧的变革，史称"永贞革新"。"颇读书，班班言治道"的太子侍读王叔文在东宫十余年，深得太子李诵信任，而王叔文的视野显然不在东宫这片小天地，暗中结交了柳宗元、刘禹锡这些朝中的新锐，静候时机而待有为。贞元二十一年（805）正月，德宗李适薨逝，王叔文一派冲破宦官和政敌的重重阻挠，终于将太子李诵扶上御座，是为唐顺宗。彼时的顺宗虽已中风失语，但这位早在当太子时就有重振朝纲之志的皇帝，已然将王叔文看作是自己意志的执行者。在他的力主之下，王叔文携王伾、刘禹锡、柳宗元、韦执谊等人迅速地开始实行一系列改革措施。这个小圈子中，真正有实职的，只有宰相韦执谊，但谁都清楚，身份只是翰林学士的王叔文才是真正发号施令的"内相"，而新晋的少壮派刘禹锡、柳宗元等人虽官阶仅提为正六品，却是强有力的改革主力。柳宗元后来曾撰文回忆说，"仆当年三十三，甚少，自御史里行得礼部员外郎，超取显美"，可见在当时已是极尽风光。

"永贞革新"的"动刀"之处甚多，宫市、税收、藩镇、宦官，都是王叔文集团力主亟待割除的"毒瘤"。作为这支队伍中的一名年轻气盛的"急先锋"，柳宗元承担的是起草诏诰制命的工作，虽然只是案头工作，却涉及革新的核心。在笔走龙蛇之间，满腹豪情的柳宗元感受着积极用世的快乐，更找回了祖上黯淡已久的荣光。

然而，这场被柳宗元寄予极大热情的革新，面对一堵堵难以撼动的高墙，仅仅持续了一百多天，便随着顺宗被迫内禅进而不明不白地死去而惨淡收场。被宦官拥立的太子李纯即位，是为宪宗。由于当初王叔文集团在继承人问题上并没有站在李纯一边，导致即位之后的李纯对王叔文集团采取了疯狂的报复。就在他登基当月，王叔文被贬为渝州司户参军，不久被赐死；王伾被贬为开州司马，不久病死；其余八名重要成员韩泰、陈谏、柳宗元、刘禹锡、韩晔、凌准、程异及韦执谊先后被贬为边远八州司马，史称"二王八司马事件"。

在瞬间由巅峰跌入谷底的八司马中，柳宗元的贬谪之地是相当蛮荒和偏远的湖南永州。柳宗元曾在其《与李翰林建书》中，说"永州于楚为最南，状与越相类，仆闷即出游，游复多恐。涉野则有蝮虺、大蜂，仰空视地，寸步劳倦；近水即畏射工、沙虱，含怒窃发，中人形影，动成疮痏"，足见生存环境之恶劣。作为一场政治改革的失败者，柳宗元的安身立命之所只能是荒僻和不毛之地。皇帝将御笔直指永州，人烟稀少，再有韬略也不足以举事；远离京师，再有才华也不能乱我朝纲，这时再配上一个监视的官员和满眼的崇山峻岭，就锁住了一个中国封建文人的视野和心灵。

……哀余衷之坎坎兮，独蕴愤而增伤。谅先生之不言兮，后之人又何望。忠诚之既内激兮，抑衔忍而不长。芈为屈之几何兮，胡独焚其中肠。

吾哀今之为仕兮，庸有虑时之否臧。食君之禄畏不厚兮，悼得位之不昌。退自服以默默兮，曰吾言之不行。既穆风之不可去兮，怀先生之可忘！

——柳宗元《吊屈原文》（节选）

这段文字，出自柳宗元的《吊屈原文》。赴永州途经汨罗江时，柳宗元迁想当年投江自溺的屈原，不禁触景伤怀，写下此文。一千多年前，由于群小的攻讦加之国君的多疑，让胸怀家国的屈原被迫流离于沅、湘二水之间。"悲回风之摇蕙兮，心冤结而内伤"，王朝的障壁是如此坚实，他无力推倒，更无力重建，微弱的烛火之下，屈原，只能用一柄长铗挑起火光照亮心中的绝望。公元前278年，当秦将白起率领浩浩荡荡的秦军一路势如破竹，攻克楚国郢都，游走于湘水之滨的屈原再也无法抑止心中的悲愤，抱着一块巨石自沉于汨罗江中。从此，幽深阴沉的汨罗江，便容纳下一个诗人的生命和梦想，哀婉的诗行滋生成水草，昭示痛楚，也昭示孤独。

作为一个贬窜之官，柳宗元用一篇长长的祭文，和千年前的屈原进行时空的对话和精神的共鸣。永州在初来乍到的柳宗元眼中，自然也是一片蛮烟瘴雨，浊气妖氛。神志荒耗之中，柳宗元和家人一起寄住在永州龙兴寺，木鱼的笃笃声敲击着一代文豪日趋疲惫的才思，也在用佛国的梵音审视着这位失魂落魄的异乡人。"命乃天也，非云云者所制，又何恨？"（《新唐书·柳宗元传》）真的无恨吗？真的命由天定吗？事实上，受母亲卢氏影响，柳宗元自幼便笃信佛教，他曾言"吾自幼好佛，求其道，积三十年"，但在"永贞革新"期间，以求道明道为己任的儒家意识，还是让柳宗元无暇沉下心来诵一段经文,听一阵钟声。而彼时,坐在龙兴寺的禅院之中,永州一下子把精神的空寂和时间的杳渺全都抛给了柳宗元,手托厚重的贝叶之书,疏离梵音太久的柳宗元,总算可以盘膝静坐,寻找心灵的慰藉了。青灯微弱,寺院的钟鸣却一声紧似一声,从何处悟透禅关?从何处点亮久已废弛的诗思?这是一种痛苦的拷问,永州的山水平摊在柳宗元面前,像是在拒绝着孤独的对视,又像在等待着一个热烈的回答。

> 汲井漱寒齿,清心拂尘服。
> 闲持贝叶书,步出东斋读。
> 真源了无取,妄迹世所逐。
> 遗言冀可冥,缮性何由熟?
> 道人庭宇静,苔色连深竹。
> 日出雾露余,青松如膏沐。
> 澹然离言说,悟悦心自足。
> ——柳宗元《晨诣超师院读禅经》

"澹然离言说,悟悦心自足",这首充满禅意的诗歌,曾被元好问称为"深入理窟,高出言外",范温在《潜溪诗眼》中也赞不绝口:"识文章者,当如禅家有悟门。夫法门百千差别,要须自一转语悟入,如古人文章直须先悟得一处,乃可通其他妙处。向因读子厚《晨诣超师院读禅经》诗一段,至诚洁清之意,参然在前。"而杨慎之赞更是直接,直称此诗"不作禅语,却语语入禅,妙!

妙！"事实上，这首诗正是柳宗元初到永州，寄居龙兴寺时所作。龙兴寺位于永州城南，时住持僧为重巽，坐禅于龙兴寺净土院，与住在龙兴寺西厢的柳宗元相邻。由于重巽是楚之南的"善言佛者"，故称其为"超师"。如果说，刚刚踏上永州这片土地，柳宗元还带着贬谪之臣的怨怼，对永州山水人文并无感情，那么，当禅院的烟霭弥散于一张空白的宣纸之上，当佛国的井水冲涤开诗人封闭的心扉，柳宗元与永州的距离，已经在一点点地拉近。

是的，让柳宗元的骨子里融入永州意识的，正是他笃信三十年的佛教。史载，唐时的永州，虽地处偏远，但佛教活动却并不匮乏，南北往来的僧侣都将永州作为暂时的落脚之地，在这样一座荒僻小城，坐落着大大小小三十六处寺庵禅院，包括柳宗元寄住的龙兴寺在内，华严寺、开元寺、法华寺等，都拥有着众多虔诚的信众。正是在与这些寺院的高僧大德往来之中，心情郁闷的柳宗元找到了生命的出口，释放了心灵。他拜龙兴寺重巽住持为师，时常到其讲经说法的净土院研习佛经。对佛教精义有了深入了解之后，他仿佛醍醐灌顶，提出"佛之道，大而多容，凡有志乎物外而耻制于世者，则思入焉"，进而产生了援佛济儒、统合儒释的设想。"日出雾露余，青松如膏沐"，当在浩荡的梵音中安下心神，当佛国的水汽漉湿渐染斑白的额角，柳宗元拭去感伤的泪痕，"自肆于山水间"，开始重新谛视命运，谛视人生，谛视永州。

千山鸟飞绝，万径人踪灭。

孤舟蓑笠翁，独钓寒江雪。

——柳宗元《江雪》

由此，响遏行云的《江雪》的横空出世，便顺理成章！这首流传千古的诗歌，垂髫小儿皆能吟诵，历代画师更是借此诗意境，创作了大量的山水画卷。按理说，柳宗元的贬所永州，地处湖南南端，与雪缘浅，但上苍好像有意要和柳宗元开个玩笑一样，就在柳宗元来到永州的几年间，旱涝频繁冰冻十分严重，竟然出现了少有的极寒天气。柳宗元在其《答韦中立论师道书》中说："二年冬，幸大雪，逾岭被南越中数州。"漫天大雪之中，踽踽独行的柳宗元感受着永州的山寒水瘦，更对自己的内心进行着观照与自省。他把自己放逐成一个独钓寒江的渔翁，让自己成为大片留白中一个坐如磐石的黑点，而这个孤寂的黑点，恰与一千年前的屈原形成跨越时空的应和。自从"屈原既放，游于江潭"之后，"众人皆醉我独醒"的渔父意象，便成为中国文人遗世独立清标孤高的标准意象，而将这个意象置于"千山鸟飞绝，万径人踪灭"的荒原大野之中，更显出一个文人的超拔与独立！寒江之上的柳宗元，就是那个划动孤舟的蓑笠翁。彼时，经历了丧母之痛和居所火劫的柳宗元，太需要一场纷纷扬扬的大雪覆压住内心的伤痛了，而偏偏永州有情，读懂了诗人，理解了诗人。凛冽的寒风夹带着多年不遇的鹅毛大雪，为诗人铺展开一张洁白干净的"宣纸"。这张"宣纸"，是永州为柳宗元量身而定，这张"宣纸"，摒弃了所有局外之人，只允许柳宗元一人跳进跳出。当柳宗元最终以一首冠绝千古、令人"读之便有寒意"的《江雪》，让自己成为永远的画中人，他不会知道，自己已然跨越了小我的悲喜，将人生的骚怨与旷达融入一种拔俗自树的大孤独之中。

至此,荒僻的永州,终于有了淋漓酣畅的脚步声,那是柳宗元踏察永州山水的脚步。山水永远对应着中国文人的情绪:中国文人困厄感郁,山水也就黯然无光;中国文人激情澎湃,山水也就熠熠生辉。正是在对永州山水的踏察之中,柳宗元才发现,最早在他眼中满是毒蛇沙虱出没的永州,其实是中国道德文化的源流所在。坐落在这里的九嶷山,是舜帝南巡的长眠之地。接替尧帝的首领之位,舜面对的是滔滔洪水和纷乱的九州,于是,他要爱德施均,他要稽查巡视,就这样,他带着以后帝王少有的热情走到苍梧之野,走到了九嶷山,并最终崩逝于此,成为山谷之间的一抔黄土。而他的两个妃子娥皇、女英,在听闻夫君崩逝的消息后,便一路溯潇水而上,震彻天地的哭声回荡山谷,带血的泪水染红竹林,让浸着血斑的湘妃竹和巍峨高耸的九嶷山一起,共同构成了洪荒永州特有的文化符号。

> 帝入大麓,雷雨不迷。帝在璇玑,七政以齐。九泽既陂,锡禹玄圭。……此焉告终,宜福遗黎。庙貌如在,精诚不暌。……敢望诛黑蜧,抶阴霓,式乾后土,以廓天倪……
> ——柳宗元《舜庙祈晴文》(节选)

这段文字,出自柳宗元的《舜庙祈晴文》。融入永州的柳宗元,不仅融入了当地百姓崇舜、祭舜的习俗,更以卑微的永州司马之职通过撰写长文的方式为百姓消灾祈福。由于当时永州水患不断,他便在长文中一面极力歌颂舜的神威和对人民的爱护，一面又祈请舜能杀掉黑蜒，击散阴霓，让土地变干，让天空晴朗。彼时的柳宗元与永州的关系，早已不再是初来乍到时的疏离感和陌生感，而是在和山水的亲密接触之间，和永州实现了不可切分的勾连。最能体现这种关系的，莫过于柳宗元脍炙人口的《永州八记》。正是由于柳宗元的激情书写，永州，才得以于遥渺的传说之外，以一脉清逸的禅理汇入中国文化的激流。

  从小丘西行百二十步，隔篁竹，闻水声，如鸣珮环，心乐之。伐竹取道，下见小潭，水尤清冽。全石以为底，近岸，卷石底以出，为坻，为屿，为嵁，为岩。青树翠蔓，蒙络摇缀，参差披拂。潭中鱼可百许头，皆若空游无所依。日光下澈，影布石上，佁然不动；俶尔远逝，往来翕忽。似与游者相乐。潭西南而望，斗折蛇行，明灭可见。其岸势犬牙差互，不可知其源。坐潭上，四面竹树环合，寂寥无人，凄神寒骨，悄怆幽邃。以其境过清，不可久居，乃记之而去。同游者：吴武陵，龚古，余弟宗玄。隶而从者，崔氏二小生：曰恕己，曰奉壹。

——柳宗元《至小丘西小石潭记》

这篇不足二百字的美文，是柳宗元《永州八记》中人们最耳熟能详的一篇，也是柳宗元献给永州山水的诚意之作。《永州八记》按写作顺序，依次为《始得西山宴游记》《钴𬭁潭记》《钴𬭁潭西小丘记》《至小丘西小石潭记》《袁家渴记》《石渠记》《石涧记》《小石城山记》。从这些题目看，摄入诗人笔端的永州山水不过是些土丘石陵，溪流浅洼，但柳宗元却以细腻的观察和灵动的笔触，让永州的山变得奇峰屹立，让永州的水变得空明澄澈，尤其是这篇《小石潭记》，更是将一个不知名的小潭写得气韵生动，出神入化。这是一处"竹树环合，寂寥无人"的人间秘境，又何尝不是柳宗元在与永州消除心理隔膜之后为自己也是为永州营造的一处心灵秘境呢？写这篇小品之时，柳宗元已由暮鼓晨钟的寺院搬到了愚溪。愚溪原名冉溪，是潇水的最后一条支流，愚溪这个名字，是搬迁至此的柳宗元所改，一字之差，自嘲之意尽显。柳宗元不会想到，这个愚溪的命名，会在此后千年，成为永州人恒久炫耀的标签，而永州本身，也因柳宗元的润色和经营，成为滋养和启迪中国文人心性的圣地。

十一年前南渡客，四千里外北归人。

诏书许逐阳和至，驿路开花处处新。

——柳宗元《诏追赴都二月至灞亭上》

宪宗元和十年（815），一纸来自长安的诏书送达永州，在谪居永州十年之后，柳宗元终于等来了重返长安的一天，心情自然无比激动。永州十年，柳宗元的政治郁气已经消弭于山水之中，此番返京，柳宗元只带上了始终萦绕耳畔的永州梵音和静水深流的文稿。当他于次年二月到达灞亭这座抵近长安的驿站，不禁百感交集,"诏书许逐阳和至,驿路开花处处新",在柳宗元的眼中,缤纷绚烂的驿路之花张扬着满眼的春天的气息,更预示着自己未来美好的前程。然而,这种喜悦还没能持续一个月,便变成了兜头的一盆冷水。尽管"永贞革新"已经过去十年,但宪宗对柳宗元这些先朝旧臣仍旧耿耿于怀,心存戒备,而恰在此时,和自己一起重返长安游览玄都观的刘禹锡随手写就的一首小诗,触动了统治者敏感的神经,这些昔日的革新闯将,只能再次踏上贬窜之路。这一次,柳宗元被贬为柳州刺史,刘禹锡被贬为播州刺史,其余几人也都官贬远州。从司马到刺史,看似官阶晋升了,但贬地却更远了,尤其是刘禹锡被贬的播州,地处贵州,更为偏远荒凉,而八十岁的老母亲还要和他一起长途跋涉奔赴贬所。看到好友如此境遇,柳宗元慨然提出,愿意和刘禹锡的贬所做个互换,将自己换到播州去,"虽重得罪,死不恨",这是一种怎样的道义使然!同为天涯沦落人,柳宗元只是贬所稍强于刘禹锡,便蹈死不顾,选择艰难,千载而下,这样的文人之交,怎不让人感动!尽管此后经老臣裴度从中斡旋,刘禹锡最终改贬连州,但柳宗元慷慨沉然的文人风骨,还是成为传诸后世的一段佳话。

> 柳州柳刺史,种柳柳江边。
> 谈笑为故事,推移成昔年。
> 垂阴当覆地,耸干会参天。
> 好作思人树,惭无惠化传。
>
> ——柳宗元《种柳戏题》

被后人称作柳柳州的柳宗元,尽管自谦对柳州百姓"惭无惠化传",但柳州百姓却将这位千里迢迢而来的贬官看作了心中永远的宗师大儒和清明之吏。经历了贬谪永州的精神洗礼,柳宗元在柳州很快就进入风风火火的为政状态。他不鄙其民,"因其土俗,为设教禁",短短几年便将这一荒僻之地打造成了奉儒尊孔的区域文化中心。对"柳人以男女质钱,过期不赎,没为奴婢"的恶习,柳宗元"设方计,悉赎归之,尤贫者,令书庸,视直足相当,还其质,已没者,出己钱助赎"。两袖清风的柳宗元自然没有太多余资,但即便如此,他还是自掏腰包,救助那些已没为奴婢的贫苦百姓脱离苦海,这样的父母官,又怎能不赢得百姓的拥戴!

柳宗元病逝于赴任柳州的第四个年头。这位一生多舛的诗文大家虽然如一颗流星,匆匆走过了四十七载人生岁月,但长安的"永贞革新",有他激情擂响的青春之鼓;永州的山野草泽,流淌着他深沉内敛的散文之河;柳州的崇山峻岭,更是生长着他幽默生动的讽世寓言。这位将自己的名字镌刻进"唐宋八大家"的文化大师,给我们勾勒了形态各异的世间意象,黔之驴、临江之麋、永氏之鼠和那只虚构的小虫蝜蝂,早已成为柳宗元对时代的思想投射,而柳宗元本人留给我们的生命意象,永远是那个独钓寒江的渔翁,在苍茫的雪野,手执钓竿,一坐千年……

韩愈：叩碎蓝关雪

性格决定命运，不入俗流的操守和刚正耿直的个性，注定了韩愈的宦海生涯充满起伏颠簸。

首先是入仕的艰难。安史之乱后期的中唐，进入一个短暂的"小中兴"时期。随着政治、经济一定程度上的恢复和发展，一大批社会英才也怀抱梦想，积极入仕，欲以自身才学，重振盛唐气象。生于奉儒守官之家的河南人韩愈，正是在这样一种社会氛围中，为未来的经世致用做着积极的准备。这位父母双亡的早慧文人，是兄嫂抚养长大的，据说他少年时学习便极为刻苦，"口不绝吟于六艺之文，手不停披于百家之编……焚膏油以继晷，恒兀兀以穷年"。从十九岁起，韩愈便负笈长安求取功名。"勿忘身之不肖兮，谓青紫之可拾"，韩愈深知，自己的出身无天梯可借，无门荫可依，若想出人头地，只能靠自己奋斗争取。在奔赴于长安的驿道上，这个河南少年意气风发，踌躇满志，在他看来，功名的求取几乎俯首可拾。

然而，现实给这位饱读诗书的学子的却是巨大的打击。贞元五年（789）、六年（790）、七年（791），韩愈曾三次应进士第，全都铩羽而归。贞元八年（792），韩愈第四次应试，总算通过了礼部的进士考试。依照唐制，通过礼部的进士考试，只是有了入仕的资格，并不能马上做官，若要实现自己的鲲鹏之志，必须参加吏部主持的博学宏词科考试，然而，正是在这次考试中，韩愈再次惨遭淘汰。"四举于礼部乃一得，三选于吏部卒无成。"整整十一年时间，韩愈在长安屡次碰壁，最后已到求食于人的地步。他曾自云："遑遑乎四海无所归，恤恤乎饥不得食，寒不得衣。"偌大的长安城，我们可以想象这位科举经历与杜甫极其相似的文人的窘境。如果说初入长安，韩愈还志在必得，在历经十一年挫折之后，韩愈只能卖掉坐骑作川资，离开长安，回到洛阳。

那么，是什么原因，导致"尽能通《六经》、百家学"的韩愈在长安屡屡碰壁呢？除了科举本身激烈的竞争，更主要的原因还是韩愈与现实的不妥协。韩愈生活的中唐时代，骈体文正大行其道，"唐代王言，率崇缛丽，骈四俪六，累牍连篇"，而韩愈简洁清新古朴淡雅的文字，当然难入考官法眼。贞元九年（793），韩愈首应博学宏词科考试，因主司崔元翰赏识而入选，但在上呈中书时却因其文章"实与华违"而被淘汰。倘若彼时韩愈稍向"时文"靠拢，也许还有入仕的机会，而韩愈坚决不入俗流的态度，直接导致了他在长安的饥馑和蹉跎。

  世有伯乐，然后有千里马。千里马常有，而伯乐不常有。故虽有名马，只辱于奴隶人之手，骈死于槽枥之间，不以千里称也。

　　马之千里者，一食或尽粟一石。食马者不知其能千里而食也。是马也，虽有千里之能，食不饱，力不足，才美不外见，且欲与常马等不可得，安求其能千里也？

　　策之不以其道，食之不能尽其材，鸣之而不能通其意，执策而临之，曰："天下无马！"呜呼！其真无马邪？其真不知马也。

——韩愈《杂说·世有伯乐》

　　这篇著名的"马说"，正是韩愈在生命困顿的这段时期创作的。文中韩愈以马为喻，谈的是人才问题，表达了作者对统治者不能识别人才、不重视人才、埋没人才的强烈愤慨，尤其在文章的结尾，韩愈更是愤然而呼"呜呼！其真无马邪？其真不知马也"，慨叹着自己怀才不遇的心境。

　　如果说十一年的仕晋之路在考验着韩愈的心性，那么真正入仕之后，仍旧不改其特立独行的性格，则让韩愈的仕途充满坎坷。当满腹才学的韩愈从一介幕僚清客辗转成为正八品下的监察御史，他并没有"珍惜"这得来不易的官职，反而认真地执行起身为谏官的职责。贞元十九年（803），长安大旱，京畿百姓苦不堪言，皇帝遂下令免除百姓租赋，可京兆尹李实却阳奉阴违，照样横征暴敛，逼得很多人家破人亡。作为谏官，韩愈秉笔直书，在《御史台上论天旱人饥状》中，他痛陈道："至闻有弃子逐妻，以求口食，拆屋伐树，以纳税钱，寒馁道涂，毙踣沟壑。有者皆已输纳，无者徒被追征。"继而，他又指出，京畿百姓陷入凄苦之境正是因为"群臣之所未言，陛下之所未知者"。虽未明说，但锋芒却明显指向了担任京兆尹的李实。这李实本是皇族，骄横跋扈惯了，怎会将一个八品谏官放在眼里？硬碰硬的结果，就是真正直言进谏的韩愈反倒因言获罪。被李实一番运作，韩愈不仅没扳倒这个皇亲国戚，自己却被贬到偏远的广东阳山（今广东清远），当了一个小小县令。

弱妻抱稚子，出拜忘惭羞。
俛俛不回顾，行行诣连州。
朝为青云士，暮作白头囚。
商山季冬月，冰冻绝行輈。
春风洞庭浪，出没惊孤舟。
逾岭到所任，低颜奉君侯。
酸寒何足道，随事生疮疣。
——韩愈《赴江陵途中寄赠三学士》（节选）

这首《赴江陵途中寄赠三学士》，是韩愈在被贬谪路上的忧愤之作。"朝为青云士，暮作白头囚"，事实上，韩愈在监察御史的位置上才仅仅几个月，但耿直的个性却让他连辩解的机会都没有，就直接被远窜到了不毛之地。路途艰辛考验着这位中唐臣子的心性，而韩愈给人们的回答却是他在当地勤于政务兢兢业业的背影。"有爱在民，民生子，多以其姓字之"，这段记录在《新唐书》的文字，让我们看到，仕途的挫折，并未打倒韩愈，相反，却让一个勤政爱民的形象在荒僻的岭南落地生根。

韩愈的仕途出现一丝转机，是在宪宗即位之后。宪宗即位后大赦天下，韩愈得以从偏远的广东阳山县令转为江陵府法曹参军，不久，又被提升为正六品的职方员外郎，掌管全国的地图及城隍、镇戍、烽堠等事。元和十一年（816）正月，韩愈又升为中书舍人知制诰，负责为皇帝起草文件。这个职位已可参与朝廷机要，甚至可代行宰相职务，韩愈对这个读书人梦寐以求的职位当然非常兴奋。然而，好景不长，才当上中书制诰没多久，他又被降为太子右庶子，其因无他，仍是性格使然。彼时，吴元济淮西叛乱已起，朝中分为以宰相李逢吉为首的主和派和以宰相武元衡为首的主战派，韩愈坚定地站在了主战派一边，并言辞激切地向宪宗上呈了《论淮西事宜状》，这下惹恼了宰相李逢吉。偏偏在此时主战的武元衡又被吴元济派人刺杀，御史中丞裴度也被刺成重伤，整个京师陷入恐怖状态，李逢吉遂拿《论淮西事宜状》做文章，乘机在宪宗面前毁谤韩愈，结果很快韩愈便被贬为太子右庶子。

然而，毕竟刚刚即位的宪宗还是有平藩之志的，面对安史之乱后藩镇割据这个令人头疼的"政治遗产"，宪宗也希望找一个祭旗。正因如此，元和十二年（817），他决定起用伤愈主战的裴度出任宰相，兼领淮西宣慰处置使，率军讨伐淮西。在这支浩浩荡荡的讨伐大军中，写过《论淮西事宜状》的韩愈，以行军司马的身份伴随于裴度左右。事实证明，这个写得一手好文章的诗文才子，也颇具统兵经略之才，在他的游说之下，淮西诸军行营都统韩弘等人决定合力讨伐吴元济。此后，韩愈又献上奇袭之策，最终兵不血刃，生擒吴元济，在淮西之战中立下赫赫战功。班师凯旋之日，宪宗大喜，将韩愈提拔为刑部侍郎，使其进入了统治集团的上层。由一介潦倒的清客幕僚上升为距离一国宰辅仅一步之遥的刑部侍郎，韩愈迎来了他人生最辉煌的时刻。在这个位置上，韩愈如果顺着皇帝的意思做几年太平官，不消几年，便升迁有望，然而，就像当年不以时文取悦考官一样，韩愈不懂迂回的性格再次给他的人生投上了一片黑色的阴霾，这一次，已不是简单的贬谪，而是差点丢了性命，掉了脑袋！

事起于元和十四年（819）。在平定淮西之乱后，宪宗的中兴之路也开始走下坡路。面对各路纷纷前来朝圣的藩镇势力，他迷醉在胜利的战果之中，而这种迷醉的载体，就是求仙问药的烟霭和不绝于耳的诵经之声。就在这年正月，唐宪宗听说凤翔法门寺藏有佛祖释迦牟尼的一截指骨，遂命人手打香花，大事铺张地到法门寺将佛骨迎入大内，连续供奉了三天。上有所好，下必甚焉，一时间，长安上下掀起一股佞佛热潮，人们纷纷"焚顶烧指，百十为群；解衣散钱，自朝至暮；转相仿效，惟恐后时；老少奔波，弃其业次"。向来反佛反道的韩愈在四处升腾的香烟中，忧心如焚，连夜写就了《论佛骨表》，直斥佛者乃"夷狄之一法耳"，要求将佛骨"投诸水火，永绝根本，断天下之疑，绝后代之惑"。更无畏的言辞还在于韩愈敢舍得一身剐，直言人主奉佛就位促寿短，说自汉明帝时佛教传入中国，"其后乱亡相继，运祚不长"，许多皇帝都"事佛求福，乃更得祸"。正在兴头上的宪宗得表之后，看到这些明显带有诅咒意味的言辞，焉有不怒之理？他当即指示有司，欲对韩愈处以极刑，后经宰相裴度等人力救，方免一死，被贬为潮州刺史。

一封朝奏九重天，夕贬潮阳路八千。
欲为圣明除弊事，肯将衰朽惜残年！
云横秦岭家何在？雪拥蓝关马不前。
知汝远来应有意，好收吾骨瘴江边。
——韩愈《左迁至蓝关示侄孙湘》

"一封朝奏九重天，夕贬潮阳路八千。"韩愈上表遭贬当日，朝廷便要求他速离京师，这首《左迁至蓝关示侄孙湘》，正是韩愈到达离京师不远的蓝田县时，写给前来与其同行的侄孙韩湘的悲愤之作。半生蹉跎的韩愈，五十岁时才因参与平定淮西之乱而擢升刑部侍郎，但仅仅两年之后，便再次收起行囊，来到曾经熟悉的南粤大地，其心情的郁闷可想而知。蓝关大雪如席，秦岭山舞银蛇，前路是如此迷茫，又是如此黯淡，马蹄一路叩碎蓝关雪，新的雪花马上又覆盖住所有的行迹，韩愈，已经走向知天命之年的韩愈，还能从生命的雪野里走出来吗？

而在一路踏雪南下到达潮州之后，我们很快就看到了迅速调整心态的韩愈。潮州潮湿酷热的空气蒸腾着身体发肤，而韩愈的内心却澄明如镜，荣辱不惊。他不仅在当地兴学重教，拿出了自己的一部分俸禄充作办学经费，而且去弊除害，帮助当地百姓消除了为害多年的鳄鱼之患。

据《旧唐书》记载："初，愈至潮阳，既视事，询吏民疾苦，皆曰：'郡西湫水有鳄鱼，卵而化，长数丈，食民畜产将尽，以是民贫。'"老百姓深为鳄鱼所苦，但又无可奈何。初到潮州的韩愈听闻此事，遂苦思除鳄之策，最后他选择了三件东西，一只羊，一头猪，一篇文章，这篇文章，就是著名的《祭鳄鱼文》。在这篇"写给鳄鱼的信"中，这位刚刚到任的潮州父母官严正告诫"鳄鱼其不可与刺史杂处此土"，同时给鳄鱼发出"最后通牒"，要求它们必须在七日之内全部撤离，否则，他将率众"操强弓毒矢，以与鳄鱼从事，必尽杀乃止，其无悔！"据说韩愈对着潭水宣读这封"信"后不久，"暴风雷起于湫中。数日，湫水尽涸，徙于旧湫西六十里。自是潮人无鳄患"。

这个故事虽记载于正史，但史家历来争议不绝，认为韩愈驱鳄之事纯属无稽之谈，还有人认为韩愈的《祭鳄鱼文》，实则借物讽人，暗指当时各地拥兵自重的藩镇军阀。可无论怎样，如今掩映于潮州笔架山山麓的韩文公祠和因其易名的韩江，还是用不绝的香火和万古奔流的江水告诉人们，千年以前，有一位诗文大家曾经来过，他不仅来了，还赢得了人们的尊敬和爱戴。当韩愈最终经历仕途辗转，于穆宗朝重返长安担任兵部侍郎，继而病逝于吏部侍郎任上，这位历经风刀霜剑洗礼的臣子，无形之中，已经积累起令人仰止的生命厚度。

性格的不妥协，让韩愈仕途蹭蹬，然而也正因如此，才让他别开生面，独树一帜，一扫中唐浮华藻丽的文风，开启了明白晓畅的新气象，从而成为一代文宗。

草树知春不久归,百般红紫斗芳菲。
杨花榆荚无才思,惟解漫天作雪飞。

——韩愈《晚春》

这首《晚春》,是韩愈五十岁左右的诗作。虽然诗也是写春花争奇艳的常景,但写得自然天成,寥寥几笔,便展示出满眼春光,令人耳目一新。事实上,这位毕生致力古文运动的旗手,始终坚持"文以明道",相信君子"处心有道,行己有方;用则施诸人,舍则传诸其徒,垂诸文而为后世法"。正是这种将写文章与事业、道德等量齐观的创作态度,让其不仅不囿于一家一派,含英咀华,熔秦铸汉,渐成一家之体,更重要的,是他高高举起了文体改革的大旗,在剪红刻翠、矫揉造作的骈体文大行其道的时候,旗帜鲜明地提倡自由简洁的散体。《旧唐书》说:"常以为自魏、晋以还,为文者多拘偶对,而经、诰之指归,迁、雄之气格,不复振起矣。故愈所为,文,务反近体;抒意立言,自成一家新语。"在韩愈看来,六朝文弊,其弊重在内容空洞,形式臃肿,结构僵化。在这场以少战多的古文改革中,韩愈像一个冲锋陷阵永不言败的统帅,不仅身体力行,完全摆脱了骈文的影响,坚持新体古文创作,更团结和培养了一大批志同道合之士,像李观、欧阳詹、柳宗元、刘禹锡、白居易、孟郊、沈亚之等人,他们或是韩愈的朋友,或是韩愈的弟子,随着这支队伍的不断发展壮大,古文运动最终形成一股锐不可当的文化风暴。

由此，我们看到，求新求变不平则鸣，已然成为韩愈的个性所在，也是韩愈的文风所在。他是个儒者，但他又绝非醇儒，在《鄠人对》一文中，他公开对朝廷旌门表彰的"割股"孝行提出质疑，厉声指出："苟不伤于义，则圣贤当先众而为之也。是不幸因而致死，则毁伤灭绝之罪有归矣。其为不孝，得无甚乎！"在《讳辩》一文中，他为李贺因父名晋肃而不得举进士之事颇感不平，反诘斥问堪称掷地有声："父名晋肃，子不得举进士；若父名'仁'，子不得为人乎？"在《师说》的字里行间，我们仍然感受到韩愈的这种反潮流精神，"弟子不必不如师，师不必贤于弟子"一出，令讲求师道尊严的儒家卫道者纷纷跳出来对韩愈口诛笔伐。而在众多的"谀墓"之作中，我们看到的是韩愈打破"铺排郡望，藻饰官阶"成规，"不苟毁誉"的清雅碑志；在洋洋洒洒的书启之文中，我们看到的是韩愈真诚坦率的"心声之献酬"。在气韵沉酣、笔势驰骤的诗歌中行进，我们更是可以清楚地触摸到韩愈信然独步的文字功力：他的《汴州乱》《归彭城》，融入了反对藩镇割据的政治态度；他的《华山女》《送灵师》，旗帜鲜明地亮出反佛反道的坚决立场；他的《山石》《答张十一》，则将他以文为诗、以论入诗的诗歌特质张扬得淋漓尽致……"洞视万古，悯恻当世，遂大拯颓风，教人自为。时人始而惊，中而笑且排，先生志益坚，其终人亦翕然而随。呜呼！先生于文，摧陷廓清之功，比于武事，可谓雄伟不常者矣！"这是李汉在《唐吏部侍郎昌黎先生韩愈文集序》中的一段话。当韩愈将自己的精神气脉融入散文、诗歌、碑志、传记、论疏等多种文体之中，进而雄踞中唐文坛，更成为唐宋八大家之首，人们相信，正是执着和坚守，让这位一代文宗在坎坷的仕宦生涯之外，给自己的一生做出了另一个内涵深厚的注脚。

"文起八代之衰，而道济天下之溺；忠犯人主之怒，而勇夺三军之帅。"这是深受韩愈影响的苏东坡给这位早自己两百多年出生的文学前辈写下的一句广为传诵的评语。其实不仅苏轼如此，"八家莫不步趋韩子"，有宋一代文宗欧阳修曾云："余独爱其工于用韵也。盖其得韵宽则波澜横溢，泛入旁韵，乍还乍离，出入回合，殆不可拘以常格……"而元明清以来，活跃在中国文学史上的各主要流派和各代散文家，也无不传承韩愈衣钵。显然，这位耿介一生不入俗流的文学巨擘，已经让自己的名字远远超出了时间和空间的维度。

白居易：醇厚的酒香

"达则兼济天下，穷则独善其身。"回望白居易的生命轨迹，这句按语放在他身上并不为过。

像史书对许多文人通行的记载一样，白居易也是少年早慧。据说在他六七个月时，母亲曾指着他父亲书房屏风上的字，问他哪个是"之"字，哪个是"无"字，白居易竟能马上用小手明白无误地指出来，令家人十分吃惊。此后，形容婴儿聪颖早慧的成语"略识之无"，便成了白居易的专属。这个早慧的孩子的成长又和他通达诗书的母亲的教诲密不可分，白居易曾言，其母"亲执诗书，昼夜教导，循循善诱，未尝以一呵一杖加之。十余年间，诸子皆以文学仕进，官至清近，实夫人慈训所至也"。当九岁的白居易已通晓诗歌的音韵格律，可以写出完整的诗行，我们看到，在一个天才的成长进程中，他早期的家庭教育是何等重要！

> 离离原上草，一岁一枯荣。
> 野火烧不尽，春风吹又生。

远芳侵古道,晴翠接荒城。

又送王孙去,萋萋满别情。

——白居易《赋得古原草送别》

"离离原上草,一岁一枯荣。野火烧不尽,春风吹又生。"对于中国人来说,白居易这首《赋得古原草送别》有着相当高的普及率,而这首创作于十六岁的作品,也成为白居易走进长安的"敲门砖"。生于安史之乱后期的白居易在青少年时代也饱尝了颠沛流离之苦,曾随家人一起由河南新郑避乱江苏徐州,继而又奔走于苏杭一带。十六岁这年,他辗转来到了长安,试图用自己的诗文才华,参加科举考试,开辟出一条仕晋之路。进士科主要考的是诗赋,按当时科场考试规矩,凡指定、限定的诗题,题目前须加"赋得"二字,作法与咏物相同,须说清题意,起承转合要分明,对仗要工整,全篇又要浑然一体,而这首"赋得体"的《古原草送别》,正是白居易颇为自得的习作。

像所有文人科举之前的干谒活动一样,白居易也拿着自己的诗稿敲开了时任著作郎的诗人顾况的府邸。对于两人相见的逸事,后人早已耳熟能详,我们还是看一下唐人张固在其《幽闲鼓吹》中的描述吧。话说二人相见,顾况看了看白居易,道:"米价方贵,居亦弗易。"乃披卷,首篇曰:"离离原上草,一岁一枯荣。野火烧不尽,春风吹又生。"即嗟赏曰:"道得个语,居即易矣。"因为之延誉,声名大振。顾况确实爱才,六十多岁的他对这位十六岁的少年青眼有加,由于他的积极奔走,白居易很快在长安崭露头角。

当然，限于种种原因，白居易的科举首秀还是失败了，没有取得什么功名，但这并不妨碍这个外省青年在十三年后卷土重来。唐德宗贞元十六年（800），时年二十九岁的白居易高中第四名进士，在那一届录取的十七名进士中是年龄最小的！当春风得意的登第举子们集体赶赴朝廷在杏林为他们专设的盛宴，并无比荣耀地在慈恩寺内的大雁塔下写上自己的名字，白居易的喜悦之情已经溢于言表，"慈恩塔下题名处，十七人中最少年"。少年得志的白居易在长安慈恩塔下挥笔写下自己的名字的同时，其用世的豪情也随着浓厚的墨迹一起，深深渗入塔砖之中。

炽热的政治热情直接影响着诗人的文字，而刚刚晋身官场，这位诗书满腹的年轻官员好像从来就不懂得迂回。元和元年（806），白居易和他的好友元稹一起为即将到来的朝廷选拔官吏的特科考试——制举做着积极的准备。他们二人"闭户累月，揣摩当代之事"，写成《策林》七十五篇，内中文字针砭时弊，毫不讳言自己的政治批评和政治见解，及至考试当日，白居易更是不改初衷，将当时的社会弊病一针见血地指出来。这样耿直的性格当然不可能被留在皇帝身边任职，白居易被录取之后，仅仅被委派了一个京畿小官——长安西南百里的周至县尉，而他的职责，就是协助县令管理治安和征收赋税。

和所有的文人一样，白居易从来不乏浪漫情怀，赴任周至之初，他就和朋友去了离周至不远的马嵬坡凭吊。面对这座湮没于荒烟蔓草间、埋葬着一代佳人的芳冢，白居易百感交集，迁想着唐明皇和杨贵妃的故事，这位诗意纵横的才子，除了对唐明皇寄情声色荒疏国政做出反思，更多将浓重的笔墨转向了唐明皇和杨贵妃缠绵悱恻的爱情故事。

> ……
> 忽闻海上有仙山，山在虚无缥缈间。
> 楼阁玲珑五云起，其中绰约多仙子。
> 中有一人字太真，雪肤花貌参差是。
> ……
> 玉容寂寞泪阑干，梨花一枝春带雨。
> 含情凝睇谢君王，一别音容两渺茫。
> 昭阳殿里恩爱绝，蓬莱宫中日月长。
> ……
> 临别殷勤重寄词，词中有誓两心知。
> 七月七日长生殿，夜半无人私语时。
> 在天愿作比翼鸟，在地愿为连理枝。
> 天长地久有时尽，此恨绵绵无绝期。
> ——白居易《长恨歌》（节选）

"在天愿作比翼鸟，在地愿为连理枝"，做着小小的周至县尉的白居易用天马行空的想象力，将一首浪漫的长篇叙事诗锤炼成了脍炙人口的佳作。更多的时候，这位生性敏感的诗人还是把他的才情投向了百姓生存的艰难。"田家少闲月，五月人倍忙。……足蒸暑土气，背灼炎天光"，手握澄黄的麦穗，诗人让尖利的麦芒刺痛自己的神经;"宣州太守知不知?一丈毯,千两丝。地不知寒人要暖,少夺人衣作地衣",抚拭猩红的线毯,诗人周身寒彻,出离的愤怒则让文字喷出火来;而透过系在牛头上充作炭值的红纱,目送着卖炭翁蹒跚的背影,白居易更是让文字带着断喝,直指宫市制度的罪恶。

> 卖炭翁,伐薪烧炭南山中。
> 满面尘灰烟火色,两鬓苍苍十指黑。
> 卖炭得钱何所营?身上衣裳口中食。
> 可怜身上衣正单,心忧炭贱愿天寒。
> 夜来城外一尺雪,晓驾炭车辗冰辙。
> 牛困人饥日已高,市南门外泥中歇。
> 翩翩两骑来是谁?黄衣使者白衫儿。
> 手把文书口称敕,回车叱牛牵向北。
> 一车炭,千余斤,宫使驱将惜不得。
> 半匹红绡一丈绫,系向牛头充炭直。
>
> ——白居易《卖炭翁》

这首著名的《卖炭翁》,是白居易于元和二年(807)至元和五年(810)在长安担任左拾遗时所写下的一系列讽喻诗中的一首。左拾遗是个谏官,官阶不高,却可向皇帝直陈政见。正是在这段任期,他的五十首《新乐府》以"文章合为时而著,歌诗合为事而作"的创作主张飘散在长安的每个角落。在这些充满战斗性的诗篇中，白居易吊疾问苦、悲天悯人的情怀跃然纸上，而彼时的诗人，也在力道千钧的文字中，渐渐形成自己的文风。在他看来，文字就应当"惟歌生民病，愿得天子知"；写作要"为君，为臣，为民，为物而作，不为文而作"。他把诗比作"果树"，提出了"根情，苗言，华声，实义"的观点，认为"情"是诗歌创作的根本所在，"感人心者莫先乎情"，而情感的产生又是有感于事而系于时政。他有意让自己的讽喻诗浅白易懂，不避俗言俚语。他的这些诗歌的第一读者，并非诗人文友，而是一些文化程度很低的老妇人。在白居易看来，只有让诗歌做到"老妪能解"，才会产生撼动人心的力量，才会使自己的文字和普罗大众形成共鸣。正因如此，我们在"织绢未成匹，缫丝未盈斤。里胥迫我纳，不许暂逡巡"的悲鸣中，看到了在重赋之下终年缫丝织帛的农民；在"典桑卖地纳官租，明年衣食将何如"的控诉中，看到了典桑卖地的老人；在"一丛深色花，十户中人赋"的血泪中，看到了艰难度日的商贩；在"村南村北哭声哀，儿别爷娘夫别妻"的挽歌中，看到了穷兵黩武之下百姓深重的灾难……当激昂的文字从田间地头、俚俗市井中升腾成为刺向权贵的投枪，刮向朝廷的狂飙，白居易，已经成为一个身体力行为民请命的文化先锋。

白居易大量讽喻诗的风行，让当朝权贵恨之入骨，而他的数次抗颜直谏，更让当朝皇帝恼羞成怒。元和十年（815），因武元衡被刺而仗义执言一事，在朝中权贵的撺掇下，白居易被强加上"僭越言事"的罪名，被诬以"甚伤名教"的谗言，远谪为江州司马。这是一个没有任何实权的虚职，更让白居易满怀悲愤的，是他从此将远离政治中心，不再有谏言的权力。彼时的白居易刚刚年越四旬，但斑白的须发和四千里的贬谪之路，让这位"为时而著"的诗人陷入末世的苍凉之中。

> 草草辞家忧后事，迟迟去国问前途。
> 望秦岭上回头立，无限秋风吹白须。
> ——白居易《初贬官过望秦岭》

在对秦岭的回望中，白居易一步步走进了生命的秋天。尽管迎着萧瑟的秋风一路南下，他听到了沿途贩夫走卒、歌女孩童都在吟诵他的诗歌，甚至在船舱的板壁上，他的诗歌也是赫然在目，但这些如蒲公英一般在民间飘散的诗歌，让白居易在稍感安慰的同时，陷入巨大的孤寂之中。"国家不幸诗家幸，话到沧桑语便工"，好像冥冥之中有一首传诸千古的好诗在遥远的江州静静地等候着一位诗歌巨擘的到来一样，刚到江州不久，发生在江州浔阳江头的一次偶遇，直接成为一首叙事长诗诞生的缘起，它和《长恨歌》一起，成为白居易叙事抒情诗的双璧，更让白居易的政治郁气找到了一个悲情的出口。

这是一个深秋的夜晚，诗人在浔阳江送别友人，满目凄凉的江景，伴着凄凉的心境，让白居易和友人相视无言。就在此时，邻船一阵悲戚的琵琶声吸引了诗人的注意。当一曲终了，白居易和弹奏的女子攀谈得知，这个女子本是长安一歌妓，年轻时曾得到王孙贵胄们的垂青，年老色衰之后，被迫嫁作商人妇，而商人重利寡情，长年在外经商，她便独守空船，沦落江湖，在忧伤落寞中消磨自己的残年。彼时的白居易听罢，涌上心头的是无尽的伤感，一个是被人始乱终弃的商女，一个是被排挤远窜的朝官，尽管身份不同，地位有别，但这种沦落天涯的心境何其相似！本来充满治世豪情的白居易，用那么贴近民生的文字践行着自己为官一任的职责，到头来换得的却是瑟瑟芦花满目悲秋。当充满忧怨的琵琶声掠过灯影摇曳的水面，一首《琵琶行》，已经如同一条涓涓细流，舒缓有度地汇入烟波浩渺的浔阳江。

浔阳江头夜送客，枫叶荻花秋瑟瑟。
主人下马客在船，举酒欲饮无管弦。
醉不成欢惨将别，别时茫茫江浸月。
忽闻水上琵琶声，主人忘归客不发。
寻声暗问弹者谁？琵琶声停欲语迟。
移船相近邀相见，添酒回灯重开宴。
千呼万唤始出来，犹抱琵琶半遮面。
转轴拨弦三两声，未成曲调先有情。
弦弦掩抑声声思，似诉平生不得志。
低眉信手续续弹，说尽心中无限事。
轻拢慢捻抹复挑，初为《霓裳》后《六幺》。
大弦嘈嘈如急雨，小弦切切如私语。
嘈嘈切切错杂弹，大珠小珠落玉盘。
间关莺语花底滑，幽咽泉流冰下难。

冰泉冷涩弦凝绝，凝绝不通声暂歇。

别有幽愁暗恨生，此时无声胜有声。

银瓶乍破水浆迸，铁骑突出刀枪鸣。

曲终收拨当心画，四弦一声如裂帛。

……

我闻琵琶已叹息，又闻此语重唧唧。

同是天涯沦落人，相逢何必曾相识！

……

莫辞更坐弹一曲，为君翻作《琵琶行》。

感我此言良久立，却坐促弦弦转急。

凄凄不似向前声，满座重闻皆掩泣。

座中泣下谁最多？江州司马青衫湿。

——白居易《琵琶行》(节选)

"轻拢慢捻抹复挑，初为《霓裳》后《六幺》。大弦嘈嘈如急雨，小弦切切如私语。嘈嘈切切错杂弹，大珠小珠落玉盘。"面对白居易留给我们的这首著名的《琵琶行》，我们看到的是诗人对音乐形象化的惊人的掌控力。白居易有着深厚的音乐素养。《霓裳》《六幺》作为创制于玄宗开元年间的宫廷大乐，不仅代表了盛唐最高的音乐成就，更凝固了人们对那个祥瑞、和谐的年代的集体记忆。当安史之乱烽烟骤起，当藩镇割据纷争不断，重提类似《霓裳》《六幺》这样的盛唐音乐，便成为整个中唐社会渴望重回盛世的共同心理。可是，曾经的盛世还回得去吗？正如滚滚而逝的浔阳江水，怎可倒流？当白居易用极富感染力的一系列意象生动地营造出通感的语境，准确地描摹出盛唐音乐的恢宏，我们还应当触摸到诗人心底的忧伤。这种忧伤，是怀旧伤今的忧伤，是韶华难再的忧伤，更是才艺被弃的忧伤。当"同是天涯沦落人，相逢何必曾相识"按压进诗人的痛苦，一个卑微的倡女的命运，已经与一个仕途蹭蹬的文人形成了强烈的生命契合与心理共鸣。是的，一首《琵琶行》，已经让浔阳江成为白居易的浔阳江，而靠泊在江面上的那艘画舫，也由此成为收纳中国文人悲愤之情的独有空间。

"凄凄不似向前声，满座重闻皆掩泣。座中泣下谁最多？江州司马青衫湿。"有学者认为，自从那夜湿透青衫之后，白居易的文风便出现了分野：如果说在官贬江州之前，诗人的文风是"兼济天下"，那么在贬谪江州之后，诗风已经开始逐渐向"独善其身"的闲适转移。事实上白居易并未终老江州，三年之后，他便调任忠州刺史，不久被召回长安，官拜尚书司门员外郎。长庆二年（822），白居易又一次站在了生命的拐点上。彼时由于河北藩镇相继叛乱，心中有话不吐不快的白居易屡次向穆宗皇帝上书，言辞中肯地提出自己的改善时局之策，穆宗皆置之不理。也就在这时，朋党之争开始甚嚣尘上，白居易不想"站队"，更不想在一次次无果的上疏中陷入失语之痛，唯一的办法，只能是继续远离京师。这一次不是被贬谪远窜，而是自请外调，长庆二年（822）十月，就在杭州金风渐起之时，白居易来了，彼时，他的身份是杭州刺史。

> 孤山寺北贾亭西，水面初平云脚低。
> 几处早莺争暖树，谁家新燕啄春泥。
> 乱花渐欲迷人眼，浅草才能没马蹄。
> 最爱湖东行不足，绿杨阴里白沙堤。
>
> ——白居易《钱塘湖春行》

这首《钱塘湖春行》，正是白居易担任杭州刺史时的诗作。钱塘湖，即西湖。初到杭州，白居易就被西湖的潋滟水光、四时美景深深吸引了，常常泛舟湖上，与友人一边赏着湖光山色，一边对酒当歌，"凌晨亲政事，向晚恣游遨"。这种闲适安然的诗风，显然和当年的讽喻诗是两种截然不同的格调。在"乱花渐欲迷人眼，浅草才能没马蹄"这样优雅的文字中行走，我们似乎也已经看不到诗人当年的锐利和锋芒，但这并不意味着诗人的遁世和消极。在杭州任上，还是这位诗人刺史，召集民工，疏通水道，解决了当地百姓的饮水之忧，而那道绵延的"白公堤"，则使沿湖的千顷农田得到灌溉，一项惠及百姓泽被后世的民心工程，最终定格成白居易勤政爱民的为官准则。

杭州任满，白居易被调往洛阳，转而又出任苏州刺史。当他离开苏州时，当地百姓依依不舍，十里相送，"青紫行将吏，斑白列黎氓。一时临水拜，十里随舟行"，这样盛大的送行场面，足见白居易在百姓心中的位置。大和元年（827），文宗即位，白居易再回长安，次年，官转刑部侍郎，但在这个位置上不到一年，身陷党争漩涡的白居易再次选择了放弃，这一次，已经五十八岁的白居易选择的是东归洛阳致仕。在东归洛阳直至其七十五岁去世的十七年时间里,人们看到的,是在"江南好,风景旧曾谙。日出江花红胜火,春来江水绿如蓝,能不忆江南"这样的诗行中,白居易对杭州的深情回忆;看到的,是他和八位年过七旬的挚友高谈阔论诗歌互答的"九老图";当然,人们还会吟出一句"樱桃樊素口,杨柳小蛮腰",津津乐道于他和从杭州带回的两个小妾樊素、小蛮的缱绻情事;但我们其实更应当看到的是,白居易倾尽家财开凿的龙门石滩。这片曾一度"饥冻有声,闻于终夜"的险滩,正是因为白居易的积极奔走,才变成了通途。"七十三翁旦暮身,誓开险路作通津",当顺利前行的舟楫高扬起风帆,七十老翁白居易,其实骨子里还是那个为民请命的歌者;在人生的暮年,他高扬起的,仍旧是纯白的生命之帆。

史载,白居易一生嗜酒,闲居洛阳后,有时出去郊游,车中常备一琴一枕,车两边的竹竿上悬挂两只酒壶,常常是抱琴而饮,不醉不归。他家自酿的酒清洌甘醇,白居易曾诗之曰"开瓶泻尊中,玉液黄金脂",每逢除夕,都要将自酿的美酒遍赏乡邻。人们景仰这位为民而歌的大师,知其生前嗜酒,故前来祭奠,必用美酒,使得白居易墓前方丈宽的地上常常飘逸着酒香。其实,这样的酒香,不仅飘散在白居易的墓前,更飘散在历史长河之中,醇厚而悠远。

元稹：情为何物

在唐代诗人园地中，元稹是个复杂的存在。他的诗歌风致宕逸，意象明丽，而说到底，离不开一个"情"字。白居易曾评价元稹的诗是"声声丽曲敲寒玉，句句妍辞缀色丝"。陈寅恪则云："微之以绝代之才华，抒写男女生死离别悲欢之情感，其哀艳缠绵，不仅在唐人诗中不多见，而影响及于后来之文学者尤巨。"而元稹对自己作诗的心得则是："每公私感愤，道义激扬，朋友切磨，古今成败，日月迁逝，光景惨舒，山川胜势，风云景色，当花对酒，乐罢哀余，通滞屈伸，悲欢合散，至于疾恙躬身，悼怀惜逝，凡所对遇异于常者，则欲赋诗。"毫无疑问，大凡文采斐然的诗人，一定是情感丰沛的歌者，李白如此，李商隐亦然，但像元稹这样，把自己一生的"情"事以诗文的方式连缀起来，并最终给自己树立起一个在后世看来毁誉参半的形象，恐怕放眼历代诗人，还真不多见。

元稹之"情"，首先体现在他的那份深沉真挚的文人之情、兄弟之情。逡巡于浩如烟海的中国诗歌，我们会发现，唱和之作占据了相当的分量。诗人们聚在一起彼此开题酬答，激扬文字，一直以来都是一道特有的文化风景，而在这些酬和之作中，元稹与白居易的交往尤其让我们眼前一亮。这两位中唐时代的著名诗人，像李白和杜甫经常被人们合称为"李杜"一样，也以"元白"这样的命名矗立起一座高峰，二人互相赠答唱和的诗歌达千首之多，实为中国诗坛罕有的佳话。如果说李白杜甫在诗风、性格和人生际遇上有着太多的不同，那么白居易和元稹则相反，他们不仅在诗歌的创作风格上相近，同属一个流派，更有着相同的性格和命运。贞元十八年（802）冬，白居易和元稹同应吏部的考试，同时登科，又同授秘书省校书郎的官职。"同年"当然是白居易和元稹结交的前提，而更重要的是，性情相投才是二人义结金兰的基础。同在朝中为官，他们都不满自安史之乱后长安萎靡黑暗的政治风气，渴望施展自己的才能，在政治上有所作为。然而，他们实在太孤独了，朝堂充斥着陈腐的气息，所有的人都醉卧其中，只有白居易和元稹是清醒的，而这种清醒所带来的只能是痛苦。"自我从宦游，七年在长安。所得唯元君，乃知定交难。"当两颗孤独的心在黑暗中相遇，友情便注入了一份沉实而厚重的力量。

性格决定命运，磨难注定成为考验这对诗坛双生子友情的风刀霜剑。元和三年（808），元稹因不畏权势，遭执政者忌恨，被贬为东川审察狱事，此后不久，由于其劾奏官吏，不徇私情，又在回长安途中与飞扬跋扈的出使宦官发生了冲突。当时，元稹途经华州敷水驿便宿于驿馆上厅，恰逢当朝宦官仇士良、刘士元等人到此，也要争住上厅。元稹据理力争。在权势熏天的仇士良眼中，元稹不过是一蝼蚁，在对其泼口漫骂同时，更指使刘士元用马鞭抽打元稹，最终将被打得鲜血直流的元稹赶出了上厅。然而此事的最终处理结果却让人难以接受，唐宪宗听闻此事，不但未对仇士良有任何惩戒，反而以"元稹轻树威，失宪臣体"为由，将元稹贬为江陵府士曹参军。白居易听说后，立刻联合友人三次上书营救，均未果。感伤之余，白居易赋诗二十首相赠，说："意者欲供足下在途中讽读，且以遣时日，销忧懑，又有以张直气而扶壮心也。"元稹在赴任路上，也将所思所感，写成十七首诗回赠给白居易。这些相互鼓励相互慰藉的诗篇，如同蒲公英一般飘散于驿舍道途，成为迁客骚人、市井里巷争相传诵的样本，以致竟到了市上纸贵的程度。走在贬官路上的元稹心境虽然难免凄凉，但我想他一定不会孤独，哪怕前方是荒郊野径，头顶是蔽日的阴霾，挚友的二十首诗此刻就是二十丛燃烧的火焰，它们不仅照亮前路，更照亮心灵。

    茅檐屋舍竹篱州，虎怕偏蹄蛇两头。
    暗盎有时迷酒影，浮尘向日似波流。
    沙含水弩多伤骨，田仰畲刀少用牛。
    知得共君相见否，近来魂梦转悠悠。
——元稹《酬乐天得微之诗知通州事因成四首（其一）》

这首诗，是元稹被贬通州（今四川达州）时写给白居易的组诗中的一首。"知得共君相见否，近来魂梦转悠悠"，"元白"之交最让人感动的就是这一点，他们可以用诗歌相互取暖和照明。就在元稹经历人生起伏的同时，白居易的宦海生涯也开始出现波澜。元和六年（811），白居易母亲病逝，按照当时的官制，他必须辞官为母守孝三年，守孝期间，暂停俸禄，只能靠务农生活。然而，此时的白居易与元稹间并没有停止书信往来，相反，他们在这个时期的酬和诗达到了一个高潮。在洋洋洒洒的诗篇中，我们看到的是挚友间的相互鼓励，是彼此心灵的热烈交流。除了提供精神的热力，元稹还从自己本就不多的俸禄中拿出一部分来资助白居易，使白居易得以度过生命中那段窘迫的时日。及至后来，白居易官贬江州司马，后定居东都洛阳，元稹转官四川通州，后调回长安，我们发现，在近二十年的宦海沉浮中，诗歌已经成为二人重要的生命纽带。是诗歌，让两位身处逆境的诗人变得天涯咫尺，同样也是诗歌，让彼此生命里的冬天不再寒冷。

文人相轻，尤其是卓越的诗人，彼此更容易心存芥蒂，但在白居易和元稹身上，我们却感受不到文人骨子里的这份孤傲，相反，相互欣赏成为他们之间的主题。长庆四年（824）冬天，时任浙东观察使的元稹将白居易的两千一百九十一首诗编纂成五十卷，题名《白氏长庆集》，并激情作序；而白居易也在二人合编的《元白唱和集》的基础上，又续编了《因继集》，两集相加共十六卷，收诗千余首。在这些浸染着真情的卷册中，我们可以看到，唱和，不再是文人们饮酒时的游戏，也不再是仓促堆砌的符号，而成为一种仪式，一种缔结生命的仪式。

毫无疑问，在"元白之交"中，我们看到的，是一个为了朋友激昂大义、肝胆相照的形象，贯穿元稹生命的"情"字，如果仅局限于兄弟之情、文人之谊，我们必须对这位中唐诗人投去深深的敬意。然而，人是复杂的统一体，如果聚焦元稹生命里的另一段情路——男女之情，我们便会发现，这个风流文人的一生情事堪称"丰富多彩"，而也正是这些"丰富多彩"的情事，让元稹被后人视为一个四处留情不负责任的情感骗子，一个到处播撒爱情谎言的情场混蛋，他那条用山盟海誓花前月下的诗歌串起的情感轨迹，反而构成了他生命人格另一面的无声注脚。

先让我们将目光投向一座坐落于山西省永济市蒲州镇的古刹——普救寺。在中国鳞次栉比的寺院中，始建于唐武则天时期的普救寺，无论从规模还是形制都没有什么特别之处，却有着很高的知名度。之所以闻名，仰赖元代剧作家王实甫那部妇孺皆知的《西厢记》，它所讲述的那段曲折动人的爱情故事就发生在普救寺这片佛门净地。

《西厢记》普遍被人们看作是元杂剧的压卷之作，而能够产生这样的影响力，关键在于剧作家王实甫成功塑造了一个敢爱敢恨勇于冲破封建枷锁的女性形象——崔莺莺。我们不妨再重温一下这段感人的爱情故事：已故崔相国之女莺莺，随母寄住普救寺，一日书生张君瑞在寺中偶遇莺莺，二人一见钟情，然而由于崔母看管甚严，张生始终无缘接近莺莺。恰在此时，孙飞虎听说莺莺貌美，率兵围住普救寺，要强娶莺莺做压寨夫人。危急时刻，莺莺提出如有人能够退兵，便以身相许，崔老夫人也一口应允。然而，就在张生修书请友人率兵解围之后，崔老夫人却出尔反尔，不仅不提崔张婚事，反让二人以兄妹相称。莺莺的丫鬟红娘看在眼里，千方百计成全这对恋人，最终使莺莺和张生私下幽会并订了终身。老夫人知情后便催张生进京赶考，半年后张生高中状元，迎娶崔莺莺，有情人终成眷属。

在王实甫的笔下，崔莺莺是一个为了追求爱情争取婚姻自由勇敢地同封建礼教作斗争的女性，一座普救寺，不仅没有成为束缚生命的囚笼，反而成为滋生爱情的温床，成为挣脱封建枷锁的战场。正是崔莺莺这种人性的复苏与觉醒，让《西厢记》自成书以来，便拥有了众多忠实的读者，张君瑞和崔莺莺也随之成为青年男女眼中勇于追求幸福的榜样。

其实，崔莺莺和张生的名字，最早并不是出现在《西厢记》中，而是出自元稹所写的《莺莺传》，王实甫的《西厢记》，就是从《莺莺传》脱胎而来。然而，在这两位相隔四百多年的文人笔下，崔莺莺的生命结局却呈现出两种完全不同的走向：在《西厢记》中，崔莺莺最终赢得爱情，花好月圆；而在《莺莺传》中，崔莺莺却是一位被张生"始乱终弃"，被爱情弄得伤痕累累的女性。元稹的《莺莺传》，又称《会真记》，发生地也是普救寺，当时张生一见到莺莺，便"行忘止，食忘饱，恐不能逾暮旦"。而对张生也颇有好感的莺莺最终也"自荐枕席"，"朝隐而出，暮隐而入，同安于曩所谓西厢者几一月矣"。后来张生赴长安赶考，"崔已阴知将诀矣"，遂"徐谓张曰：'始乱之，终弃之，固其宜矣，愚不敢恨。必也君乱之，君终之，君之惠也。则没身之誓，其有终矣。又何必深感此行？'……因命拂琴，鼓《霓裳羽衣》序，不数声，哀音怨乱，不复知其是曲也。左右皆欷歔。崔亦遽止之，投琴，泣下流连，趋归郑所，遂不复至。明旦而张行"。在《莺莺传》的结尾，元稹没有忘记给这段短暂的寺中恋情做个交代："后岁余，崔已委身于人，张亦有所娶。"

一个形象，两种版本，崔莺莺的生命归宿究竟哪一种更接近历史的本真呢？自《莺莺传》问世以后，文人们就已经在用多种形式传播着这个爱情故事，到了宋代更是进入词客们的笔端。文人墨客的反复关注，为后来《西厢记》的诞生奠定了广泛的传播基础，但同时，随着时代的流转，这个故事的内核也在一点点地发生着变化。自宋以来，许多学者都认为《莺莺传》里的张生，其实正是作者元稹本人！

贞元十五年（799），时年二十一岁的元稹正寓居蒲州做一小吏，彼时恰逢驻军骚乱，蒲州动荡，姨妈一家处于危难之中，元稹遂借助友人之力使姨妈一家化险为夷。骚乱既定，元稹见表妹崔莺莺生就一副月貌花容，心生爱慕，便展开追求，而崔莺莺对这位出手相助的表哥也一见钟情，遂与之私订终身。然而，元稹因为要参加长安的吏部考试，竟然在崔莺莺以身相许之后，非常绝情地做出了一个选择，那就是斩断情丝，赴京赶考。更让人觉得不可思议的是，这个风流文人，不仅不以欺骗感情为耻，反而写了一篇《莺莺传》，借张生之口为自己做出辩解，认为"大凡天之所命尤物也，不妖其身，必妖于人。使崔氏子遇合富贵，秉娇宠，不为云为雨，则为蛟为螭，吾不知其所变化矣。昔殷之辛，周之幽，据万乘之国，其势甚厚。然而一女子败之，溃其众，屠其身，至今为天下僇笑。予之德不足以胜妖孽，是用忍情"。这番无耻的狡辩不仅开脱了自己始乱终弃的恶行，而且将冰清玉洁的崔莺莺彻底妖魔化了；也许是后世文人觉得崔莺莺这样的结局实在令人不忍卒读，于是在经历过金代董解元的《董西厢》一百九十多个套数的曲词和散文体的叙述之后，王实甫版的《西厢记》终于一改《莺莺传》的悲戚色彩，不仅崔莺莺的性格变得坚强独立，负心变节的张生也开始对爱情变得忠贞不渝起来，最终"有情人终成眷属"。

而真正和元稹成为眷属的，是京城高官太子少保韦夏卿之女韦丛。来到长安赶考的元稹并没有一考即中，也许是蒲州普救寺的那段艳遇分散了元稹的心神，也许是长安复杂的人际网络让元稹无所适从，总之，落榜的元稹已经决定彻底斩断情丝，将普救寺的表妹在以一篇《莺莺传》定格之后，便完全从记忆里清除。接下来他要做的有两件事，一件事便是平心静气，寒窗苦读，继续求取功名，另一件事，也是最重要的一件事，便是在举目无亲的长安城寻找一个坚实的靠山。首战失利的元稹相信，严苛的吏部考试没有为自己说话的人不行，而即便通过了吏部考试，若想平步青云，没有靠山仍然不行。这个靠山，元稹很快就找到了，他就是时任太子少保的韦夏卿。史载韦夏卿甚爱藏书，同时"倾心辟士，颇得才彦，其后多至卿相，世谓之知人"，对丰神俊朗才华横溢的元稹十分欣赏，青眼有加。很快，好运气便接踵而至，在第二年的吏部考试中，元稹一路闯关，和白居易一起金榜题名，授秘书省校书郎。初入仕途的元稹为了进一步夯实自己的仕途，和韦夏卿走得更近了。这个朝廷重臣没有嫌弃元稹的清贫出身，反而有意将其爱女韦丛许配给他，这令元稹受宠若惊，当即应允。他知道，年方二十的韦丛不仅姿容姣好，而且通晓诗文，是难得的伉俪之选；更为重要的是，攀上韦夏卿这个高枝，自己的仕途便会一帆风顺。很快，在鼓乐喧天之中，韦府的婚礼成为长安城中人们争相谈论的话题，人们盛赞韦家千金的屈尊下嫁，更艳羡元稹这个初入长安的年轻小官。而心花怒放的元稹比谁都清楚，在抱得美人归的同时，这场婚姻的政治意味已经远远大于情感意味，普救寺里那位曾经缠绵缱绻泪眼婆娑的表妹，早已成为自己记忆里一朵脱水的黄花，秋风吹过，便化为无形。

> 曾经沧海难为水，除却巫山不是云。
> 取次花丛懒回顾，半缘修道半缘君。
> ——元稹《离思（其四）》

贤惠端庄的韦丛带给元稹的，确实是好运气，然而这对眷侣在一起耳鬓厮磨的时间仅仅短短几年，唐宪宗元和四年（809），已经升任监察御史的元稹接到了一个如同晴空霹雳的噩耗——妻子韦丛不幸染病身亡，年仅二十七岁。由于当时元稹正分务东台事务，无法亲自前往，便写了一篇情词痛切的祭文，托人在韦丛灵前代读。下葬当天，这个多情的才子更是哭得如同泪人，一口气写下了五首《离思》，三首《遣悲怀》，在这些声声泣血的悼亡之作中，尤以这第四首《离思》最脍炙人口。"曾经沧海难为水，除却巫山不是云。"元稹这两句力压全唐的诗行，皆有出处：《孟子·尽心》云"观于海者难为水，游于圣人之门者难为言"，而宋玉《高唐赋》则说，巫山之云为神女所化，"上属于天，下见于渊，珍怪奇伟，不可称论"；然而，尽管珠玉在前，化典入诗的元稹却以一腔深情让沧海之水和巫山之云成为自己独享千年的专属。千年以来，每当人们高声吟诵着"曾经沧海难为水，除却巫山不是云"，他们的视野里，一定是那个在纷纷扬扬的纸钱中泣涕而歌的唐代文人，一定是那个除却亡妻眼中再无佳人的痴情男子。

然而，事实真的如此吗？当我们沿着元稹的诗路与情路继续行进，我们便会发现，他的沧海之外，仍然水光潋滟，而他的巫山之后，依旧彩云飘飞。事实上，发妻韦丛还在世的时候，元稹就曾经有一次不同寻常的出轨。唐元和四年（809）三月，身为监察御史的元稹奉命成都公干。正是在这片巴山蜀水，元稹邂逅了大唐历史上一位风华绝代的女诗人——薛涛。后蜀何光远在《鉴诫录》中说薛涛"姿容既丽，才调尤佳"。这位官妓出身的才女在《全唐诗》中留下了八十余首诗作，有相当一部分都是为情而歌，而她歌咏的对象不是别人，正是元稹。初遇元稹，薛涛立刻被这位"仪形美丈夫"（白居易语）深深吸引，而论及才华，更是令比元稹大了十岁的薛涛深深折服。身着一袭白衣的她穿行于桃红柳绿之中，用一双媚眼与元稹进行着心灵的交流，而本就是情种的元稹对这位蜀中才女更是一见钟情，濡笔起处，一首小诗已经随着心旌一起摇曳开来。

桃花浅深处，似匀深浅妆。

春风助肠断，吹落白衣裳。

——元稹《桃花》

元稹的《桃花》诗很快就有了来自薛涛的热烈回应。如果说元稹的文字中还带着一点试探的意味，那么到了薛涛这里，已经变成了一个大唐奇女子的大胆表白。

绿英满香砌，两两鸳鸯小。

但娱春日长，不管秋风早。

——薛涛《鸳鸯草》

成都就这样承载了一对诗人的艳遇，十岁的年龄差并不是问题，灵与肉的交合，无论对于元稹还是对于薛涛，都是一种发乎情的融入。然而，缱绻数月之后，元稹便一头扎向仕途，出蜀之后，再也没有回头。此间，元稹经历了丧妻之痛，也经历了贬官之苦，他和薛涛也曾有过用诗文缔结的情感延续，而在元稹越来越敷衍的文字背后，我们看到的却是薛涛的痴情守望。她迷上了写诗的信笺，她对蜀纸工艺进行了一番改造，将纸染成桃红色，裁成精巧的窄笺。在她看来，这种特制的窄笺，特制的色彩，最适合写下满纸相思。然而，这位大唐才女永远不会想到，她可以改变造纸的工艺，让后世以浪漫的薛涛笺为之命名，却改变不了自己作为官妓的命运。当远方的元稹再次为了仕途考虑，续娶名门之女裴氏,薛涛,只能将忧伤的泪水泅湿一张张彩笺,青春空望,全是血痕。

薛涛不是元稹情路上遇到的第一个女人,也注定不是四处留情的元稹遇到的最后一个女人。就在不断遭遇贬窜的同时,元稹的身边始终不乏红颜。他曾纳笑靥如花的安仙嫔为妾,结果还是始乱终弃;他曾以一句"言词雅措风流足,举止低回秀媚多",掳获了江南才女刘采春的芳心,但刘采春最后的生命结局却是投河自尽,香消玉殒。这些如风一般飘逝的芳名,都曾走进过一代风流才子元稹的诗行,但最终,她们都如同干瘪之花,纷纷凋零在了元稹生命中的情感驿站。

大和五年(831),元稹在颠沛流离中病逝,时年五十三岁。噩耗传来,他的一生挚友白居易肝肠寸断,为其写下泣血的祭文:"微之!六十衰翁,灰心血泪,引酒再奠,抚棺一呼……"事实上,一生都奔走在情路上的元稹,更像是一枚硬币的两面,一面,是他专情似火的文人之谊,一面,是他见异思迁的男女之情,真正情为何物?相信写了一辈子情诗的元稹,根本无法给出答案。

李贺：被冻结的青春

金铜仙人的清泪里，浸泡着李贺悲剧性的冥思。

刘彻站在未央宫的玉阶之上，高唱起先祖的《大风歌》："大风起兮云飞扬，威加海内兮归故乡，安得猛士兮守四方！"这位将汉王朝推向鼎盛的帝王，笑迎烈烈大风，威踞四海之中。勇将猛士在版图的边缘为其镇守太平，他不想死去，他要永世为帝。于是，铜水和锡汁一齐注入陶范，金铜仙人飘然而至。金色的仙人手擎玉盘，神态安详，当玉盘承满露水，刘彻便将其一饮而尽，他坚信，他的生命会和他的王朝一样鼎盛千秋。

然而，王朝的骄傲走进编年史，刘彻最终没能实现他长生不老的梦想。金铜仙人每天都在承接着新的露水，但在历经两百多年之后，它被从长安搬运到洛阳，犍牛的鼻息穿透耳鼓，金铜仙人的承露盘全是眼泪。去国怀乡之思不属于神界，只属于凡间和凡间与神界交合的产物——金铜仙人。

> 茂陵刘郎秋风客,夜闻马嘶晓无迹。
> 画栏桂树悬秋香,三十六宫土花碧。
> 魏官牵牛指千里,东关酸风射眸子。
> 空将汉月出宫门,忆君清泪如铅水。
> 衰兰送客咸阳道,天若有情天亦老。
> 携盘独出月荒凉,渭城已远波声小。
>
> ——李贺《金铜仙人辞汉歌》

李贺的这首《金铜仙人辞汉歌》前有小序曰:"魏明帝青龙元年八月,诏宫官牵车西取汉孝武捧露盘仙人,欲立置前殿。宫官既拆盘,仙人临载,乃潸然泪下。唐诸王孙李长吉遂作《金铜仙人辞汉歌》。"据载,矗立于神台上的金铜仙人"高二十丈,大十围",异常雄伟,魏明帝青龙元年(233)被拆离汉宫,运往洛阳,后因"重不可致",而被留在霸城。习凿齿《汉晋春秋》说:"金狄或泣,因留霸城。"李贺有意去掉了史书上"铜人重不可致,留于霸城"的情节,而将"金狄或泣"的神奇传说加以放大,融入了自己的情感。

事实上,铜屑淬炼的悲怆直接映射着李贺的悲怆,他写这首诗的时候,正是他在京师四处碰壁仕进无望之时,当他最终不得不含愤离开,遂"百感交并,故作非非想,寄其悲于金铜仙人耳"。在这首诗的小序中,我们要格外留意"唐诸王孙"这几个字,事实上,这也是李贺最引以为傲的家世。在许多诗作里,李贺都不无得意地提到过自己是李唐的宗室王孙,那么,这个宗室王孙究竟是谁的后裔？既是王室宗亲的嫡脉，又何以在长安落魄潦倒满口尽是幽怨之词呢？拨开历史的烟云，且让我们走近这位旷世诗歌鬼才。

李贺，字长吉，河南福昌昌谷人，后世称其为李昌谷。两《唐书》里，说李贺是"宗亲郑王之后"，而这郑王也就是李亮。唐代李姓文人都喜欢声称自己有着高贵的王室血统，李白如此，李贺亦然，至于是否真的和李氏宗亲有什么血缘关系，好像并没有人去较真儿。但于李贺而言，"唐诸王孙"这个族望非但没给他带来什么好运，反倒成为他生命的负累和牢笼。李贺的父亲李晋肃曾做过县令一类的小官，而年轻的李贺则在昌谷的旷野里以马自喻，高呼"此马非凡马，房星本是星"，"汗血到王家，随鸾撼玉珂"。这个身形细瘦、手指奇长、两剑浓眉几乎连在一起的河南书生，相信自己天赋异禀，能够腾踏而起，一飞冲天。

起初，一切确实是在按着既定轨道在走。苦读诗书的李贺，把昌谷当作了自己的蓄势待发之地。在这里，他博涉百家，饱览群书，从《诗经》《楚辞》到志怪杂说、佛教经典，几乎无所不包；而更重要的是他对诗歌融入骨髓的热爱。他常将自己幻化成一匹天马，而他的坐骑不过是一匹和他一样羸弱的病马，但这并不妨碍他在昌谷的沃野上捕捉散逸的诗思与灵感。他身上背着一只破旧的锦囊，每有灵感，这个诗歌神童便濡笔马上，一蹴而就，将写好的诗行装入锦囊之中。随他一起在沃野上驰奔的，是一个叫"巴童"的侍童，他每天的任务，就是陪着主人早出晚归，和主人一起疯癫，一起迷醉，一起痴狂。主仆二人这样的生活显然已成常态,"非大醉及吊丧日",风雨无阻。

最有成就感的时刻,就是暮归时刻。骑着弱马走了一天的李贺回到家中,第一件事就是打开身上的锦囊,唤来家中婢女研墨叠纸,将白天记录下来的文字进行细致的加工和整理。这是一种享受孤独的方式,同时也是一种近乎自虐的方式。据说为了迥异于人,李贺常常是"未始先立题而后为诗",而为了追求一种奇谲瑰丽的境界,他更是废寝忘食,不舍昼夜,当一豆油灯拉长这个年轻书生瘦弱的背影,老母亲郑氏常黯然叹道:"是儿要呕出心乃已耳。"

呕心沥血之作终于见到成效,是在唐宪宗元和二年(807),这一年,李贺信心满满地来到东都洛阳应试就举。大唐科场素来流行"行卷"之风,李贺也带上了自己的得意之作,敲开了一位文学领袖的府邸,这个文学领袖不是别人,正是当时以国子博士身份分司东都的韩愈!据张固《幽闲鼓吹》记载,门人递上李贺的诗卷时,韩愈刚刚送客归来,正欲宽衣解带打个盹儿,但看到李贺的这首诗,却一下子来了精神,困意全无。这究竟是一首怎样的诗呢?

> 黑云压城城欲摧,甲光向日金鳞开。
> 角声满天秋色里,塞上燕脂凝夜紫。
> 半卷红旗临易水,霜重鼓寒声不起。
> 报君黄金台上意,提携玉龙为君死。
>
> ——李贺《雁门太守行》

这首《雁门太守行》，是李贺运用乐府古题创作的一首描写战争场面的诗歌。唐代诗人中，用乐府古题进行创作的现象十分普遍，但李贺的这首诗，虽化用古意，却独出机杼，用浓烈的底色铺陈战争惨烈，用奇幻的画风勾勒边塞风光，一句"黑云压城城欲摧，甲光向日金鳞开"就让整首诗呈现出异于常人的风采。就在那个冬日的正午，韩愈兴致盎然地见到了这首诗的作者。对于这个样貌奇特的后生，韩愈并不介意，而李贺对文名如日中天的韩愈好像也不存拘束，两人谈得很投机，一首诗，一杯酒，中唐的一段诗坛佳话从此流传。

唐代的文人就是这样，诗歌是纽带，更是心灵相通的密码。对李贺的才情颇为赞赏的韩愈，没有避讳自己的国子监身份，积极地为李贺延誉奔走，在自己的朋友圈中不断扩大和提升李贺的影响力。更让人感动的是，有一天，他竟和自己的好友——担任内供奉侍御史的皇甫湜一起驱车来到了李贺的家乡昌谷，专程到乡野荒村向李贺讨一杯茶喝。初出茅庐的李贺面对两位官员高车大马风尘仆仆的造访，当然是受宠若惊，一首《高轩过》转瞬即成：

> 华裾织翠青如葱，金环压辔摇玲珑。
> 马蹄隐耳声隆隆，入门下马气如虹。
> 云是东京才子，文章巨公。
> 二十八宿罗心胸，九精照耀贯当中。
> 殿前作赋声摩空，笔补造化天无功。

> 庞眉书客感秋蓬，谁知死草生华风。
> 我今垂翅附冥鸿，他日不羞蛇作龙。
>
> ——李贺《高轩过》

"庞眉书客"李贺对韩愈的这次造访是心生感激的，正当韶华的他相信，"垂翅附冥鸿"的第一步迈开了，自己"提携玉龙为君死"的仕进之途应当会一帆风顺。然而，就在李贺成功地参加了河南府试，并获隽被荐举赴京举进士的得意时刻，一个生命中不能承受的劫数来了！一些举子对名动长安文坛和官场的李贺充满了嫉妒之心，他们最终挖空心思想出了一个办法：因为李贺的父亲是李晋肃，所以李贺应避父讳，不能参加进士考试，况且其父新丧，李贺理应丁忧三年，否则即为不孝！这是一个堂皇得几乎无懈可击的理由，又是一个荒唐得近乎无耻的理由。为了给爱徒讨个说法，韩愈马上写了一篇《讳辩》，直言"考之于经，质之于律，稽之以国家之典"，都是"二名不偏讳"，"不讳嫌名"，并大声质问："父名晋肃，子不得举进士；若父名仁，子不得为人乎？"然而，尽管有文坛泰斗作背书，卫道士们还是没有放过这位可怜的书生，当名动京华的李贺竟因与生俱来的名讳之故无法迈入科场的门槛，他只能长歌当哭，徒唤奈何。嫉妒心是一把杀人不见血的刀，一片寒光之下，李贺，这个大唐王孙，已注定与大唐科举无缘！

"衰兰送客咸阳道，天若有情天亦老"，失意长安的李贺迁想着五百多年前被迁移的金铜仙人，不禁暗自嗟伤。二十岁本是当打之年，但二十岁的李贺已经看不到未来。他向韩愈、皇甫湜悻悒告别，两位师长不断地安慰他，但一曲《致酒行》，还是和着李贺的泪水，落入到杯觥之中：

> 零落栖迟一杯酒，主人奉觞客长寿。
> 主父西游困不归，家人折断门前柳。
> 吾闻马周昔作新丰客，天荒地老无人识。
> 空将笺上两行书，直犯龙颜请恩泽。
> 我有迷魂招不得，雄鸡一声天下白。
> 少年心事当挈云，谁念幽寒坐呜呃。
>
> ——李贺《致酒行》

汉武帝时的主父偃和唐太宗时的马周，是历史上两个运气非常好的书生，对于准备打道回府的李贺而言，他们也许是励志的明灯，但从长安回到家乡昌谷，这段路还是道阻且长。家中的老母娇妻正翘首以盼，但这样一个无法登第的理由，又让他实在难以启齿，"我当二十不得意，一心愁谢如枯兰"，该怎么和她们解释呢？

好在家永远是心灵休憩的港湾，而滋养诗人文化人格的沃土仍然是家园。回到昌谷，老母亲忙着给病弱的儿子食补，而贴心的妻子更多是在精神上给失落的丈夫以慰藉，李贺终于又开始进入赴京赶考前的创作状态，只不过这一次，他的创作更加不存功利之心了。他还是和巴童一起，每天骑着瘦马早出晚归，还是那副破锦囊，装满了诗人在山中和水畔捕捉的灵感。只是二十刚过的诗人渐渐开始变得华发满头,"壮年抱羁恨,梦泣生白头",而巴童的职责也不再单单是铺纸磨墨,他每天都要给他的主人煎药。他感到,自己瘦弱多病的主人虽然刚过二十岁,但好像已经知道自己天年不永,要用生命和时间赛跑,要写出更加惊世骇俗的诗歌,而这些诗歌,既不为"行卷",也不为酬答,只为了一颗不服输的"拏云"之心!

由此,我们看到,当仕进的大门朝李贺永远关闭的时候,这个呕心沥血的歌者选择的是另一条上升的通道。尽管在回归昌谷不久,韩愈不忍辜费其才,给李贺在太常寺谋了个奉礼郎的九品小官,但在"臣妾气态间,唯欲承箕帚"的奉礼郎任上做了不长时间,李贺便对烦琐的祭祀礼仪和无聊的仰人鼻息的生活彻底厌倦了,加之身体羸弱,李贺最终辞官拂袖而归,重新回到昌谷。再回昌谷的李贺,面对着亡妻的新坟,在泪如泉涌的同时,也随之进入一个与神鬼对话的通道。这个自知生命短暂的诗歌才子,开始有意地拒绝融入中晚唐诗歌的整体合唱大阵容,更愿意特立独行地以一种神奇、幽怨、凄冷、晦涩的状态,编织着只属于自己的诗歌家园。在这个诗歌家园里,他刻意地栽种下了许多诡谲的意象:曾经以马自期的李贺在此时的诗行里,将千里马、天马全部替换成了困顿风尘、老死枥间的病马;他曾经仰望的秦皇汉武,此时不是成了可悲的秋风客,就是成了一堆泛着绿光的滞骨,而在对死亡意象的营造之中,他还要"王母桃花千遍红,彭祖巫咸几回死""几回天上葬神仙,漏声相将无断绝"。在对色彩的运用上,他纵情泼墨,放手为之。有学者做过统计,李贺诗中出现最多的颜色依次是：白色八十三次，红色、青色各六十八次，黄色、绿色各四十三次，粉色、碧色各二十六次，这些密集的色彩有如打翻的调色盘，构成了李贺诗歌中特有的幽冥世界。当然，在鬼火的幽光里穿行，承载他死亡意识最多的，还是数不清的孤魂野鬼。"南山何其悲，鬼雨洒空草"，这是从"鬼"眼中看到的南山；"石脉水流泉滴沙，鬼灯如漆点松花"，这是从"鬼"眼中看到的溪流；"呼星召鬼歆杯盘，山魅食时人森寒"，这是从"鬼"眼中看到的古墓饕餮……少年时就对《楚辞》中《山鬼》《帝子歌》的神鬼意象着迷的李贺，彼时面对无望的仕途，无望的青春，已经在自己的诗歌中开启了一条通往神鬼之域的阴森隧道，而矗立在这个隧道中最显赫的路标，便是他凄婉动人的《苏小小墓》：

> 幽兰露，如啼眼。
>
> 无物结同心，烟花不堪剪。
>
> 草如茵，松如盖。
>
> 风为裳，水为佩。
>
> 油壁车，夕相待。
>
> 冷翠烛，劳光彩。
>
> 西陵下，风吹雨。
>
> ——李贺《苏小小墓》

苏小小是六朝时南齐钱塘的著名歌妓，姿容秀丽又文采出众，当时很多公卿权贵皆争奔其门下，然而这个冰肌玉骨的美人仅活了二十岁便如花一般凋零了。据说她的墓前每到"风雨之夕，或闻其上有歌吹之音"。浸淫鬼域之中的李贺当然不会放过这个传闻，而在对风裳水佩的苏小小精心描摹的同时，我们又似乎隐约可以感觉到，李贺好像并不仅仅是在用凄凉幽冷的文字描绘绝代歌妓，更像是以苏小小为意象，悼念自己同样在二十岁便香消玉殒的亡妻。清代文人黎简评此诗时曾云："通首幽奇光怪，只纳入结句三字，冷极鬼极。诗到此境，亦奇极无奇者矣。"是的，在这个鬼火明灭的诗歌世界里，李贺已经将自己的主体意识有意地包裹起来，他的时空是可以任意转换的，他的意象是不断叠加的，而文字的组合又总在险中出奇，甚至不合逻辑。然而，这就是李贺，一个在主流的诗人圈子中被视为异类的李贺，一个在自己的精神世界中黯然独语的李贺。

  诗歌的长寿是以诗人的短寿为代价的，长期的苦思冥想，严重损坏了这位诗歌才子的健康。清瘦羸弱的李贺身患多种疾病，对于自己的病弱之躯，他在诗中也多有提及，"何事还车载病身""病容扶起种菱丝"，这些诗句道出了一个年轻病人的苦恼。但也正是面对一朵朵咳出的鲜血，让李贺对宇宙与人生，对死亡与时间，有了更痛彻心扉的领悟："海沙变成石，鱼沫吹秦桥。空光远流浪，铜柱从年消"，遐想着秦始皇建桥入海处，李贺看到的是成群的鱼和被风浪销蚀的铜柱，千年的时光被李贺以奇丽的想象浓缩起来；"晓声隆隆催转日，暮声隆隆呼月出。汉城黄柳映新帘，柏陵飞燕埋香骨"，遐想着晨昏的日出月升，汉城黄柳和柏陵飞燕成为生命轮回中两个苍凉的坐标；"楚魂寻梦风飔然，晓风飞雨生苔钱。瑶姬一去一千年，丁香筇竹啼老猿"，迁想着溺水而亡的神女瑶姬，习惯削去青皮在竹白上写诗的李贺耳畔阴风怒号，虎啸猿啼……明代茶陵诗派领袖李东阳在其《怀麓堂诗话》中曾说李贺诗歌"有山节藻棁而无栋梁"，意指李贺诗辞藻华丽，却不讲求结构和谋篇。殊不知，这就是思维跳跃的李贺。在神思的穿梭来去之中，李贺更像一个凌波微步的仙人，倏忽是任公子，"云中骑碧驴"，倏忽又是"羲和聘六辔，昼夕不曾闲"，俄而"斩龙足，嚼龙肉"，俄而又"雄光宝矿献春卿，烟底蓦波乘一叶"。即便是状写悲苦的人间，李贺的表达也是仙云弥漫，鬼气蒸腾，"举头为城，掉尾为旌。东海黄公，愁见夜行"，"夜雨冈头食蓁子，杜鹃口血老夫泪。蓝溪之水厌生人，身死千年恨溪水"。正是在对固有诗歌秩序的反动之中，李贺创立起了自己特有的"长吉体"！为其诗集作序的杜牧说得很中肯："云烟绵联，不足为其态也；水之迢迢，不足为其情也；春之盎盎，不足为其和也；秋之明洁，不足为其格也；风樯阵马，不足为其勇也；瓦棺篆鼎，不足为其古也；时花美女，不足为其色也；荒园陊殿，梗莽丘垄，不足为其怨恨悲愁也；鲸吸鳌掷，牛鬼蛇神，不足为其虚荒诞幻也！"这段论述，堪称对李贺的知音之论。对于这位以特异之姿出现在中唐的天才诗人，清代文人陈式的评论更是将其放到了一个氧气稀缺的高度："昌谷之诗，唐无此诗，而前乎唐与后乎唐亦无此诗！"

"天若有情天亦老，月如无恨月长圆"。据说李贺奇诗《金铜仙人辞汉歌》行世之后，许多文人都争相为"天若有情天亦老"搜肠刮肚寻找下联，皆以为奇绝无对，独宋代文人石曼卿的一句"月如无恨月长圆"，被"人以为勍敌"。事实上，正是爱恨情愁和青春苦短，支撑起了李贺惊人的想象力，喷溅血斑的文字对于李贺来说就是心灵的燃烧，他渴望着这种燃烧永恒地炽烈。于是，承接玉露的金铜仙人走进冥想，白马轻裘的茂陵刘郎走进冥想，李贺在延长生命的迷梦中延长自己的诗思。然而，刘彻到底难逃一抔黄土，金铜仙人到底难逃一场浩劫，巨大的悖论撞击着李贺的生命悲剧和诗歌悲剧。"天若有情天亦老"，瘦弱的马匹已经不能承载思想的沉重，当李贺把他的巫山挺立成直插云霄的高度，作为一种诗殇，李贺将二十七岁的青春冻结成一块寒冰，献给后人。

贾岛：当"推敲"成为惯性

当"推敲"成为一种追求完美的人生态度，贾岛便注定了选择艰难。

我们先来看一首流传甚广的诗作：

> 闲居少邻并，草径入荒园。
> 鸟宿池边树，僧敲月下门。
> 过桥分野色，移石动云根。
> 暂去还来此，幽期不负言。
>
> ——贾岛《题李凝幽居》

这首《题李凝幽居》的知名度，要得益于一个在中国文学史上脍炙人口的故事：淅沥的小雨刷亮大唐的正午，一位葛衣麻鞋的僧人骑在瘦弱的毛驴上缓缓穿过街衢，穿梭的人群和鼎沸的人声一起构成了僧人周遭的风景，但他却充耳不闻，始终在低头沉思。他在想什么呢？"闲居少邻并，草径入荒园。鸟宿池边树，僧推月下门。……"此刻,这个法号叫无本的僧人正在酝酿着一首小诗,可腹稿打到这里,却在"推""敲"二字上陷入了踌躇:"僧推月下门"和"僧敲月下门",哪个更能准确地传达出空灵的意境呢?佛家讲求机缘,无本丝毫没有察觉,当自己正挣扎在思想的困境中时,他身下的坐骑却恣意横行,撞进了一队浩荡的仪仗,而这一撞,竟撞出了中国文学的一段佳话。迎风招展的大纛上飘扬着一个"韩"字,无本闯入的是韩姓京兆尹的一队仪仗。兵士们当然不由分说,将不知天高地厚的小僧押解到官员的面前,而这位官员好像并没有动怒,反倒饶有兴致地听小僧讲起了事情的原委。当他得知这位小僧是在为炼字而愁,思忖片刻,竟慨然说道:还是用"敲"字吧,"推"字没有声音的元素,而"敲"字却是空灵一声,更衬出春山古刹,夜深月静……这是一个记载于《新唐书》中的美丽的故事,尽管有学者质疑这个故事的可信度,可是千年以后,当人们翻开《全唐诗》,面对这联"鸟宿池边树,僧敲月下门"的佳句时,我想没有几个人愿意跳出故事去体味诗歌的意境,而也正是这样一个故事,让我们知道,那位小僧俗名叫贾岛,而那位一字之师正是唐代诗文大家——韩愈。

其实,擅闯官员的仪仗对于贾岛来说已经不是第一次了。早在韩愈之前,贾岛就曾因苦思冥想"落叶满长安"的上联骑驴冲进过京兆尹刘栖楚的马队。尽管那次冲撞让贾岛收获了一句"秋风吹渭水"的上联,但随之而来的却是一次牢狱之灾,绝没有像冲撞韩愈这般风光,而在此之后,能像韩愈这样与一介寒僧并辔而行,结成布衣之交更是绝无可能。可以说,"推敲"二字,不仅锻造成一个沿用至今的词语，更是诗人心灵相通的密码。贾岛的出现让韩愈这位诗文巨擘找到了同道中人，自那次邂逅之后，韩愈便积极鼓励贾岛蓄发还俗，博取功名。在倡导儒学排斥佛老的韩愈看来，禅院的青灯既太过枯冷又浪费生命埋没才华，满腹才学的贾岛应当有个更好的前程。

然而，这位热心的学长为贾岛指出的真是一条光明的坦途吗？以一颗朝觐之心对待诗歌的贾岛，可以"二句三年得，一吟双泪流"，对待人生，同样苛求完美，不入俗流。然而，也正是由于这一点，直接导致了贾岛的人生悲剧。我们还是先来回望一下这个叫无本的小僧在遇到韩愈之前的一段生命轨迹吧。

贾岛出生在范阳。这个当年安禄山的起家之地，到了贾岛出生的时代，因为经历了惨烈的安史之乱，已割据自雄，渐染胡风。但贾岛骨子里对唐王朝和中国文化却始终怀抱一颗朝觐之心，少年时他便"六经百氏，无不该览"。在以少年游侠、中年游宦、晚年游仙为理想的大唐社会，身处燕赵之地的贾岛，在青少年时代就对慷慨悲歌之士心生景仰。当易水的微澜搅动起少年的豪情，当荆轲的形象对应少年登高远望的目光，一首充满了任侠狂狷气势的《易水怀古》，也随之成为贾岛在血气方刚的年龄血气方刚的证明：

> 荆卿重虚死，节烈书前史。
> 我叹方寸心，谁论一时事。

> 至今易水桥，寒风兮萧萧。
>
> 易水流得尽，荆卿名不消。
>
> ——贾岛《易水怀古》

关于这位充满豪侠之气的少年出家的原因，由于史料的匮乏，我们不得而知，但有一点应当是可以确定的，那就是贫寒的家境。贾岛没有可资炫耀的家谱，祖上更没有给他留下可以维持生计的资财，想来他走进河北的丛林禅刹也是为生活所迫。然而，禅院的青灯黄卷佛号钟声，却让这个胸中暗藏一座火山的衲子进入一种精神的虚静状态。远离红尘的这段时间，也是贾岛诗风形成的重要时期。闻一多曾说："早年的经验使他在那荒凉得几乎狞恶的'时代相'前面，不变色，也不伤心，只感着一种亲切、融洽而已。于是他爱静、爱瘦、爱冷，也爱这些情调的象征——鹤、石、冰雪。黄昏与秋是传统诗人的时间与季候，但他爱深夜过于黄昏，爱冬过于秋。他甚至爱贫、病、丑和恐怖。"闻一多对贾岛的评价是精到的。追崇南宗的贾岛曾云"谁能平此恨，岂是北宗人"，将以南宗为代表的禅学的理想人格融入自己的蒲团生活。当他云游至长安，这个法号无本的僧人更是将这份特有的清静冷寂融入了自己的诗行，尤其是探访好友李凝不遇而写下的那首《题李凝幽居》，更是成为中唐诗僧的标签之作。当鸟、树、僧、月、桥、石、云等意象连缀起清寂的意境，我们看到的，是贾岛在衲衣之下一颗入定的禅心，诚如陆时雍在《唐诗镜》中所云：此诗"酷似老衲兴味"。

当然，看似在诗歌中尽是蔬笋气的贾岛，骨子里还是那个狂狷简傲的燕赵书生，有一则逸事可佐证。据说有一次当朝皇帝微服造访贾岛所在的寺院，登楼后，在贾岛的书案上随手拿起一卷诗稿便看，在旁侧的贾岛也没客气，说了句：郎君能看懂吗？竟当即从皇帝手中把诗稿夺了过去。皇帝一时被弄得很没面子，遂尴尬地拂袖下楼而去。

这则逸事也许有演绎的成分，但从中可以看出贾岛心中的那份孤傲清高。事实上，这才是贾岛的真性情所在。栖身丛林禅刹之中如此，及至贾岛结交韩愈重返红尘，依然不染俗尘。正因如此，才造成了贾岛还俗之后屡试不第、蹭蹬科场。

五代时人何光远在他的《鉴诫录》中曾有过这样一段记载："岛初赴名场日，常轻于先辈，以八百举子所业，悉不如己。自是往往独语，傍若无人。"在众学子看来，贾岛太孤傲不群，根本无法与之相处。殊不知，文格与人格在贾岛身上，早已水乳难分，对待诗歌中的每一个字尚且一丝不苟，推敲再三，至于择友，当然有更高的标准。当看到周围的许多人都蝇营狗苟，夸夸其谈，无奈之下，他只能选择无声地"独语"。苛求完美造就了贾岛的孤独，而当这种孤独从文字中释放出来，贾岛的处境便更加孤独。

> 十年磨一剑，霜刃未曾试。
> 今日把示君，谁有不平事。
> ——贾岛《剑客》

这首著名的《剑客》，正创作于贾岛这段科场"独语"期。在韩愈的鼓励下，贾岛的心中也升腾起积极入世的宏志，他希望自己这柄"霜刃未曾试"的利剑，能带着山中精舍的寒气和在虎啸猿啼声里淬炼出的杀气，走上报国之路。然而，与科场暗流的悖逆，与现实世界的不妥协，又让贾岛常常是出离愤怒，不平则鸣。《鉴诫录》中记载，在孤愤之际，贾岛曾写下一首名为《病蝉》的诗，用"病蝉飞不得，向我掌中行。拆翼犹能薄，酸吟尚极清"这样的诗句直刺监考和赴试的诸公卿，最终令"公卿恶之，与礼闱议之，奏岛与平曾等风狂，挠扰贡院，是时逐出关外，号为十恶"。性格的耿直与高傲，给入世的贾岛带来的是蹇楚的命运。如果说生活在空门之中的无本尚有一口粥喝，那么走进红尘的贾岛则因那份融入血脉里的狂狷之气，最终在权贵、宦官、强藩结成的强大势力面前，被逼进被毁谤被侮辱的死角，最终被剥夺了科举的资格，陷入饥寒交迫的境地。"井底有甘泉，釜中乃空然。我要见白日，雪来塞青天。"纷飞的雪花落在空空荡荡的碗中，贾岛，饥饿的贾岛，此刻，连一碗雪水都无法盛满。

松下问童子，言师采药去。
只在此山中，云深不知处。

——贾岛《寻隐者不遇》

当然，不耻与世俗蝇营狗苟之徒为友的贾岛，却在方士隐士中拥有一个纯净的朋友圈，史载，贾岛"所交悉尘外之士"，与他交往的人物，多为逸人僧侣，而他的诗歌中，与这些人的寄赠酬答之作也占了近百首之多，这首人们耳熟能详的《寻隐者不遇》，正是此类诗作中的代表。诗中这个隐者究竟是谁，贾岛并没有交代，但一句"只在此山中，云深不知处"，却用极简的笔墨勾勒出了一位方外之人遗世独立的影像：这是一个不走终南捷径的真正隐士，他高蹈出尘，倏忽来去，住在白云深处，隐于山野之间，他是贾岛的朋友，但更像是贾岛自己。当阵阵松涛将童子与诗人的对话放大并延宕进此后一千多年的历史时空，我们相信，寻找隐者的贾岛，本心里就是那个超然物外的隐者。

如果说在俗世贾岛还有可以心声互答的友人，那么就是韩愈和孟郊了。身为贾岛的"一字师"，韩愈求新求变不平则鸣的创作态度，深深影响着被他劝说还俗的贾岛。如果说那次正午时分的冲撞开启了一个朝廷命官和一介布衣草根的友谊之路，那么在此后的若干年中，韩愈瘦硬冷峭的诗歌风貌和力排佛老的铮铮硬骨，则有如潜移默化的溪流，汇入贾岛的精神气脉。韩愈对这个小兄弟总是激赏有加，在《送无本师归范阳》一诗中，他评价贾岛说"无本于为文，身大不及胆。吾尝示之难，勇往无不敢。蛟龙弄角牙，造次欲手揽。众鬼囚大幽，下觑袭玄窞"，毫不掩饰自己对贾岛诗歌的钟爱；在好友孟郊去世之后，韩愈更是将贾岛看成了以自己为旗手的韩孟诗派的中坚力量，一句"孟郊死葬北邙山，从此风云得暂闲。天恐文章浑断绝，更生贾岛著人间"，让我们看到，痛失好友孟郊后，韩愈已然在贾岛身上重新找回了知音的力量。同样，学得韩愈神髓的贾岛也在以积极的进取精神不断地工诗求变。尽管科场不顺,求仕艰难,但韩愈在仕途蹭蹬状态下仍济鄙独善傲然前行的背影,无疑让贾岛汲取了巨大的精神力量,当他为韩愈写下"愿为出海月,不作归山云"的诗句,重返世俗的贾岛已经将韩愈看作自己生命的标杆。

如果说韩愈是贾岛的精神导师,那么孟郊则是贾岛的习诗榜样。苏轼曾用"郊寒岛瘦"形容二人相近的诗风,欧阳修也认为他们两人的诗歌都有"悲愁郁堙之气"。两人的诗风如此之近,是两人相似的身世、经历、性格使然。孟郊长贾岛二十七岁,比贾岛大出许多,但两人共同的科举不第、仕途坎坷、穷困潦倒的经历,则让两人成为性格相投的莫逆之交;更主要的,还是两人的诗歌追求也极为相似。孟郊被称为"诗囚",贾岛则被称为"诗奴",一个是诗歌的"囚徒",一个是诗歌的"奴隶",两人这两个相似的江湖诨号,本身就说明了他们都将诗歌创作融入自己的生命之中,而"苦吟",便是他们共通的创作姿态。小孟东野近三十岁的贾阆仙对这位老大哥极为推崇,在他的《投孟郊》一诗中,曾写下"生平面未交,永夕梦辄同。叙诘谁君师,讵言无吾宗。余求履其迹,君曰可但攻。啜波肠易饱,揖险神难从。前岁曾入洛,差池阻从龙"这样的诗句,表明自己要师法孟郊扬高古诗风的决心。正因如此,我们在贾岛的诗集中,都可以寻得到与孟郊形神兼似的作品。在这些僻涩冷峭的文字中行走,我们有时真的很难分清哪首属于孟东野,哪首属于贾阆仙,二十七岁的年龄差,在共同的生命际遇和共同的文化人格面前,早已没有距离,没有鸿沟。

> 一日不作诗,心源如废井。
> 笔砚为辘轳,吟咏作縻绠。
> 朝来重汲引,依旧得清冷。
> 书赠同怀人,词中多苦辛。
>
> ——贾岛《戏赠友人》

这首《戏赠友人》,是贾岛送给朋友的一首酬答之作,但这首诗更像是贾岛写给自己的。还俗应试的这段时期,是贾岛生命中最艰难的时期,但同时,也是他诗歌创作最鼎盛的时期,"一日不作诗,心源如废井"。尽管衣食无着,但在文字中琢磨推敲仍旧是贾岛每天必不可少的工作,而也正是这种近乎自虐式的诗歌追求,构成了贾岛奇僻清峭的风格。在贾岛的一生中,有许多被他尊崇的师长,除了韩愈、孟郊,杜甫对他的影响至深。陈延杰《贾岛诗注序》云:"岛之五律,其源亦出自少陵,以细小处见奇,实能造幽微之境,而于事理物态,体认最深,非苦思冥搜,不易臻此。"诗圣杜甫的锤文炼字是出了名的,为了追求诗歌的精美意境,老杜曾自言"为人性僻耽佳句,语不惊人死不休",而师法老杜的贾岛更是把这种苦吟做到了极致,黄彻《䂬溪诗话》载:"旧说贾岛诗如'鸟从井口出,人自岳阳来',……皆经年方得偶句,以见其辞涩思苦。"除了注重对文字精打细敲,在诗歌格律上的求新求变也是贾岛向杜甫致敬的方式。极其讲求为诗之法的杜甫在他的有生之年,以不断的创新和进取精神将近体诗尤其是七律发展到了化臻入境的程度，而师法杜甫的贾岛显然将杜甫"清诗句句尽堪传"的创作态度传承了下来，后人评价贾岛之诗，常用"清深闲淡""清绝高远"这样的评语，而贾岛不拘于法的诗歌创作态度，更是被后人以"变体"称之。当贾岛以一己特异的才思，在诗行与诗境中苦心孤诣，这个执着的"苦吟客"，为我们展示的是一位中唐文人虔诚的文化背影。

贾岛直到垂老之年，才被封了个长江县主簿这样一个小官。彼时的贾岛早已是华发满头，他最尊敬的两位师长孟郊、韩愈早已先他而去，而走进生命之秋的贾岛在任没几年便身染沉疴，命归黄土，成为唐代诗苑中一声沉重的叹息。事实上，在生命的最后几年，尽管贾岛做了长江主簿，但官微职小，禄不养身，死之日，家无一钱，只有一头病驴和一张古琴，不由让人唏嘘。但即便贫寒若此，贾岛对文字的苛求和苦吟却未改变，这个将苦吟融入生命状态的文人，留给了我们太多历经反复推敲的文字，"独行潭底影，数息树边身""寒草烟藏虎，高松月照雕""孤鸿来半夜，积雪在诸峰"，这些收录于《长江集》中最有名的"独行联"，渗透着清峭的骨力，更浮现着一个苦吟诗人的生命样貌。"遥想身后穷贾岛，夜寒应耸作诗肩。"（苏轼语）贾岛，日夜苦吟的贾岛，好像根本没时间敲敲干瘪的胸口问一声自己：在苛求诗歌的时候，我为何从来没有苛求过命运？而这也许是日夜苦吟的贾岛绝对不会想的，在他身后的晚唐，竟会出现众多的追随者和崇拜者。晚唐李洞甚至对贾岛的画像及诗集焚香礼拜，事之如神，及至后来的南宋永嘉四灵和江湖派、明末的竟陵派及清末的同光体，无不深受贾岛诗风的影响，以夕阳残月、病虫寒枝这些贾岛诗歌中经常使用的意象支撑起他们的诗歌脉络。当闻一多先生在他的《唐诗杂论》中首次提出"贾岛时代"这个概念，贾岛，困厄一生的贾岛，推敲一生的贾岛，已经因其呕心的吟咏，矗立起中国文学史上一道独有的标杆。

据《唐才子传》记载，每年除夕守岁之时，贾岛必取出一年所作的所有诗稿，将它们摆放在桌几之上，然后恭恭敬敬地焚香而拜，并"酹酒祝曰：'此吾终年苦心也。'"对于贾岛膜拜自己诗稿这件事，后人颇多不解，有人甚至认为贾岛有着深度的自恋倾向。而在我看来，这倒是在文字中艰难行走的贾岛每年必须经历的一次隆重仪式：它是凯旋后的封赏，呕心沥血的诗稿就是贾岛最高的酬劳；同时，它又是出征前的励士，焚香而拜，酹酒一杯，自己就有了再次上路的力量与勇气。是的，当推敲成为惯性，香烟缭绕之中，贾岛还是当年那个遁入空门的无本，他的心，一刻都没有脱离禅境。

孟郊：苦闷的象征

诗人多难。

纵观有唐一代的诗文大家，最苦的诗人非孟郊莫属。幼年丧父，中年丧妻，晚年丧子，一生屡试不第，人生的苦难，恐怕没有哪一位诗人像孟郊一样经历如此之多。也许苦难是历代文人们都无法摆脱的宿命，但这么多的苦难都压在一个人身上，我们真的无法想象，孟郊究竟是如何承受这些接踵而至的创痛和打击。大唐贞元年间的冬天总是很漫长，可再冷的冬天好像也寒不过孟郊苍凉的心境，"饥鸟夜相啄，疮声互悲鸣。冰肠一直刀，天杀无曲情"，在满目萧瑟的土地中心，孟郊手握一卷残稿，无力而又无助。

诗人的生命中并非没有春天，只不过孟郊的春天来得实在太迟。

> 昔日龌龊不足夸，今朝放荡思无涯。
> 春风得意马蹄疾，一日看尽长安花。
>
> ——孟郊《登科后》

"春风得意马蹄疾,一日看尽长安花。"贞元十二年(796),孟郊在历经了有据可查的第三次科考后,终于感到了生命中的一丝暖意,这首著名的《登科后》,正是创作于此时。这是一个迟来的暖春,早在贞元七年(791),已入不惑之年的孟郊就曾经兴冲冲地前往长安赴进士第,"不有百炼火,孰知寸金精。金铅正同炉,愿分精与粗"。渴望仕途有所斩获的孟郊是踌躇满志而来的,这个并非出身轩冕望族又中年求官的文人,走上科举这座独木桥本已经太晚,可偏偏在那个早春迎接他的是刀一般的风,"弃置复弃置,情如刀剑伤",在万箭穿心、刀刃滴血的创痛之中,孟郊的首次科考,就这样以失败告终。贞元九年(793),孟郊骑一匹瘦马再次来到长安,带上一家人的期望,重返科举的考场。然而,等待他的依旧是伤心的榜单。"万物皆及时,独余不觉春",内心悲凉的孟郊当然无法和万物萌发的早春形成对应。在他看来,"卧木易成蠹,弃花难再春",自己连长安的落花都不如。看到友人李观登第,他写诗祝贺,称李观为"独笑人",但内中的凄苦已然落于纸上。只有贞元十二年(796)的春风和煦而温暖,但马背上那个意气风发的诗人已经无处寻觅,取而代之的是一位骨瘦嶙峋、两鬓斑白的儒生。彼时的孟郊已经四十六岁,在他看来,这已是一个十分尴尬的年龄,在这个年龄若想有一番作为,好像为时已晚,然而,令孟郊没有想到的是,就在他认为前途无望之时,自己竟金榜题名了!高中进士的狂喜一下子冲开了这位浙江文人郁闷多年的心宅,一次次地千里奔波,一次次地赴京赶考,长安在孟郊的心中早已是一块伤心地,而如今,在孟郊喜极而泣的泪眼中,长安是如此模糊,又是如此光鲜。

"昔日龌龊不足夸,今朝放荡思无涯。"对于孟郊的这首登第诗,元代文人辛文房好像并不以为然,说孟郊"识者亦征其气度窘促,卒漂沦薄宦,诗谶信有之矣"。也就是说,在他看来,考上个进士实在没必要如此得意忘形,你看,得意忘形的结果,孟郊最后不就是任了个小小的芝麻官吗?而清代一个叫吴旦的文人说得更恶毒,说孟郊这首诗"一日之间花皆看尽,进取得失,盖一常事,而东野器宇不宏,至于如此,何其鄙邪?"但后世的这些文人显然没有走进孟郊的内心。多年科举不第,孟郊早已是心力交瘁,而"借车载家具,家具少于车"的生活窘境,更让孟郊无法找到排遣郁闷的出口,正因如此,当他终于在四十六岁这年金榜题名,可以骑着马踏着长安的花香一路绝尘,我们真的不应当对孟郊投去苛责与不屑。彼时,心情大好的孟郊拔下发簪,披发而行,他就是要让所有人知道,长安花终有一天会为他盛放,而他就是要将所有的苦难都蒸发在长安的空气之中。

> 慈母手中线,游子身上衣。
> 临行密密缝,意恐迟迟归。
> 谁言寸草心,报得三春晖。
>
> ——孟郊《游子吟》

这首著名的写给母亲的诗,是孟郊得官之后将老母从家乡接到任所时所写。可以说，孟郊参加科举考试的动力和老母的鼓励有着直接关系，尤其是第三次科考，没有母亲的催促，孟郊已经想放弃。正因如此，一朝高中，这位得意的书生首先想到的，就是将含辛茹苦的老母亲接来享几天清福。当然，进士及第对于封建举子们而言，只是入仕的第一步，苦难也并非像马蹄后的烟尘那样倏忽散去，就在踌躇满志地看过"长安花"后，孟郊又在家徒四壁的凄清中苦苦等待了四年，才等到了一个溧阳县尉的官职。四十六岁中进士，五十岁得官，孟郊到溧阳报到几天之后，就赶紧派人将老母亲从浙江老家接来，在县衙门口见到母亲的那一刻，孟郊涕泗横流，吟出了这首千古擅名的诗歌。"慈母手中线，游子身上衣。临行密密缝，意恐迟迟归。谁言寸草心，报得三春晖。"《游子吟》并非孟郊自创，而是乐府旧题，早在汉代就见于苏武、李陵等人的赠答诗中，但真正将这个乐府旧题唱响的，却是中唐诗人孟郊。当这对历尽苦寒的母子在《游子吟》的催泪语境中相拥而泣，相信每一个后来的朗读者都会潸然泪下，为这位苦尽甘来的母亲高兴，为这位终于熬出头的文人高兴。

然而，踏入官场，孟郊真的获得了灵与肉的自由了吗？循着孟郊的生命轨迹行进，我们发现，初入仕途的孟郊，并没有从一介寒士的身份中转型，尽管再无衣食冷暖之忧，但在官场中周旋的痛苦却远甚于生活的饥馑。孟郊生性耿介，"万俗皆走圆，一身犹学方"，这是他为人的准则，更是他为官的原则，而官场的生存哲学却是圆滑。不能融入官场生态的孟郊，只能融入山水的怀抱，融入自然的生态。

> 溧阳昔为平陵县，南五里有投金濑，濑南八里许，道东有平陵城，林薄蒙翳，下有积水，郊间往坐水旁，命酒挥琴，裴回赋诗终日，而曹务多废。令季操白府以假尉代之，分其半俸，竟以穷去。(陆龟蒙《甫里先生文集·书〈李贺小传〉后》)

这段文字，说的正是孟郊在溧阳的一段生活。韩愈作《送孟东野序》曾云："东野之役于江南也，有若不释然者……"当一个溧阳县尉显然不是孟郊心之所想，而就是这样的一个官场小圈子孟郊也无法融入。好在溧阳南郊五里处有一水潭名唤投金濑，周遭郁郁青青，景致青幽，孟郊总算找到一个可以排遣心情的地方，索性便经常骑一头小毛驴至此，坐看水色，偃卧林间，饮酒操琴，也能自得其乐，以至于千年以后孟郊的浙江老乡清代浙西词派中坚人物厉鹗写道："分明孟尉投金濑，吟到日斜犹未归。"对孟郊钟情山水陶醉诗境的半官半隐状态颇有几分羡慕。

然而，孟郊真能像王维一样半官半隐也就好了，此间由于他总是寄情山水，县衙中人当然不能平衡，后来便有不少人告他说他"曹务多废"，上级于是便请个人来代他做县尉之事。当然，人家做事要取酬的，孟郊只能将他薪俸的一半分给那人，穷困也便接踵而来。对于孟郊在溧阳任上的这番表现，后人颇多不解，他们认为孟郊太不珍惜这个寒窗数载皓首穷经博取的功名，最终穷困潦倒纯粹是咎由自取。但也许这就是中国文人的普遍命运，他们看重功名，功名是他们的才能被认可的最高标准，但同时，他们又视功名如草芥，傲岸不羁的文人气性往往与官场政治形成不可化解的矛盾冲突。当这个悖论最终困扰得孟郊心力交瘁，他只有一个选择，那就是弃官而去。贞元二十年（804），孟郊辞去溧阳尉一职，重新回到了穷困的原点。

没有了生活来源，饥饿的诗人陷入深度的困顿与荒芜，而此时，痛苦再次接踵而至。宪宗元和三年（808）前后，"东野连产三子，不数日辄失之"（韩愈《孟东野失子》诗序）。孟郊先后曾有过两房妻子。"朝云暮雨成古墟，萧萧野竹风吹亚"，这是孟郊写给他的第一位妻子的悼亡诗，这个可怜的女人为孟郊产下一子后不久便去世了，而他们的孩子也仅仅活了不到十岁便夭亡了，当时的丧妻丧子之痛曾让孟郊倍受打击。续娶了第二位妻子郑氏之后，孟郊初入仕途，本以为一家人可以过上好日子了，没想到命运给这位苦难的诗人的，是更为沉重的一击。就在宪宗元和三年（808）前后，也就是孟郊辞去溧阳尉，生活重新陷入困顿的四年时间里，年轻的郑氏一连为孟郊生下了三个孩子，但每个孩子都未足满月就不幸夭折，试想，这样的打击有几人能够承受。"此诚天不知，剪弃我子孙""病叟无子孙，独立犹束柴"……这些摧肝裂肺的诗句，均出自孟郊的《杏殇》。《杏殇》组诗孟郊一口气写了九首，首首泣血，全是为自己不幸早夭的三个婴孩而作。在《杏殇》诗序中，孟郊道："杏殇，花乳也，霜翦而落。因悲昔婴，故作是诗。"金代元好问在他的《清明日改葬阿辛》诗中，也讲述了孟郊的这份丧子之痛："孟郊老作枯柴立，可待吟诗哭杏殇。"当"无子抄文字，老吟多飘零"的孟郊在纷纷飘落的杏花雨中，一次次呼唤着孩子们的乳名，当他用颤抖的双手在杏树下黯然埋葬第三个不足月的婴儿，我们看到，历史的天空彤云密布，孟郊，欲哭无泪的孟郊，一颗被岁月揉碎的诗心，该怎样面对明灭不定的生命之烛？

这是人们不曾想到的，膝下无子的悲哀，家徒四壁的凄清，荒芜着诗人的表情，却繁荣起诗人的内心，当文字从逼仄的空间挫进笔端，苦难，已经成为孟郊的人生偏得。史载作诗异常刻苦，无论春夏秋冬白天黑夜乃至卧病在床皆吟诵不辍，而吟诵的主题始终不离"寒苦"二字。"秋至老更贫，破屋无门扉。一片月落床，四壁风入衣"，这是孟郊状写自己居住条件的"寒苦"；"食荠肠亦苦，强歌声无欢。出门即有碍，谁谓天地宽"，这是孟郊在描摹自己饮食条件的"寒苦"；"霜气入病骨，老人身生冰。衰毛暗相刺，冷痛不可胜"，这是孟郊在慨叹自己生病的"寒苦"……在痛苦中浸淫久了，孟郊需要一个释放的出口，而这个出口就是诗歌。元代诗人元好问曾称孟郊为"诗囚"，这个称呼不失精当，四处漏风的斗室，孤单寂寞的景况，确实构成了一个囚禁的环境，但选择被囚禁被放逐，却是孟郊的自愿。当一颗心被诗歌囚禁起来，就将孤独和落寞救赎出来，而此时，纷至沓来的苦难便像一根用麻油浸软的绳子，它润滑着诗思，让苦涩的诗歌源源不绝汩汩而出，但同时，它又牢牢地捆缚住诗人，别指望绳子有枯朽绷断的那一天。

在孟郊的寒苦之诗中游走，我们除了深切感受到诗人生活的痛楚、精神的压抑，还应注意到诗人对诗歌意境的精准设定，对诗歌意象的精心捕捉，对诗歌修辞的精到把控。在孟郊的诗歌中，诸如重言、顶真、排比、双关、借代、夸张、白描、移就等修辞手法被运用得游刃有余。"雪檐晴滴滴",这是传声之妙,"皎皎何皎皎",这是绘色之功,"蜇蜇剑霜开",这是画形之美,"草色琼霏霏",这是构图之巧,而孟郊的炼字更以"横空盘硬语,妥帖力排奡"(韩愈语)称名于当世。在孟郊的诗歌中,"剡""剪""杀""残""催""夺"等一系列狠硬之字使用的频率相当之高,这些钻心彻骨的动词仿佛一个个锈迹斑驳的铆钉,被深深钉进了只属于孟郊的诗行之中,它们加固了孟郊诗歌疼痛的张力,同时,也让这份生命的疼痛互为关联,触动一点,则痛彻周身。

> 三峡一线天,三峡万绳泉。
> 上仄碎日月,下掣狂漪涟。
> 破魂一两点,凝幽数百年。
> 峡晖不停午,峡险多饥涎。
> 树根锁枯棺,孤骨袅袅悬。
> 树枝哭霜栖,哀韵杳杳鲜。
> 逐客零落肠,到此汤火煎。
> ——孟郊《峡哀十首之三》(节选)

这首《峡哀》,是孟郊所作《峡哀十首》中的一首。如果说孟郊的修辞和炼字融入了特异的寒苦况味,那么在孟郊所选取和设定的诗歌意象中,也难见明丽的色彩,几乎全部是苦闷的象征。谁能想到,李白笔下雄奇壮阔的三峡风貌,到了孟郊的诗行里,竟是这样一番狂暴恐怖之相呢?"树枝哭霜栖,哀韵杳杳鲜",吟着这样的诗句,我们真的很难和"两岸猿声啼不住,轻舟已过万重山"形成精神的对应。然而这就是诗人性格的不同:浪漫一生的李白,将名山大川摄入笔端的时候,注定是以一种明丽的姿态喷礴而出;身处苦寒之境的孟郊,在潦倒的境遇中,早已被哀苦抑郁的愁绪塞得满满,他必须以一种主观的介入让山川和自己一起悲鸣起来,才会实现自我的释放与解脱。正因如此,我们在孟郊的《秋怀》里,看到的是"棘枝风哭酸,桐叶霜颜高。老虫干铁鸣,惊兽孤玉咆"的旷野悲声;在《杏殇》中,我们看到的是"冽冽霜杀春,枝枝疑纤刀。木心既零落,山窍空呼号"的阴森幽僻;在《连州吟三章》中,我们看到的是"南风嘶舜琯,苦竹动猿音。万里愁一色,潇湘雨淫淫"的愁惨顿挫……大量冷色调的运用,已然成为孟郊悲苦心境的外化呈示,而我们读着孟诗,便会和这位命运多舛的诗人一起,走进阴冷悲慨之境。是的,在读过了太多唐人明朗清快、空灵透逸的诗作之后,突然撞到孟郊这些压着写的悲歌,每个人的心头难免都会跟着堵起来。但是,这就是唐诗,在唐诗的韵律中,文人们早已把他们的思乡、怀旧、交友、冥思乃至悼亡都融入了自己的诗行之中,看一首诗就能看出一个文人的喜怒哀乐,而孟郊之哀,显然是我们在品读唐代诗人时不能跳过的一种生命情绪。

最懂孟郊这种生命情绪的,首推韩愈。韩愈与孟郊定交是从孟郊的首次科举开始的。尽管首次科举考试孟郊名落孙山,但他收获了一个性格相投的朋友——韩愈。孟郊年长韩愈十七岁,但共同的性格却让两人成为莫逆之交。《旧唐书》说孟郊"性孤僻寡合，韩愈见以为忘形之"——不入俗流，孤高寡合，成为两人定交的基石，而此后两人在文学上的相互影响，相互激励，更让中唐诗坛呈现出一个旗帜鲜明标签显赫的诗派——韩孟诗派。很多人认为挑起韩孟诗派大旗的是韩愈，其实，早在韩愈之前，孟郊的诗作已经以其特有的生新僻硬、奇绝险怪名播中唐诗坛，只不过孟郊与韩愈相比，仕途更多波折，一生也未成美官，而韩愈最终官至吏部侍郎，在诗歌号召力上更胜一筹，所以看起来反倒是孟郊因为韩愈的推崇才得以声名大振。当然，我们抛开学者们的"抑孟扬韩"不论，单说韩孟之交，还是让我们对生活在中唐时代的这对诗歌双生子心生敬佩。孟郊常以高古自鞭，崇尚倔强不屈的人格精神，与韩愈所倡导的"道"异曲同工，而在诗文创作上，两人更是心声互答。韩愈与孟郊定交之初，便盛赞孟诗道"作诗三百首，窅默咸池音"，到了贞元十四年（798），在其为孟郊写就的《醉留东野》一诗中甚至表示要"低头拜东野"；最有意思的还是他们二人共同创作了不少联句诗。清康熙年间诗人和批评家俞场曾云："韩孟两人意气相合，于中仍有缓急均调之妙。盖东野之思沉郁，故时见危苦之音；昌黎之兴激昂，故时见雄豪之气。此同心之言，所以相济而相成者也。"这句评论相当中肯，当我们在"剥苔吊斑林，角饭饵沉冢""金柔气尚低，火老候愈浊"这样的联句中行进，会看到韩孟两人惺惺相惜的历史影像，能重新回到两人字字争胜不肯相让的斗诗现场，当然，我们更能感受到韩孟你中有我我中有你相互欣赏相互激励的文人之谊！

孟郊一生究竟写过多少诗已经无从考究，唐人张籍说他"集诗应万首"，想来数量很大，然而最终传世的诗篇却仅存五百余首。这可能与宋代起文人们对孟诗的诟病有一定关系。许多宋人觉得孟郊的诗读来令人不欢，甚而至于对他那种"刻苦之至，归于惨慄"的作风不能理解，就连大文豪苏东坡也对这位苦吟的诗人不以为然，"初如食小鱼，所得不偿劳。又似煮蟛蟹，竟日嚼空螯"，进而发出了"何苦将两耳，听此寒虫号"的判决！在苏学士看来，只有"大江东去"才是诗人的襟怀，而"郊寒岛瘦"永远不能成为诗歌的上品。做着正三品礼部尚书的苏东坡不会知道，生活际遇的不同，塑造的当然是不同的文风，生活在寒苦之境的孟郊，没有踏察山河的川资，没有明丽雄浑的喻体，他面对的，只有苦闷的象征。

第四章

晚唐
山雨欲来风满楼

风雨飘摇的晚唐，宦官专权、藩镇跋扈、朋党弥烈，共同构成了这个末世王朝的败象，而身处这片愁云惨雾之中，晚唐诗坛自然凄冷黯淡。这群站在时代转捩点上的中国文人，经历着上天无路的求宦之苦，也经历着颠沛流离的生存之痛，他们不再有盛唐文人金樽对月的豪情，只能让比兴、象征、典故如同烟云一样在诗歌中缭绕升腾。他们像沉默的画师，撷取着一个个历史的场景，在对其描摹还原的同时，将自己的标签立于无形；又像吹奏觱篥的歌者，将历史的碎影排列成一个个音符，在不断下行的帝国帷幕中唱响挽歌。他们，是兵荒马乱的末世见证者，更是"唐代诗人"这个中国空前绝后的文学群体最后的关门人……

李商隐：虚负凌云万丈才

婚姻和仕途的悲剧，直接导致了李商隐生命的悲剧。

岁月被幻化成琴弦，锦瑟于孤寂的床榻上，流淌哀婉的角羽宫商。面对凌空飘落的蛛网和破敝不堪的椽梁，李商隐抖动拨片，怅然若失。这位十六岁就"以古文出入诸公间"的早慧诗人，决然不会想到，他会在此后的人生中拨响落寞和悲怆。他太才华横溢，感动得当朝重臣令狐楚将其延入家中，待为上宾；他太倜傥风流，感动得泾原节度使王茂元将其纳入兰室，引为金龟之婿。然而这也正铸成了悲剧的缘由，仕途与婚姻交织成特殊的矛盾，困扰了李商隐一生。

有唐一代，朋党之风盛行朝野。为了遥控政治，专揽大权，官员臣僚们组成对峙的势力相互倾轧，党同伐异。当王叔文的永贞革新在朋党之争中偃旗息鼓，新的朋党之争又起。所谓新的朋党之争，实际上是以牛僧孺和李德裕为党鞭的"牛李党争"，而"牛李党争"的缘起，则是在宪宗朝。宪宗时期，有一年长安科举，举人牛僧孺、李宗闵在考卷里对朝政进行了不客气的批评，考官认为两人有治国之才，遂将二人推荐给宪宗。此事很快传到了宰相李吉甫的耳朵里，李吉甫听说牛僧孺、李宗闵在考卷中多次直指其弊，觉得于己不利，于是便在唐宪宗面前说此二人与考官有私，宪宗信以为真，一怒之下，把考官降职，牛僧孺和李宗闵也未被提拔。此事一出，朝野震惊，众大臣纷纷为牛僧孺、李宗闵鸣不平，谴责李吉甫嫉贤妒小。宪宗为平息舆论，被迫将李吉甫贬为淮南节度使，另行任命宰相。这个梁子在此后的数年间开始越积越深。随着牛僧孺、李宗闵入朝供职，李吉甫之子李德裕蒙荫庇成为"官二代"，两种势力的交锋与博弈日趋白热化。牛僧孺、李宗闵所代表的"牛党"和李德裕所代表的"李党"，随着其在穆宗和敬宗两朝权力的交替上升，各自在朝堂上建立起自己的朋党，两党之间，相互争斗，水火不容，挑起了旷日持久的"牛李党争"。

可怜的李商隐正是身处于这样的夹缝之中。作为牛党成员的令狐楚，对于李商隐来说，是其生命中的贵人。少年时代，李商隐家境贫寒，靠"佣书贩舂"维持家里的生计，幸运的是，李商隐一手秀丽的工楷与一手好文章得到了当时的地方显宦令狐楚的垂青。他非常欣赏李商隐的文才，对其十分器重，让李商隐与其子令狐绹等交游，同时亲自授其以骈俪章奏之学，在政治上极力汲引提拔，将其引荐给大诗人白居易，聘其入自己的幕府作巡官，带其随往郓州、太原等地，并"岁给资装，令随计上都"，多次资助李商隐入京参加进士考试。开成二年（837），令狐楚旧友高锴知贡举，令狐楚遂让在京城做官的儿子令狐绹向高锴力荐李商隐，李商隐方在第五次应举中进士及第。可以说，令狐楚对李商隐绝对有着知遇之恩。而李商隐对令狐楚也是充满感恩之情，他曾写诗云"自蒙半夜传衣后，不羡王祥得佩刀"，及至令狐楚病逝，他更是接过代草遗表大任，奉丧回长安，一声"古有从死，今无奈何！"道出了李商隐对令狐楚这位人生伯乐不尽的伤逝之情。

如果李商隐继续与令狐楚之子令狐绹保持紧密的关系，这位多情才子的人生也许是另一番景象，可偏偏在令狐楚去世之后，李商隐的生命轨迹开始在无意之中扳了道岔。就在李商隐趋奔场屋十年终获成功之时，他的桃花运也接踵而至。时任泾原节度使的王茂元，对这位二十六岁风华正茂的书生青眼有加，亲发聘书，请李商隐以在籍进士的身份到自己的幕府做幕僚，"辟为掌书记"，不仅如此，还将自己的小女儿许配给了他。"往在泾川，始受殊遇……樽空花朝，灯尽夜室。忘名器于贵贱，去形迹于尊卑。"对于这桩婚事，李商隐是相当满意的，他的妻子王氏端庄贤惠，知书达礼，虽生于富贵之家，却没有骄娇二气，婚后夫妻二人举案齐眉，相敬如宾。在新婚宴尔的柔情缱绻之中，在相濡以沫的平凡日子里，李商隐的才情被充分地激发出来，这首《袜》正写于这段幸福的时光：

尝闻宓妃袜，渡水欲生尘。
好借嫦娥著，清秋踏月轮。

——李商隐《袜》

事实上，在与王氏喜结连理之前，这位玉树临风的才子也有过几段情感的波折。当年隐居玉阳山时，自号玉溪生的李商隐曾钟情女冠，《月夜重寄宋华阳姊妹》："偷桃窃药事难兼，十二城中锁彩蟾。应共三英同夜赏，玉楼仍是水精帘。"尤其是那首脍炙人口的《无题》，更是被很多学者认为创作于此间。

相见时难别亦难，东风无力百花残。
春蚕到死丝方尽，蜡炬成灰泪始干。
晓镜但愁云鬓改，夜吟应觉月光寒。
蓬山此去无多路，青鸟殷勤为探看。

——李商隐《无题》

多才文人必多情。当李商隐与宋道姑的恋情"蓬山此去无多路"，无果而终，一个名唤柳枝的洛阳富商之女，再度走进李商隐的诗行。"画屏绣步障，物物自成双。如何湖上望，只是见鸳鸯？"仍是一段没有结果的爱情。当李商隐一口气写下《柳枝五首》，我们透过纸背，看到了李商隐的痴情，更看到了李商隐的凄伤。也许是上苍对情路坎坷的李商隐实在不忍，终于让李商隐在二十七岁这年抱得美人归。彼时，在李商隐的眼中，娇妻王氏就是凌波微步仙姿绰约的洛神，而"清秋踏月轮"这样的句子显然已经不足以承载自己的情愫，他需要献给爱妻更多的爱情绝唱，而这些爱情绝唱的标签，仍旧是《无题》胜有题！

> 照梁初有情，出水旧知名。
> 裙衩芙蓉小，钗茸翡翠轻。
> 锦长书郑重，眉细恨分明。
> 莫近弹棋局，中心最不平。
>
> ——李商隐《无题》

身处爱巢之中，李商隐感受着爱情的滋润，然而他不会想到，也正是这桩婚事，让李商隐卷进了政治的旋涡，最终成了历时十五年党争的牺牲品。他崇敬的岳丈王茂元，与李德裕走得很近，是李党的重要成员。对这位"早受深知，遂以嘉姻，托之弱植"的岳丈，李商隐深感恩重，无以言谢。然而，在朋党争斗正酣的晚唐，站队的正确与否，直接决定了个人的前途命运。令狐楚一生追随牛僧孺，是牛党中坚，其子令狐绹在其父去世之后，依然延续着牛党的权柄，在朝中如日中天，面对李商隐转投阵营的"背恩"之举，又怎能不恨得咬牙切齿？他在长安士人中毫不掩饰地将这位少年玩伴斥为"心怀躁进、忘恩负义"之人，更鼓动一批名士"嗤摘商隐，以为诡薄无行，共排摈之"，而这些尚不能解令狐绹心头之恨，在李商隐赴长安参加吏部博学宏词科的考试中，竟在最后复审时指使某个"中书长者"将李商隐的名字一笔抹去，使其未能"释褐"得官。无意之中站错队的李商隐，在湍急险恶的政治漩流中，只能被打回幕僚的原点！

> 迢递高城百尺楼,绿杨枝外尽汀洲。
> 贾生年少虚垂泪,王粲春来更远游。
> 永忆江湖归白发,欲回天地入扁舟。
> 不知腐鼠成滋味,猜意鹓雏竟未休。
>
> ——李商隐《安定城楼》

这首沉郁悲慨的《安定城楼》,正是李商隐落寞黯然地回到泾州时所作。登上泾州安定城楼,李商隐遥想起西汉贾谊和东汉王粲的人生际遇,抚今追昔,不禁感慨万千。北宋王安石对此诗评价甚高,认为此诗"虽老杜无以过也"。尽管在第二年的吏部考试中,李商隐终于通过,释褐得官,做了秘书省校书郎,但命运好像有意要捉弄这个才华横溢的诗人,他入仕的每一步都充满了艰难。武宗会昌二年(842),时年三十一岁的李商隐曾赶上过李党得势,本来看似有了一丝转机,但李党成员也不敢贸然对李商隐委以大任,因为他和牛党有着千丝万缕的瓜葛,其岳父王茂元为了避嫌,也没有利用自己的影响力帮助李商隐升迁,而偏偏在此时,李商隐的母亲又去世了,他要服丧三年。待三年服丧期满,政局已经发生逆转,随着武宗薨逝,宣宗继位,牛党势力再起,李商隐既然已被看作是李党成员,当然不会有出头之日,无奈之下,李商隐只能愤然辞官,继续自己的游幕生涯。

> 昨夜星辰昨夜风,画楼西畔桂堂东。
> 身无彩凤双飞翼,心有灵犀一点通。

隔座送钩春酒暖，分曹射覆蜡灯红。
嗟余听鼓应官去，走马兰台类转蓬。

——李商隐《无题》

辞官之后的李商隐，由于常年漂泊在外，虽时回长安探亲小住，但毕竟与爱妻离索之日居多，正因如此，在与王氏的短暂的婚姻生活中，一系列的"寄内"之作，便成为排遣夫妻二人相思之苦的重要载体。怅想着"昨夜星辰昨夜风，画楼西畔桂堂东"，李商隐相信，即便"身无彩凤双飞翼"，也会"心有灵犀一点通"。然而，毕竟求取功名是所有封建文人的正途，胸怀青云之志的李商隐更不会永远甘居下僚，"嗟余听鼓应官去，走马兰台类转蓬"，他必须接受这种"类转蓬"的游幕生涯！大中元年（847），李商隐策马一去，就是距长安几千里的桂州（广西桂林），在这片遥远的蛮荒之地，李商隐投奔到了桂管防御观察使郑亚的幕府之中。身为李党成员的郑亚对李商隐颇为器重，李商隐对这位远处偏州的观察使也印象很好，相得甚欢。然而，好景不长，随着党争的日趋激烈，作为李党成员的郑亚在桂州也受到了震荡，被贬到了更偏远的循州。"虎踞龙蹲纵复横，星光渐减雨痕生"，在为郑亚发出这声不平之鸣后，李商隐只能打马向北，奔赴荆楚。这片屈原当年的投江之地，好像给予诗人的，只有沉落的命运，李商隐投奔的几个幕主，都因李商隐在牛李两党的身份过于敏感，而未表示出收留之意。

>潭州官舍暮楼空,今古无端入望中。
>湘泪浅深滋竹色,楚歌重叠怨兰丛。
>陶公战舰空滩雨,贾傅承尘破庙风。
>目断故园人不至,松醪一醉与谁同。
>
>——李商隐《潭州》

"湘泪浅深滋竹色,楚歌重叠怨兰丛。"徘徊荆楚的李商隐无疑是痛苦的,这种颠沛流离的求宦之苦,在诗人的笔下就是浸着血泪的湘女竹,就是布满蛛网的贾谊宅。在将《潭州》《梦泽》等一系列借古讽今之作喷泻而出之后,历史给我们呈现的,是李商隐继续孤独前行的背影。彼时,李商隐的岳父王茂元已经去世,妻儿尚在长安,但为了博一个好前程,李商隐只能硬着头皮,掉头转辔,策马巴蜀,继续选择游幕这条殊途。中国文人和中国官员的大不幸,就这样在李商隐身上得到了最直接的呈示:作为诗人,李商隐可以在文字中游刃有余,却无力挣脱人际关系的羁绊;作为丈夫,他无法逃离情感的困惑;而作为一个身居下僚的幕府小吏,他又深陷党争的沟壑,无处求援,无力自拔。

>君问归期未有期,巴山夜雨涨秋池。
>何当共剪西窗烛,却话巴山夜雨时。
>
>——李商隐《夜雨寄北》

这首人们耳熟能详的《夜雨寄北》,正是写于李商隐仕途困顿艰难仃亍的时期。在南宋洪迈编纂的《万首唐人绝句》里，这首诗的题目为《夜雨寄内》，意即此诗是寄给妻子的。他认为，此诗应作于大中五年（851）七月，李商隐任职于东川节度使柳仲郢梓州幕府期间。身处巴山蜀水之间，李商隐无心观赏风景，相反，"巴山夜雨涨秋池"，当淅沥绵密的细雨涨满秋池，李商隐对远在长安的妻子的思念更是与夜雨交织，构成剪不断理还乱的愁绪，这种愁绪与羁旅之愁和不得归之苦相互渗透，压得李商隐透不过气来。而寄出这首相思之诗的李商隐不会想到，彼时的夫人王氏已经身染沉疴，不久，便芳华早逝，玉殒香消。一首缠绵悱恻似问似答的《夜雨寄北》，竟然成了一封再也无法得到回应的家书，其哀之切，后人读之，也要和着千年的巴山夜雨，潸然泪下。

据说李商隐丧妻之后，东川节度使柳仲郢见其孤苦，曾有心将一个名叫张懿仙的乐伎女子赐给他，"以备纫补"，李商隐却因无法忘却亡妻而婉言谢绝。在《上河东公启》中，他说："某悼伤以来，光阴未几，梧桐半死，方有述哀。……自安衰薄，微得端倪，至于南国妖姬，丛台妙妓，虽有涉于篇什，实不接于风流……伏惟克从至愿，赐寝前言。"李商隐的这番话，道出了他对亡妻的脉脉深情。事实亦如此，自妻子王氏病殁之后，李商隐一直都沉浸在巨大的悲痛之中，直至最后他病逝于郑州，终生未曾续娶。而在李商隐此后的文字中，更是无法走出失妻之痛与仕途蹭蹬的主题，在哀婉的心境驱使之下，李商隐一系列以无题为名和以句首二字为题的"准无题"诗，有如生命的巨大容器，盛载着诗人满腔的忧伤与郁愤，它们放大了李商隐的思念，延伸了李商隐的孤寂，更潜藏下李商隐谜一样的文思。

> 锦瑟无端五十弦，一弦一柱思华年。
> 庄生晓梦迷蝴蝶，望帝春心托杜鹃。
> 沧海月明珠有泪，蓝田日暖玉生烟。
> 此情可待成追忆？只是当时已惘然。
>
> ——李商隐《锦瑟》

在李商隐诸多的"准无题"诗里，这一首《锦瑟》读来让人倍感凄切。王氏去世之后，颠簸于幕府之中的李商隐不得不将小儿李衮师寄养在亲戚家，而每当回乡探望，望着妻子坟茔上的新草和失去娘亲的衮师，都会悲从中来，情难自已。游走于曲江之滨，他长叹"天荒地变心虽折，若比阳春意未多"；和朋友小酌，酒入愁肠，"秋霖腹疾俱难遣，万里西风夜正长"；怅坐西亭，他感慨"梧桐莫更翻清露，孤鹤从来不得眠"；月黑夜冷之时，他更是"西亭翠被余香薄，一夜将愁向败荷"……而这些哀婉的诗行，待《锦瑟》一出，便全无颜色。在这首被人们认为是李商隐最难索解的诗歌中，诗人用了"庄生梦蝶""望帝啼鹃""沧海鲛人"等诸多典故，营造出一片朦胧杳渺的意境。这首被看作是李商隐悼念亡妻的最重要的作品，在频繁用典为后世研究者制造迷魂阵的同时，从一开始就导入了一个特别的意象——锦瑟。对于这个特别的意象，"清词三大家"之一朱彝尊认为：意亡者善弹此，故睹物思人，因而托物起兴也。瑟本二十五弦，一断而为五十弦矣，故曰"无端"也，取断弦之意也。"一弦一柱"而接"思华年"三字，意其人年二十五而殁也。胡蝶、杜鹃，言已化去也；"珠有泪"，哭之也；"玉生烟"，葬之也，犹言埋香瘗玉也。此情岂待今日"追忆"乎？只是当时生存之日，已常忧其至此，而预为之"惘然"，意其人必婉然多病，故云然也。清代著名校勘学家、藏书家何焯则云：此篇乃自伤之词，骚人所谓美人迟暮也。"庄生"句言付之梦寐，"望帝"句言待之来世；"沧海""蓝田"言埋而不得自见；"月明""日暖"则清时而独为不遇之人，尤可悲也。又云：感年华之易迈，借锦瑟以发端。"思华年"三字，一篇之骨。三、四赋"思"也。五、六赋"华年"也。末仍结归思之。而清代政治家、文学家纪昀则说：此诗以"思华年"领起，以"此情"二字总承。盖始有所欢，中有所恨，故追忆之而作。中四句迷离惝恍，所谓"惘然"也。

世事流转，烟雨千年，面对纷繁芜杂莫衷一是的注家解读，我们且不去过多纠缠，倒不如学学梁启超的态度。梁启超在他的《饮冰室文集》中曾说："义山的《锦瑟》《碧城》《圣女祠》等诗，讲的什么事，我理会不着。拆开来一句一句叫我解释，我连文义都解不出来。但我觉得它美，读起来令我精神上得一种新鲜的愉快。须知美是多方面的，美是含有神秘性的。"梁启超走近李商隐的方式，在我看来，要比那些较真儿的考据和凭空的臆想更通达一些。事实上，一生始终抑郁不得志的李商隐在他的诗歌创作中，早已经无法在爱情的回溯与政治的困顿中实现真正清晰的分野，每一首诗可能有一种单纯的指向，也可能是一种复杂的指向，当比兴、象征、典故如同烟云一样在李商隐的诗歌中缭绕升腾，李商隐已经幻化成一具雾中锦瑟，只闻其声，不辨其人。

"虚负凌云万丈才，一生襟抱未曾开。"这是李商隐好友崔珏为其写的两句著名的悼亡诗，对李商隐的人生总结堪称精到。仅仅在中国诗词的天空中闪烁四十七载的李商隐，于唐宣宗大中末年（858）病逝于郑州。这位命运多舛的诗人，用凄怆的曲调演绎才情和华章，也演绎痛楚和落拓。"此情可待成追忆，只是当时已惘然"，当后人在李商隐的诡谲的诗歌意象中艰难地行进，当"诗家总爱西昆好，独恨无人作郑笺"成为后人对李商隐诗歌的评价，人们不知道，这些谜一样的意象，也困惑了李商隐一生。

杜牧：在桨声灯影中静坐

秦淮河，眩晕在胭脂的妩媚之中。

璀璨的华灯，皎白的月光，投射在这条秦始皇时期开凿的内河上，泛起撩人的波澜。茉莉的清香、玉兰的幽香、脂粉的馨香和罗裳的沉香，漫进秦淮河的流水；而柔婉的歌喉、轻曼的乐板、颤岔的筝弦和婉约的箜篌，则渗入秦淮河的肌理。一切都在勾魂摄魄，一切都在款款而舞，秦淮把河水酿成美酒，让纷乱的酒旗在水域边缘次第盛开，自己就张起了弥天的夜雾，拥着如花的灯影和幻笑，秦淮，烂醉如泥。

然而，泊在岸边的小舟却燃起渔火，照亮沉重的诗人，沉重的诗思。杜牧一袭青衫，神情庄严地静坐船头。这位名声响彻江南的文人，面对淫声浪笑中的秦淮河，保持着最后一丝清醒。此时，大唐王朝步履蹒跚，安史之乱的流矢与鸣镝虽然已在时空的进程里销声匿迹，但这场持续八年的叛乱所带来的影响却并未消除。连年的战争削弱了唐朝的国力，经济的重心也由北方逐渐南移。统治者瞅准了没有遭受太多荼毒的江南，瞅准了澄澈如镜的秦淮，于是，《霓裳羽衣曲》再度响起，秦淮河成了王朝的乐土、幻境的家园，商女歌妓们抖一抖绣襦，动一动樱唇，就把枯萎的"后庭花"催发成一河繁荣。秦淮河的喧天锣鼓覆盖了整个水面，杞人忧天只能如河床的水草，走不进纸醉金迷的乐阵。

烟笼寒水月笼沙，夜泊秦淮近酒家。
商女不知亡国恨，隔江犹唱后庭花。
——杜牧《泊秦淮》

这首充满了悲愤况味的诗作，正是杜牧夜泊秦淮时的伤心之作。这位历经德、顺、宪、穆、敬、文、武、宣八朝的晚唐诗人、文学家，面对走向衰微的晚唐社会，写下了大量充满忧患意识的诗篇，这首《泊秦淮》，正是其中的代表作。王国维在《人间词话》中说，"以我观物，故物皆著我之色彩"，这句话用在《泊秦淮》这首诗上可谓切当。"烟笼寒水月笼沙，夜泊秦淮近酒家"，站在这片笙歌聒耳的"南朝金粉"之地，涌上杜牧心头的，是南朝陈后主的亡国故事，是晚唐气数将尽的无尽悲慨，而这种情绪沁入笔端，再美的桨声灯影也便如同病入膏肓者的回光返照，看似浮华，其实已是死期将至。对于这首诗，后世评价极高，被称为"千古丽句"，清人沈德潜更认为是唐人绝句的"压卷之作"。

事实上，沿着杜牧留给我们的诗歌意象行进，我们便会看到，《泊秦淮》不过是冰山一角，晚唐的烟雨如此凄迷，而杜牧就是那个在桨声灯影里静坐的思者。他将自己的所思所感，如缨络一般悉数编织进了自己的诗行,在这条独特的晚唐"诗轨"上,我们看到的是一份"含思悲凄"(《唐音癸签》)的生命咏叹,是一份"轻倩秀艳"(李调元《诗话》)的艺术才情。与他同时代和他一起并称"小李杜"的著名诗人李商隐对其极为推崇。在《杜司勋》一诗中,李商隐曾这样写道:

> 高楼风雨感斯文,短翼差池不及群。
> 刻意伤春复伤别,人间惟有杜司勋。
>
> ——李商隐《杜司勋》

追溯杜牧的家世,我们发现,杜牧的忧患意识和悲悯情怀恰恰来自家族昔日的荣耀。杜牧的家族,是号称"城南韦、杜"的世家望族:远祖杜预,人称"杜武库",是西晋征南大将军,著名的政治家、军事家;祖父杜佑,历任德宗、顺宗、宪宗三朝宰相。杜牧的家道中落是从其父杜从郁开始的,由于杜从郁英年早逝,少年杜牧被迫变卖房产,"游丐于亲旧",与弟"食野蒿藿,寒无夜烛,默所记者,凡三周岁"。然而,在逆境中成长,反而激发了杜牧苦学的热情。他通读百家之书,很早就从书中悟到了"见其树立其国,灭亡其国,未始不由兵"的道理,而他在《郡斋独酌》中那句"平生五色线,愿补舜衣裳"的豪言壮语,和早他一百年出生的杜甫那句"致君尧舜上,再使风俗淳"的铿锵之声,又何其相似乃尔!

杜牧的科举之路并没有经历多少蹉跎。二十六岁时,他没走当时流行的"温卷"之路，便以第五名的成绩早早登第，不久又在吏部考试中，以第四等及第，一年之中两次登第，让年轻的杜牧立刻名震京邑。要知道，在昏暗的晚唐，举子们的科举之路已是难上加难，在这条路上，李商隐走了五年，郑谷走了十六年，韩偓走了二十四年，韦庄及第时已经五十九岁，曹松更甚，及第时已年逾七十。当然，春风得意、年纪轻轻就两次登第的杜牧显然不仅为了图个功名，更在于面对晚唐藩镇割据外族入侵的危局，实现自己治国安邦的政治理想。正因如此，他登第后在江西观察使、宣歙观察使、淮南节度使幕府中持续八年的幕僚生涯中，始终在积蓄着力量，寻找着自己可以经世致用的人生出口。他继承了祖父杜佑经世致用的家学传统，将治乱兴亡的教训、财赋兵甲的要义、山川地形的考察与政治、经济、军事相链接，而将这些治世元素嵌入的载体，则是他的诗文。像韩愈、柳宗元的"文者以明道"一样，杜牧也认为，"文以意为主，气为辅，以辞彩、章句为之兵卫"。在杜牧看来，晚唐藩镇割据、宦官专权、党争弥烈、边患不断的政治时局，正是用士之世，以自己的才能，定当有一番作为。

然而，人微言轻的境地，却让这位胸怀大志的诗人充满了悲愤与无奈。唐文宗大和七年（833）春天，杜牧三十一岁，彼时，正在宣州宣歙观察使沈传师幕府中做一介小小的幕僚，奉沈之命赴扬州聘问淮南节度使牛僧孺，途经镇江，见到一位名唤杜秋的金陵女子。攀谈中得知，杜秋在十五岁时，做了浙西观察使、盐铁转运使李锜的侍妾。后来李锜叛乱被诛，杜秋籍没入宫，受到宪宗的宠爱。及至穆宗继位，命杜秋为皇子李凑的保姆。皇子成年以后，封为漳王。后漳王得罪，被废王号，削去封地，杜秋也被放还归乡。杜牧听过年老色衰孤苦无助的杜秋诉说平生遭遇后，"感其穷且老"，便写下了一首著名的长诗《杜秋娘》：

京江水清滑，生女白如脂。其间杜秋者，不劳朱粉施。
老濞即山铸，后庭千双眉。秋持玉斝醉，与唱《金缕衣》。
濞既白首叛，秋亦红泪滋。吴江落日渡，灞岸绿杨垂。
联裾见天子，盼眄独依依。椒壁悬锦幕，镜奁蟠蛟螭。
低鬟认新宠，窈袅复融怡。月上白璧门，桂影凉参差。
金阶露新重，闲捻紫箫吹。莓苔夹城路，南苑雁初飞。
红粉羽林仗，独赐辟邪旗。归来煮豹胎，餍饫不能饴。
咸池升日庆，铜雀分香悲。雷音后车远，事往落花时。
燕禖得皇子，壮发绿綾綾。画堂授傅姆，天人亲捧持。
虎睛珠络褓，金盘犀镇帷。长杨射熊黑，武帐弄哑咿。
渐抛竹马剧，稍出舞鸡奇。崭崭整冠珮，侍宴坐瑶池。
眉宇俨图画，神秀射朝辉。一尺桐偶人，江充知自欺。
王幽茅土削，秋放故乡归。觚棱拂斗极，回首尚迟迟。
四朝三十载，似梦复疑非。潼关识旧吏，吏发已如丝。
却唤吴江渡，舟人那得知。归来四邻改，茂苑草菲菲。
清血洒不尽，仰天知问谁。寒衣一匹素，夜借邻人机。
我昨金陵过，闻之为歔欷。自古皆一贯，变化安能推。
夏姬灭两国，逃作巫臣姬。西子下姑苏，一舸逐鸱夷。

织室魏豹俘，作汉太平基。误置代籍中，两朝尊母仪。
　　光武绍高祖，本系生唐儿。珊瑚破高齐，作婢春黄糜。
　　萧后去扬州，突厥为阏氏。女子固不定，士林亦难期。
　　射钩后呼父，钓翁王者师。无国要孟子，有人毁仲尼。
　　秦因逐客令，柄归丞相斯。安知魏齐首，见断箦中尸。
　　给丧蹶张辈，廊庙冠峨危。珥貂七叶贵，何妨戎虏支。
　　苏武却生返，邓通终死饥。主张既难测，翻覆亦其宜。
　　地尽有何物？天外复何之？指何为而捉？足何为而驰？
　　耳何为而听？目何为而窥？已身不自晓，此外何思惟？
　　因倾一樽酒，题作杜秋诗。愁来独长咏，聊可以自怡。

——杜牧《杜秋娘》

　　对于这首叙事长诗，杜牧的朋友张祜曾有诗评曰："年少多情杜牧之，风流仍作杜秋诗。可知不是长门闭，也得相如第一词。"事实上，这首颇似白居易《琵琶行》风格的长诗，又何尝不是杜牧在借杜秋娘之酒杯浇自己心中之块垒？"地尽有何物？天外复何之？指何为而捉？足何为而驰？耳何为而听？目何为而窥？己身不知晓，此外何思惟？"在这一连串的追问中，我们能够感受压抑在诗人心中的那份焦灼与痛楚。

　　但即便如此，我们还是在杜牧的宦海轨迹中，看到了这个深受儒家思想浸润的文人一步步在践行着自己"平生五色线，愿补舜衣裳"的政治理想。在四十岁到四十六岁，杜牧一直离京外任，彼时，他的身份已不再是幕僚，而是以一方父母官的身份先后出任黄州、池州、睦州刺史，在每一任上，杜牧不仅尽己所能，革除地方弊政，而且还心系庙堂，屡屡上书，直言进谏。作为一个身在外任的官员，杜牧时刻关心着时局，他反对藩镇割据，对宦官专权和小人乱政深恶痛绝，此间创作的诸多文章，如《罪言》《战论》《守论》《原十六卫》《阿房宫赋》等政论文赋，已然跳脱了辞藻的华丽，折射出一个散处江湖的臣子对大唐国运的深度关切。

在短短五十岁生命的最后几年，杜牧终于被迁调回长安，先后担任司勋员外郎、考功郎中、知制诰、中书舍人等职位，职位在一点点地攀升，按理说正是一展大志的好时机，但京城王公贵族们一派醉生梦死的氛围，让这位不善阿谀奉迎的诗人陷入巨大的无力感之中。如果说靠泊秦淮的那个夜晚，让诗人对江河日下的晚唐产生了巨大的失望，那么当他以穿透地层的笔锋，频频切入时间的断面，去呈现历史，坐望历史，叩问历史，我们看到的杜牧，已然将自己对历史深沉的反思作为了对颓靡晚唐的愤怒声讨。

孙家兄弟晋龙骧，驰骋功名业帝王。
至竟江山谁是主，苔矶空属钓鱼郎。
——杜牧《题横江馆》

《题横江馆》正是杜牧对王朝兴废的深沉吟诵。当年孙权兄弟何等英雄盖世，但最终江东基业却败于不肖子孙，为晋所灭，而这样的历史教训历朝历代都在重复上演，从没有哪个帝王真正以史为鉴。"碧溪留我武关东，一笑怀王迹自穷。郑袖娇娆酣似醉，屈原憔悴去如蓬"，这是杜牧在借楚怀王宠幸郑袖放逐屈原一事，暗警统治者要"亲贤臣，远小人"；"黔首不愚尔益愚，千里函关囚独夫。牧童火入九泉底，烧作灰时犹未枯"，这是杜牧在借抨击秦始皇暴政，发出"水能载舟，亦能覆舟"的治世忠告；"吕氏强梁嗣子柔，我于天性岂恩仇。南军不袒左边袖，四老安刘是灭刘"，这是杜牧通过西汉初年的商山四皓故事，预警外戚专权、小人得势；"长安回望绣成堆，山顶千门次第开。一骑红尘妃子笑，无人知是荔枝来"，这是杜牧在华清宫的砖缝里，嵌入的一声响彻千古的断喝……杜牧可以说是中国诗歌史上第一个大量地以七绝咏史的诗人。在浩如烟海的册卷中前行，杜牧如同一个沉默的画师，撷取一个个历史的场景，在对其描摹还原的同时，将自己的标签立于无形，又像一个吹奏觱篥的乐师，将历史的碎影排列成一个个音符，传递出自己对时局的深刻洞察和在追逐理想过程中的彷徨与苦闷。

> 折戟沉沙铁未销，自将磨洗认前朝。
> 东风不与周郎便，铜雀春深锁二乔。
>
> ——杜牧《赤壁》

当然，在杜牧的咏史诗中，我们除了看到王朝更替的历史影像，还会听到杜牧壮志难酬的深沉叹息，这首妇孺皆知的《赤壁》正是如此。作为"杜武库"的后裔，杜牧不仅在文字中可以笔走龙蛇，更是对军事兵法极为通晓，他曾将自著的《孙子注》一书，献与时任宰相周墀。在《上周相公书》中，他说："不教人之战，是谓弃之，则谋人之国，不能料敌，不曰弃国可乎？某所注《孙武》十三篇，虽不能上穷天时，下极人事，然上至周秦，下至长庆、宝历之兵，形势虚实，随句解析，离为三编，辄敢献上，以备阅览。"而在具体的实战中，杜牧也曾屡进谋略，"敢论列大事，指陈利病尤切"。宰相李德裕当国之时，讨伐藩镇刘稹叛乱，杜牧的建议让李德裕大胜而归，而在防御回鹘的战役中，还是因为采纳杜牧的用兵之策，李德裕出其不意发兵击溃了回鹘，一绝边患。能运筹帷幄，对兵书战策做到如此精准的把握，杜牧之才，在晚唐政治中殊为难得，而自负有"王佐才"的杜牧，当然也会在自己擅长的咏史诗中，一吐自己的政治抱负。"东风不与周郎便，铜雀春深锁二乔"，在杜牧看来，那场决定三国版图的赤壁之战，周瑜主要是占尽了天时，如果"东风不与周郎便"，其最后的结果一定是"铜雀春深锁二乔"。诚如沈祖棻先生所云"王尧衢《古唐诗全解》也说：'杜牧精于兵法，此诗似有不足周郎处。'……其中也暗含有阮籍登广武战场时所发出的'时无英雄，使竖子成名'那种慨叹在内"。至于自刎乌江的项羽，自负文武全才的杜牧发出的则是深深的遗憾，他认为"胜败兵家事不期，包羞忍耻是男儿"，项羽大可不必在乌江拔剑自刎，面子算什么？失败算什么？"江东子弟多才俊，卷土重来未可知"……可以说，透过这些英气逼人的诗篇，让我们在晚唐一片颓靡的醉境中，看到了一个清醒文人的文化自觉，看到了一个全能歌者的兵家权谋，更看到了一个大唐臣子的家国情怀。

在历史中静坐愈久,对现实就愈加失望。随着唐王朝渐渐呈现出江河日下之势,杜牧的歌吟之中即便再有喜秋意识,可以"停车坐爱枫林晚",喜看"霜叶红于二月花",最终也因自己陷入无力扭转乾坤的无奈,而生出"清时有味是无能,闲爱孤云静爱僧"的隐逸思想。彼时,当他将卓尔不群的文字悉数散落进光风霁月之中,我们看到,火红的霜叶已被这个在晚唐烟雨中独行的文人默默地夹进了诗行,任凭秋风吹面,落木萧萧。

> 落魄江南载酒行,楚腰肠断掌中轻。
> 十年一觉扬州梦,赢得青楼薄幸名。
> ——杜牧《遣怀》

这首《遣怀》,一直被人们视作杜诗中格调不高的艳情之作,宋人胡仔在《苕溪渔隐丛话》中说:"余尝疑此诗必有谓焉。因阅《芝田录》云:牛奇章(牛僧孺)帅维扬,牧之在幕中,多微服逸游。公闻之,以街子数辈潜随牧之,以防不虞。后牧之以拾遗召,临别,公以纵逸为戒。牧之始犹讳之,公命取一箧,皆是街子辈报贴,云杜书记平善。乃大感服。方知牧之此诗,言当日逸游之事耳。"因为胡仔的这段记载,使得很多人都认为这是杜牧在用诗文记录自己一段放浪的艳情,其实,在文人与歌伎之交颇为正常的唐代,杜牧此举本无可厚非,重要的是我们从这首诗歌中,应该感受到诗人的孤独与惆怅。在秦楼楚馆,在秦淮河畔,其实诗人从来就没有停止过心灵的叩问。这位悲世伤时的文人，同样对自己的诗文极尽苛求，不如己意，常常是"篇成在纸，多自焚之"，尤其是在其临终时，更是叮嘱家人"尽搜文章，阅千百纸，掷焚之，才属留者十二三"。匆匆走过五十载春秋自撰墓志铭的杜牧，一生都在叩问中前行，而那串被他双桨拍击而起的水花，落入水中，却涟漪难再，秦淮河，依旧雾气弥漫，依旧灯影阑珊。

温庭筠：高傲的"枪手"

在晚唐的诗词园地中，有一个人的名字是不能忽视的，他就是温庭筠：他的诗浓丽精工，与李商隐齐名，时称"温李"；他的词绮靡细腻，与韦庄齐名，并称"温韦"；他被尊为"花间词派"鼻祖，是中国诗词过渡的重要桥梁，收唐诗之尾，开宋词先声。然而，他又是一个高傲的"枪手"，在残唐的风雨中，留给人们一个踽踽独行的背影。

温庭筠是唐初宰相温彦博的六世裔孙，这个曾经显赫一时的家族，走到温庭筠这一代，已是门庭寥落，用温庭筠的话说就是"道直更无侣，家贫唯有书"。当然，贫寒的生活并没有影响一个诗词天才的成长，相反，倒激励他勤奋苦读，博览群书。史载，温庭筠文思敏捷，"工为辞章"，"尤长于诗赋"。当时的进士考试讲求八韵律赋，科试之日，考生会分得三根大蜡烛，三根蜡烛燃尽，便要作完八韵诗赋，故当时有人作联道：三条烛尽，烧残士子之心；八韵赋成，惊破试官之胆。而这条规定对温庭筠而言并无难度，史载他常常是"烛下未尝起草，但笼袖凭几，每赋一韵，一吟而已,故场中号为温八吟",又云其"凡叉手八韵成",于是亦称"温八叉"。这样的功力与才情,在风雨飘摇人心浮躁的晚唐,绝对是佼佼者。

毋庸置疑,家族曾经的光荣,就是温庭筠跻身科场的最大动力,远祖温彦博的赫赫官声,呼唤着这位才高八斗的温氏后裔,凭借自己的一支健笔重拾骄傲。

> 稻田凫雁满晴沙,钓渚归来一径斜。
> 门带果林招邑吏,井分蔬圃属邻家。
> 皋原寂历垂禾穗,桑竹参差映豆花。
> 自笑谩怀经济策,不将心事许烟霞。
> ——温庭筠《郊居秋日有怀一二知己》

这首《郊居秋日有怀一二知己》,在温庭筠的诗词作品中,也许并没有什么知名度,却切实反映了他渴望效力唐廷的心声。在这首诗的首联、颔联、颈联中,我们看到的是一派淡远静谧的田园风光,金黄的稻田、悠然的水鸟、暮归的钓者,让人们感觉温庭筠写作此诗的目的,意在表达自己对幽隐林泉的向往。然而,当我们的视线最终落到此诗的尾联上,才发现温庭筠是卒章显志,"自笑谩怀经济策,不将心事许烟霞",他真正在意的,并非诗酒田园,而是怀揣经邦济世之梦,渴望在科举中一举中的,实现自己的人生理想。

然而,就是这样一位才情沛然、胸怀梦想的才子,却不得不以"枪手"的样貌混迹于世间。当大唐走过近三百年历史，这个帝国曾引以为傲的科举制度已是弊端尽显，越来越流于形式，"关节""请托""温卷""呈榜"等徇私舞弊之行名目繁多，若想在科举考试中出人头地，没有达官贵人的引荐，得中的概率微乎其微。正因如此，在官场门生、座主之谊、求荐请托之风盛行的晚唐，温庭筠不得不硬着头皮四处干谒。他曾投书给当时李党的重要人物李德裕，恳请他代为举荐，结果李德裕对温庭筠并没有青眼相待。随着牛李党争的此消彼长，不久，温庭筠又投书牛党的实权人物令狐绹，希望他能为自己延誉奔走，而让温庭筠没有想到的是，如果说李德裕还只是看人走眼，但至少还保持着清高的人格操守，那么到了令狐绹这里，就只有狭隘的器局和心胸。当温庭筠走入令狐府中，他没有想过自己会成为一名"枪手"，而这位骨子里高贵而孤傲的"枪手"，也正是因为这段特殊的"枪手"经历，与执掌当朝权柄的令狐绹结下了宿怨，直接影响了自己整个的人生轨迹。

事件的发生是这样的。当时的宣宗皇帝非常喜欢曲词《菩萨蛮》，令狐绹于是暗自请温庭筠替自己新填《菩萨蛮》词呈送皇帝。在令狐绹看来，这个希望自己引荐的书生确有才情，如果让他捉刀代笔，皇帝一定会非常满意。温庭筠很快便以《菩萨蛮》曲牌填了一首新词，令狐绹大喜，特意嘱咐温庭筠千万不要泄漏出去。做了一回"枪手"，温庭筠心有不甘，不久就将此事传了开来，这使令狐绹恼羞成怒，大为光火。而如果说这次的"枪手"事件让令狐绹失了面子，那么接下来的一件事则更让令狐绹对温庭筠恨之入骨。据说有一次唐宣宗赋诗,上句有"金步摇",未能对,让未第进士对之,温庭筠以"玉条脱"对之,宣宗很高兴,便予以赏赐。令狐绹不知"玉条脱"之说,问温庭筠。温庭筠告他出自《南华经》,并说《南华经》并非冷僻之书,相国公务之暇也应看点书。这句话言外之意很明显,就是在讽刺令狐绹不读书,不学无术。不仅如此,温庭筠还对这位权倾朝野的人物极尽挖苦:《唐诗纪事》云,温庭筠曾写诗道:"中书堂内坐将军",暗讽令狐绹胸无点墨,却高居相位;《南部新书》亦载:"令狐绹为相,以姓氏少,族人有投者,不吝其力,由是远近皆趋之。至有姓胡冒令者,进士温庭筠戏为词曰'自从元老登庸后,天下诸胡悉带铃'。"当这几桩事情一点点拉开令狐绹与温庭筠的裂痕,令狐绹怎么也想不通,以自己的位置,多少人想巴结都苦于没有机会,而最需要他引荐提拔的温庭筠不仅不甘心当个背后的"枪手",反而还敢于跳出来对他一顿羞辱,温庭筠,难道你是不想好了吗?

胳膊当然扭不过大腿,温庭筠很快便领教了权相的厉害。令狐绹不仅没有为这个才情横溢的后生延誉奔走,反而向皇帝上奏说他有才无行,不宜与第。也正是因为令狐绹从中作梗,温庭筠尽管学富五车,却累试不第,淹蹇蹉跎。"既而羁齿侯门,旅游淮上。投书自达,怀刺求知。岂期杜挚相倾,臧仓见嫉。守土者以忘情积恶,当权者以承意中伤。直视孤危,横相陵阻。绝飞驰之路,塞饮啄之途。"当这位从令狐府中昂首走出的"枪手"被一次次科举的"暗枪"刺得心头滴血,他知道,功名已经与自己无关。

既然功名无望了,又何不再做一把科场的"枪手"呢?一千多年前,温庭筠的这声心灵独白根本无人听到,但发生在大中九年(855)的"搅扰场屋"事件,却让人们在若干年后,再次注意到了温庭筠这个"枪手"的存在。如果说当年温庭筠为令狐绹捉刀代笔还是情非得已,那么这一次已是温庭筠主动为之。尽管彼时的他多次科举不第,只混了个考功郎中,但他的才名已在坊间盛传,很多像他一样干谒无门的举子为了应试或行卷,都想方设法找到温庭筠购求他的大作,而温庭筠为生活所迫,性情所驱,也来者不拒,一手拿钱,一手交货。《东观奏记》载,当时"不中选者……先得试题,托词人温庭筠为之";《全唐诗话》也说"庭筠才思艳丽,工于小赋。每入试,押官韵作赋,……多为邻铺假手,日救数人";而将温庭筠的"枪手"功夫传得最神的,还是《唐才子传》记载的"搅扰场屋"事件。大中九年(855),沈询主持春闱,这个主考官早就听说过这位"日救数人"的温庭筠十分了得,所以考试当天,特意将温庭筠安排在帘前应试,为的就是防止他再做"枪手"。温庭筠当日心中不乐,日近黄昏,他就先交卷出去了,但仍然献上洋洋千言的雄文,更让这位沈考官错愕的是,这个出神入化的"枪手"即便在这次科举考试中被"特别关照",仍旧是防不胜防,帮助了八名考生!当然,很快这个"日救数人"的神秘"枪手"便被人告发,朝廷视其搅扰场屋,贬为隋县尉。

> 晨起动征铎,客行悲故乡。
> 鸡声茅店月,人迹板桥霜。

槲叶落山路，枳花明驿墙。

因思杜陵梦，凫雁满回塘。

——温庭筠《商山早行》

温庭筠的这首《商山早行》，正是创作于这个时期。整首诗正文虽然没有出现一个"早"字，但是通过早霜、茅店、鸡鸣、人迹、板桥、冷月这六个意象，已经将初春山村黎明特有的景色和羁旅行役的眷眷乡愁淋漓尽致地表现了出来。事实上，自从"搅扰场屋"事件发生后，温庭筠就再也没有走进过科场，而对于这个隐形"枪手"的遭遇，有些中下层文人还是给予了深切的同情。纪唐夫曾特为温庭筠作诗道："何事明时泣玉频？长安不见杏园春。凤凰诏下虽沾命，鹦鹉才高却累身。且尽绿醽销积恨，莫辞黄绶拂行尘。方城若比长沙路，犹隔千山与万津。"直接将温庭筠比作了以《鹦鹉赋》闻名、击鼓骂曹的名士祢衡。显然，纪唐夫是温庭筠的知音，他知道，这个忤逆了当朝权相令狐绹的耿介文人，看似在给达官贵人和普通举子们代笔，并最终以"搅扰场屋"的方式自绝于科举，其实，他一直都在以一种戏谑的方式演绎着自己的"枪手职业"。才高命蹇的温庭筠，实际是因为一份骨子里的高傲，而主动选择了一种窘迫的人生。

当然，能像纪唐夫这样深深理解温庭筠的文人毕竟是少数，许多所谓正统文人尤其是一些高高在上的士大夫阶层，还是没有放过这位落寞才子，他们对温庭筠愤怒声讨口诛笔伐，直接造成了温庭筠生前身后的巨大悲怆。在那些以清高孤傲自居的文人看来，温庭筠的所作所为根本就是在"以文为货",不仅不是清高之举,反而有辱文人这个称谓!其实,历代文学之士"以文为货"者不乏其人:西汉司马相如曾得黄金百斤,为陈阿娇复得宠幸而写洋洋大赋《长门赋》;一代文宗韩愈更是曾为人撰写碑文而大获其利。然而,对于这两位文学大家,人们不仅没有任何微词,反而充满艳羡。倒是身处底层的"枪手"温庭筠,所得笔润不过求一温饱,却成了他为人轻薄无行的一项铁证!《唐摭言》的措辞就没给温庭筠留一丝情面,内中说"开成中,温庭筠才名藉甚,然罕拘细行,以文为货,识者鄙之"。而在温庭筠"以文为货"的种种"罪证"中,最为"识者鄙之"的罪证,便是凭借其"能逐弦吹之音"的本事,大作"侧艳之词",将自己的诗词售与青楼歌伎。如果说温庭筠单单给举子做"枪手"尚能说得过去,那么终日沉迷于秦楼楚馆之中,迎合歌伎们的需求,"男子作闺音""以助娇娆之态",就令卫道士们所"不齿"了。

玉炉香,红蜡泪,偏照画堂秋思。眉翠薄,鬓云残,夜长衾枕寒。

梧桐树,三更雨,不道离情正苦。一叶叶,一声声,空阶滴到明。

——温庭筠《更漏子》

这首《更漏子》,应当是温庭筠写给某位青楼女子的"应歌",即应歌伎之约而创作的作品。事实上,借助《更漏子》这个词牌,温庭筠一共完成了六首内容相仿的词作，其词多是从夜晚写到天明，其旨则均是借"更漏"夜景咏妇女相思情事。被一班文人们讥为"以文为货"的温庭筠，并没有停止自己迈向勾栏的脚步，相反，这位在文学和音乐方面有着极高禀赋的落魄书生，在勾栏的调笑声里实现了对官僚权贵的轻慢蔑视，实现了对封建道统的彻底反动。在香艳的绣襦中徘徊缱绻，温庭筠没有辜负这些风尘女子对他的期待，在收获借以度日的笔润的同时，温庭筠也将自己变身成为她们中的一员，以她们的视角，审视着人间烟火，书写着青春的流逝与命运的不公，以她们的情愫，传递着女人的柔情、真情、热情与悲情。"转盼如波眼，娉婷似柳腰。花里暗相招。忆君肠欲断，恨春宵。""懒拂鸳鸯枕，休缝翡翠裙。罗帐罢炉熏，近来心更切，为思君。"步着《南歌子》的韵律，我们看到的是一个思春女人的痴情。"一尺深红胜曲尘，天生旧物不如新。合欢桃核终堪恨，里许元来别有人"，在《杨柳枝》词的旋律中，我们看到的是一个女子对负心郎的深深怨恨……明人王世贞在《艺苑卮言》中说："温飞卿所作词曰《金荃集》，唐人词有集曰《兰畹》，盖皆取其香而弱也。"清人田同之在《西圃词说》中则认为"《金荃》《兰畹》之词，概崇芳艳"。当"男子作闺音"的温庭筠在他的低吟浅唱之中，将青楼歌伎们的香艳、娇弱和怨尤以唯美的姿态呈现出来，这位在仕途功名上看不到方向的文人，已经以另一种方式找到了自身的价值。

当然，甘愿成为青楼"枪手"的温庭筠，更看重的还是一份被尊重的荣光和一份生命的真实。这好像是一个悖论，在最浮华最逢场作戏的情境中，温庭筠却和众多风尘女子超越了雇佣的关系，渗透进了生命中最真实的情愫。当歌伎们拨响琵琶，让一首首温词在秦楼楚馆缓缓地升起，选择沉沦的温庭筠实际从未放低自己高傲的内心。在他的眼中，歌伎们是可以心意相通的知音，不是宣淫泄欲的工具，是邻家的姐妹，不是简单买文的主顾，也正因如此，风月场中的娇声软语，香汗锦衾，一经温庭筠的点化，便少了一分狎谑，多了一分温馨。

当奔涌的才思在歌伎们那里找到共鸣，温庭筠对官场的不屑与弃绝便更加义无反顾。《旧唐书》载，温庭筠曾在广陵驻留，此间正逢令狐绹亦在，温庭筠竟"狂游狭邪，久不刺谒"，某日，"乞索于扬子院，醉而犯夜，为虞候所系，败面折齿"。所谓扬子院，就是青楼娼馆，想必是取得笔润的温庭筠深夜买醉，犯了大唐宵禁律令，结果被打得很惨。从这段记载，我们看到的，正是温庭筠身上的那份傲骨。在落魄文人都习惯在权贵豪门的屋檐下栖身的大唐社会，温庭筠不仅没有去向如日中天的令狐绹摇尾乞怜，相反，宁可冒着被打的风险，深夜叩响青楼之门，只为索回自己应得的一份糊口笔润！及至后来，令狐绹对温庭筠的愤怒更是殃及其子温宪被拒于科举之门。我们不能不说，这就是温庭筠，与攀附权贵的文人们相比，"枪手"温庭筠树起的，是一张另类的生命高洁的标签！

这也许是温庭筠没有想到的，"有丝即弹，有孔即吹"的他，会成为词这种新兴的文学样态的开山之师。在文人普遍以诗为主，将处于萌芽状态的词视作"倚声""诗余"的大唐，温庭筠却勇开先声，以一己之力带动开启了词的发展。文人们不会想到，走过王勃"海内存知己，天涯若比邻"的初唐，走过李白"金樽清酒斗十千，玉盘珍馐值万钱"的盛唐，走过刘禹锡"沉舟侧畔千帆过，病树前头万木春"的中唐，会在大唐帝国的风烛残年，迎来一位以长短句的铺排接替大唐文运的歌者。正是他，以其特有的韵律，直接影响了五代的"花间"词人，被后来的蜀中词人牛峤、毛文锡、欧阳炯等人追随效仿，形成了富丽精工的"花间"派风格；而作为《花间集》收录的十八家词人之首，温庭筠显然一骑绝尘，其作品的生命力和影响力，竟长于其他"花间"词人达半个世纪之久！

"苦思搜诗灯下吟，不眠长夜怕寒衾。满庭木叶愁风起，透幌纱窗惜月沉。疏散未闲终遂愿，盛衰空见本来心。幽栖莫定梧桐处，暮雀啾啾空绕林。"这首《冬夜寄温飞卿》，是唐末才女鱼玄机向温庭筠示爱的情诗。出身青楼的鱼玄机彼时才十几岁，而温庭筠已经四十多岁了，但年龄并未成为这位情窦初开的少女的爱情障碍；至于相貌丑陋被人称作"温钟馗"的温庭筠的颜值，更是被鱼玄机完全略过，她只是被这位出入青楼却才气纵横的歌者深深打动，愿与其长相厮守！当然，这个爱情故事并没有一个美丽的结局，温庭筠最终因自己与鱼玄机年龄相差太大，没忍心走进鱼玄机的生命。这个本应成为时代歌者的中国文人，顶着超级"枪手"的名头，独行于残唐的寒霜冷雨之中，把功名与情感悉数收进一把湿淋淋的油纸伞，只为后人留下了一个孤傲与高贵的文人背影！

许浑：日薄西山写挽歌

晚唐诗歌，已不复盛唐之盛，在渐趋卑靡的背景下，除了李商隐、杜牧、温庭筠，许浑算是佼佼者。四人之中，许浑的官职相对要高一些，这位经历了德宗、顺宗、宪宗、穆宗、敬宗、文宗、武宗、宣宗、懿宗九朝的诗人，于文宗大和六年（832）进士及第，开成元年（836）赴南海幕府，后先后任当涂、太平令，大中年间入为监察御史，因病乞归，后复出仕，任润州司马，历虞部员外郎，转睦、郢二州刺史。从仕途来看，许浑比之李、杜、温，还算顺利。但身处动荡的晚唐，即便身居高位，同样也会有衰亡之忧，许浑正是如此。他的诗歌沉郁悲慨，后人认为其与诗圣杜甫齐名，并以"许浑千首湿，杜甫一生愁"评价之，由此可见其在晚唐诗坛的影响力。

诗人的创作离不开他所处的时代。许浑所处的时代，正值大唐风雨飘摇之际，经历过短暂的"中兴"之后，唐王朝有如一辆破敝的马车，渐渐驶入朝堂党争、宦官专权、藩镇割据的泥淖，社会黑暗，朝政腐败已经成为不可扼制的毒瘤，侵蚀瓦解着这个历经近三百年的帝国之躯。在这样一种背景下，皇帝有如走马灯一般更换，他们更像是宦官和权相手中的提线木偶，废立生死全在别人的操控之中。身处频繁动荡的时局中，作为官员和诗人的许浑痛心疾首，当政治上不能有所作为，许浑只能将压抑的心境投向诗歌。

> 云蔽长安路更赊，独随渔艇老天涯。
> 青山尽日寻黄绢，沧海经年梦绛纱。
> 雪愤有期心自壮，报恩无处发先华。
> 东堂旧侣勤书剑，同出膺门是一家。
> ——许浑《甘露寺感事贻同志》

这首《甘露寺感事贻同志》，是许浑写于江苏润州任上的伤怀之作。宝历二年（826）十二月，在宦官王守澄的拥立下，文宗李昂即位。这位被史家认为恭俭儒雅的皇帝，从即位之日起，就暗中打算削弱宦官势力，因为他的前任——敬宗皇帝正是为宦官刘克明所弑，如果不主动出击，自己很有可能和敬宗一个下场。他很快秘密建立起了一个由大臣李训、郑注等人构成的阵营，先是杖杀了曾参与杀害唐宪宗的宦官陈弘志，不久又用李、郑之谋除掉了当初拥立自己的宦官王守澄。然而，王守澄的死去，并不意味着皇帝与家奴之间博弈的终结，死了一个王守澄，又多了一个仇士良，而仇士良比王守澄更难对付。唐大和九年（835），二十七岁的唐文宗不甘为宦官控制，和李训、郑注密谋策划诛杀宦官头目仇士良。唐文宗以观露为名,将仇士良骗至禁卫军的后院欲斩杀,结果反被仇士良识破,双方展开火拼,李训、郑注、王涯、舒元舆等人悉数被宦官剿杀灭门,而渴望重收皇权的唐文宗也从此受制于家奴而终了一生。在这场史称"甘露之变"的唐廷政变之中,作为许浑举进士时的座主——中书侍郎同中书门下平章事贾餗,因为是重要的参与者之一,也横罹灭族之祸。"雪愤有期心自壮,报恩无处发先华。"站在润州的愁云惨雾之中,惊闻噩耗的许浑将内心的怒火以燃烧的方式喷发于纸上,这首诗与其说是悼念恩师之作,莫如说是对凄凄晚唐的无尽感伤。

事实上,作为一个在晚唐乱局中行走的"局内人",不仅"甘露之变"让许浑深感切肤之痛,许多发生在这一时期的政治事件,都被许浑以诗歌的形式记录在案。大中十二年(858),盐州刺史刘皋被监军史杨玄价所杀,这位素有威名的盐州刺史,怎么也不会想到,自己竟会被一个失势之人以谋反的罪名函首入朝。据说当时宣宗极为震怒,立刻派人前往西北追查此事,最终案情得以水落石出,刘皋的清名得以保全。然而这件事在朝野上下还是引起了不小的轰动,许浑正是在这一背景下,写下了《闻边将刘皋无辜受戮》一诗。

> 外监多假帝王尊,威胁偏裨势不存。
> 才许誓心安玉垒,已伤传首动金门。
> 三千客里宁无义,五百人中必有恩。
> 却赖汉庭多烈士,至今犹自伏蒲轮。
> ——许浑《闻边将刘皋无辜受戮》

这首诗，无疑是对晚唐宦官监军制度的猛烈抨击。在关心政治对现实痛心疾首的许浑笔下，这样的诗作还涉及讨伐藩镇、朋党之争等话题。伫立于乌烟瘴气的晚唐政治氛围中，许浑渴望有所作为，"虚戴铁冠无一事，沧江归去老渔舟"，但在皇帝都受制于人的背景下，身为小吏的许浑又当如何呢？"徒有干时策，青山尚掩门"，当面对家国之忧却无可奈何，许浑的痛苦与郁闷，已经溢于言表，毫无掩饰。

对现实愤怒的文人，常常会将思辨的目光投入历史的深处，通过观照历史，回溯历史，来寻求发泄的出口和质问的载体，初唐骆宾王、盛唐杜甫、中唐刘禹锡无不是这方面的高手。那么，在晚唐如晨星般寥落的文人中，谁又是穿越历史的歌者呢？翻阅晚唐残卷，我们发现，除了"小李杜"，许浑也堪称咏史的代表。他一生中创作了大量登临怀古之作，在他的笔下，一座斑驳的高台，一处颓废的遗存，都可以被赋予历史的况味。登临其上，诗人在写景状物的同时，更多将自己对政治时局的敏感，对动荡末世的隐忧，对历史风云的坐望，悉数融入自己的诗行之中。正是通过对日薄西山的唐王朝的一唱三叹，通过对秦砖汉瓦的反复歌吟，让我们看到了一个晚唐文人面对大厦将倾却彷徨无助的忧伤表情。

宋祖凌歊乐未回，三千歌舞宿层台。
湘潭云尽暮山出，巴蜀雪消春水来。

行殿有基荒茅合,寝园无主野棠开。

百年便作万年计,岩畔古碑空绿苔。

——许浑《凌歊台》

这首《凌歊台》,是许浑在当涂任上所作。凌歊台位于当涂县北黄山上,相传南朝宋武帝刘裕所建,《太平府志》记载:黄山在郡治北五里,高四十丈,山如初月形,而这座宏伟的高台则有"笙镛黛绿之胜"。肇建此台的刘裕,虽"三千歌舞宿层台",但作为南朝宋的开国之君,刘裕的克勤克俭却令人称道。他曾专辟一室,陈列着其当年给人做佣工时使用的灯笼麻绳之类的物什,目的在于警策后世子孙时刻不忘创业的艰辛。然而,随着他的儿子刘骏继位,这个南朝小朝廷的国祚急转直下。刘骏在其父登临的高台上又建起了高耸入云的离宫用来避暑。不仅如此,刘骏的骄奢淫逸也是"青史留名"。史载这位膂力强劲的皇帝极为贪恋女色,宫中女子只要有几分姿色,便被他召来御幸,而一些朝廷命妇同样不能幸免,在太后路氏的显阳殿,刘骏常常是趁着她们朝谒太后之机,强行云雨,不仅如此,他还与其堂妹甚至其母大行乱伦之事。而他对财富的贪婪更是无以复加,面对父亲留下的灯笼麻绳这些警示之物,他不仅全无感觉,而且还将赌具搬到了宫中。为了聚敛钱财,这个皇帝和大臣大玩赌博游戏,试想哪个大臣敢赢了皇帝?到头来,凡是被召进宫的大臣的口袋都被掏了个精光。"行殿有基荒茅合,寝园无主野棠开。百年便作万年计,岩畔古碑空绿苔。"许浑的这首登临之作,显然在用历史影射现实,一座曾经歌舞升平的高台，最终变成了荒草萋萋的颓台，这种兴替荣衰，不是一直都在周而复始地上演吗？

明人高棅曾云："元和后律体屡变，其间有卓然成家者，皆自鸣所长，若李商隐之长于咏史，许浑、刘沧之长于怀古，此其著也……三子者，虽不足以鸣乎大雅之音，亦变风之得其正者矣。"方回也认为许浑诗集"以怀古数诗为最"。许浑的怀古诗大多为绝句，和小李杜一样，在咏与讽上下足了功夫。相同的历史命运，共通的时代感触，让许浑的诗歌充满了无望的愁绪和苦闷的象征。如果说《凌歊台》在借助一座被风雨剥蚀的高台，呼唤明主，惋讽昏君，那么这首《陈宫怨》，则让许浑以尘封的卷册为通道，表达自己对昏暗时局的出离愤怒。

地雄山险水悠悠，不信隋兵到石头。
玉树后庭花一曲，与君同上景阳楼。

——许浑《陈宫怨》

这首《陈宫怨》的历史主角，是以《玉树后庭花》这支亡国之音载入史册的南朝陈后主陈叔宝。陈后主才华横溢，文辞藻丽，明人辑录他的诗文二十余卷，风流了中国宫体诗赋的一角。然而，陈后主的诗句美则美矣，人们却从中读不到一丝忧患，他所钟情的，是濒立于轩槛的美女丽姝，是通宵达旦的宴饮笙歌。皇帝广有四海的权力，被他诗意地挥霍着：他不关心政事，僵硬的奏折会冲淡他吟风弄月的灵感；他拒绝一切忠言，忠言太尖利会刻断他诗人的柔肠。陈后主开了王朝的先例，几乎是空前绝后地在宫闱之中设立了女官，增加了女学士。她们与诸文学臣工共赋新诗，互相赠答，其中佳作，还配以曲乐，由宫女千百人习而歌之。朝堂的冷落和宫廷诗赋的异常繁荣形成鲜明的对比。而此刻，北方隋文帝正大修战具，赶造船只，他统一天下的目光已经落在了偏居江南一隅的陈朝。隋文帝揭露陈后主"二十恶"的檄文四处飘飞，"马上天子"和"诗人皇帝"的命运于同一时刻呈现在后人的面前，最终，陈后主成为一个写着华章披着华衮的亡国之君。

写下《陈宫怨》的许浑，显然借历史之镜鉴晚唐政局。晚唐皇帝已成宦官傀儡，他们要么求仙问道，迷信方术，以丹药之毒向着自己长生不老的意愿逆行，最终暴病而死；要么陷入沉歌醉舞之中，生活糜烂，不恤国事，让执政的车驾愈加向着不可挽回的深渊滑落。人微言轻的许浑只能长歌当哭，徒唤奈何。当"樽前挂帆去，风雨下西楼"成为许浑吊古伤怀的常态，当"因高一回首，还咏黍离歌"成为许浑登高望远的心境，当"帝乡明日到，犹自梦渔樵"成为许浑在仕隐之间彷徨的写照……我们看到，这位历经晚唐九朝皇帝的诗人，在不断下行的帝国帷幕中，更像是一个黯然唱奏挽歌的乐师。他是时代的参与者，更是时代的旁观者。

> 一上高城万里愁，蒹葭杨柳似汀洲。
> 溪云初起日沉阁，山雨欲来风满楼。
> 鸟下绿芜秦苑夕，蝉鸣黄叶汉宫秋。
> 行人莫问当年事，故国东来渭水流。
>
> ——许浑《咸阳城东楼》

这首传诵千古的《咸阳城东楼》，是许浑于某个深秋登临咸阳城楼极目远眺时所作，其中一句"山雨欲来风满楼"，早已成为后世人们形容社会大变局前夜时经常引用的名句。南宋《桐江诗话》云："许浑集中佳句甚多，然多用'水'字，故国初士人云'许浑千首湿'是也。"检阅许浑留给后世的诗作，我们会发现一个十分特别的现象，那就是诗人大量运用了"水"意象。有人统计，在他的《丁卯集》中，用到"水"字的多达一百六十八首，约占全诗总数的31%，此外，用到"江"字的有六十首，用到"溪"字的有七十首，用到"波"字的有三十首，用到"潮"字的有二十四首，"雨"字有九十三首，"露"字有五十一首，"雪"字有五十六首，"海"有二十七首，"浪"字六首，"涛"字三首。许浑对水意象的情有独钟，当然首先缘于自然地理对他的影响。他的家乡润州丹阳，地处江南，水路纵横，在这片长江下游南岸的富庶之地，交织着上百条河道，构成了河网密布的庞大水系，这无疑让生长于斯的许浑对水有着与生俱来的亲近，而其一生的出游与任所又多是水乡泽国，更让他的生命与水意象结成了不可切分的联系。他曾供职于安徽颍州，那里紧邻颍河之滨；他曾游历浙江天台山，在那里，他"仰看瀑布，旁眺赤城，辨方广于霏烟，蹑石桥于悬壁，登陟兼晨，穷览幽胜"；他曾举家迁至荆州，在那里，有清漳、荆水浸润着他的诗心；元和十五年（820）前后，他更是南来北往、山行水宿多次。可以说，水意象已经成为许浑视野里始终伴随的意象。"山风藤子落，溪雨豆花肥"，这是水的空灵；"草阁平春水，柴门掩夕阳",这是水的婉约……毫无疑问,正是这种地缘情感的注入,让许浑的诗歌氤氲一片,水汽纵横。

当然,"许浑千首湿"的最终用意,还是诗人希望通过这些湿漉漉的文字,传递出感时伤世的悲情。许浑身处的晚唐,早已不是文人可以把酒临风金樽对月的盛唐,他们更多地处于一种对前途无助无望对世道彷徨茫然之中。所谓"文变染乎世情,兴废系乎时序",在这样一种状态下,许浑诗歌里的水意象也势必染上难以排解的离愁乡愁和家国哀愁。由此,我们看到,在"故巢迷碧水,旧侣越丹霄。不是无归处,心高多寂寥"的歌吟中,许浑以水鸟自喻,意在表明自己的高洁之志;在"石燕拂云晴亦雨,江豚吹浪夜还风。英雄一去豪华尽,惟有青山似洛中"的追思中,许浑深慨兴废,留下一声沉重的叹息;在"劳歌一曲解行舟,红叶青山水急流。日暮酒醒人已远,满天风雨下西楼"的唱念中,许浑掷酒摔杯,直面满天密布的彤云;而在"鸦噪暮云归古堞,雁迷寒雨下空壕。可怜缑岭登仙子,犹自吹笙醉碧桃"的吟哦中,许浑对浑浑噩噩醉生梦死的晚唐官僚体系已是深恶痛绝,溢于言表……当纷繁的水意象悉数洒向许浑的诗歌,我们看到,迎着残唐的瘴雨寒烟彳亍,一身水汽的许浑已经把自己对家国命运的关注、对前途不祥的预感挫成一首首无限悲怆的挽歌,歌声起处,一片苍凉。

"若论风月江山主,丁卯桥应胜午桥",陆游对许浑的诗坛地位评价甚高。在这位高产的宋代诗人看来,若论悠游林泉、风致清新,在洛阳午桥诗酒唱和的中唐诗人裴度、白居易、刘禹锡都不及许浑。而明代学者胡应麟更是将许浑和杜牧、温庭筠、李商隐并称为"晚唐铮铮者"。当然,后世也有许多文人认为许诗气象局促,意多牵合,语意重复。北宋诗人陈师道曾有诗云"后世无高学,举俗爱许浑",认为晚唐诗风日颓,后世喜欢许浑的人根本不懂诗;方回更是说许诗"工有余而味不足","体格太卑,对仗太切"。然而,世人不论褒许还是贬许,有一点却是共通的,那就是许浑在他的诗歌中给后世呈现的生命状态,有着愤世之慨,更有着末世之哀,悲悯苍凉间,已是泪湿千行。

韦庄：洛阳才子他乡老

作为由晚唐向五代过渡的文人，韦庄的人生，实际是用他的诗和词进行分野的。如果说穿行于晚唐的愁云惨雾之中，韦庄是以诗歌作为表达末日悲怆的容器，那么走进五代，词，则成了韦庄排遣乡愁的载体。这个站在晚唐与五代交会点的文人，左望长安洛阳，右望巴山蜀水，收官了一段文采卓然的历史，也迎迓了一个"诗余"壮大的时代。

京城韦氏的落魄不是从韦庄开始的，他是中唐著名诗人韦应物的四世孙，而韦家的衰没早在韦应物之前就已经开始了，到了韦庄这一辈，更是随着大唐帝国一起，从盛世巅峰跌入到末世的谷底。史载韦庄少年家贫，却勤学笃行，疏旷不拘，即便身处末世，却"平生志业匡尧舜"，怀抱经邦治世的梦想。他曾在昭义节度使、北都留守刘潼的帐中有过一段短暂的游幕经历。在首赴长安科举失利之后，广明元年（880），韦庄再次背起行囊，前往长安应试。然而，也就在此时，黄巢起义军攻陷了长安。这座经历过安史之乱战火荼毒的大唐都城，跟跟跄跄地走了一百多年，还没怎么恢复元气，就又陷入了兵荒马乱之中。无奈之下，在长安乱局中东躲西藏的韦庄只能跑到相对安全的江南一带漂泊，投奔到镇海军节度使周宝幕府。韦庄投奔周府时，为了彰显自己的才能，带上了一块特别的"敲门砖"。这块"敲门砖"，便是诗人借一位逃难的妇人之口针对唐末黄巢起义这一历史事件创作的乐府叙事长诗——《秦妇吟》。

中和癸卯春三月，洛阳城外花如雪。
东西南北路人绝，绿杨悄悄香尘灭。
路旁忽见如花人，独向绿杨阴下歇。
凤侧鸾欹鬓脚斜，红攒黛敛眉心折。
借问女郎何处来？含颦欲语声先咽。
回头敛袂谢行人，丧乱漂沦何堪说！
三年陷贼留秦地，依稀记得秦中事。

是时西面官军入，拟向潼关为警急。
皆言博野自相持，尽道贼军来未及。
须臾主父乘奔至，下马入门痴似醉。
适逢紫盖去蒙尘，已见白旗来匝地。
扶羸携幼竞相呼，上屋缘墙不知次。
南邻走入北邻藏，东邻走向西邻避。
北邻诸妇咸相凑，户外崩腾如走兽。
轰轰混混乾坤动，万马雷声从地涌。

> 火迸金星上九天，十二官街烟烘烔。
> 日轮西下寒光白，上帝无言空脉脉。
>
> ——韦庄《秦妇吟》（节选）

这首与汉乐府《孔雀东南飞》、北朝乐府《木兰辞》并称为"乐府三绝"的《秦妇吟》，共计两百三十八句、一千六百六十六字，几乎是白居易《长恨歌》的两倍，堪称唐诗第一巨制。《秦妇吟》反映的时间断面，是从唐僖宗广明元年（880）冬到中和三年（883）春，即黄巢起义军进驻长安的两年多时间。写下"冲天香阵透长安，满城尽带黄金甲"的黄巢在攻陷长安之后，实际上很快就陷入了各方军阀的围剿之中。身处孤岛的黄巢并未及时收拾民心，反而开始在城中制造白色恐怖，将很多反对他的人剜去双眼，枭首示众，一时间，"家家流血如泉沸，处处冤声声动地"；尤其是他在被迫放弃长安又卷土重来之后，更是"纵兵屠杀，流血成川"，将整座长安城变成了一座黑色的人间地狱。黄巢自己，迅速由一位卓越的农民起义领袖蜕变成了一个杀人魔王。

作为这场大劫难的目击者，因应举羁留长安的韦庄，和亲人一度离散，中和三年（883），当他在东都洛阳借"秦妇"之口创作完这首史诗巨制，便打马东奔，向江南避乱。应当说，韦庄将这首诗献给他要投奔的镇海军节度使周宝时，对这位地方军阀还是满怀期待的。然而，唐末乱世早已如棋局崩散，没有一处可立身之地，随着周宝被乱兵所逐，韦庄也开始在四处硝烟中继续颠沛流离。他曾辗转于山东、河南、河北、江西、江苏、湖北等地，直到乾宁元年（894）回到已经收复的长安，又应试参加科举考试，在年近六十岁时得中进士，被朝廷任命为"草诏"的校书郎，开始自己的宦海生涯。

然而，在垂老之年释褐为官的韦庄，经历了离乱之苦、颠簸之痛，已全然高兴不起来。《唐才子传》云："（韦）庄早尝寇乱，间关顿踬，携家来越中，弟妹散居诸郡。西江、湖南，所在曾游，举目有山河之异，故于流离漂泛，寓目缘情，子期怀旧之辞，王粲伤时之制，或离群轸虑，或反袂兴悲，四愁、九愁之文，一咏一觞之作，俱能感动人也。"正是身处残唐的这种黍离之悲，让韦庄的诗歌沉郁顿挫，充满了末世的苍凉。许多学者喜欢将韦诗与杜诗作比，认为二者有着太多的共同性：一个经历了安史之乱的大动荡，一个经历了军阀混战的大洗劫；一个见证了玄宗仓皇奔蜀的历史玩笑，一个目睹了僖宗狼狈入川的历史惨相；一个用圆熟的律诗记录了大唐由盛转衰的历史，一个用悲凉的文字唱响了大唐最终走向覆亡的哀歌。诚如施蛰存先生评介《秦妇吟》时所云："它是反映唐代政治现实的最后一首史诗，正如杜甫的《北征》是盛唐的最后一首史诗。"

如果说《秦妇吟》是韦庄一介布衣时的诗作，那么当他穿上大唐官服，成为末代朝官，这种悲凉的基调不是减少了，而是更多了。沿着韦庄的诗歌轨迹行走，我们可以看到，"断肠"这样的字眼几乎贯穿始终，"暖丝无力自悠扬，牵引东风断客肠""更把马鞭云外指，断肠春色在江南""明月客肠何处断，绿槐风里独扬鞭""入耳便能生百恨，断肠何必待三声"……这些断肠之句，没有十年离乱的经历，是断然写不出来的。也正因如此，韦庄的诗行中另一个意象便跳将出来，那就是"梦"。"江雨霏霏江草齐，六朝如梦鸟空啼。无情最是台城柳，依旧烟笼十里堤"，这是韦庄在借景寄慨；"有国有家皆是梦，为龙为虎亦成空"，这是韦庄在仰天一叹；"落星楼上吹残角，偃月营中挂夕晖"，这是韦庄在托物伤怀……而这首《忆昔》，更是与杜甫的《忆昔》异曲同工！

> 昔年曾向五陵游，子夜歌清月满楼。
> 银烛树前长似昼，露桃花里不知秋。
> 西园公子名无忌，南国佳人号莫愁。
> 今日乱离俱是梦，夕阳唯见水东流！
>
> ——韦庄《忆昔》

韦庄在以梦为意象的文字中渴望着"旧梦重现"，然而唐帝国的车驾已经日暮途穷。经历过流亡的颠簸和惊吓，回到长安的僖宗不久便暴疾而终。这位仅仅活了二十七岁的皇帝，在他短暂的执政期里，除了留下遍地烽火和一城废墟，没有留下任何政声。接替他的，是懿宗第七子李杰，是为昭宗。晚唐政治早已是宦官政治，在宦官的把持下，皇帝不过是一个由他们摆布的道具，当被宦官们推上皇位的僖宗在浑浑噩噩中死去，新即位的昭宗则成为操控于宦官手中的另一个傀儡。然而，这位年轻的新皇帝与僖宗有所不同，《旧唐书》载："帝攻书好文，尤重儒术，神气雄俊，有会昌之遗风。以先朝威武不振，国命浸微，而尊礼大臣，详延道术，意在恢张旧业，号令天下。即位之始，中外称之。"韦庄在这位意在重振帝国雄风的昭宗身边供职，也仿佛看到了一丝希望。乾宁三年（896），西川节度使王建与东川节度使顾彦晖相互攻击，昭宗觉得有必要展示一下皇帝的权威了，遂命韦庄为判官，配合谏议大夫李询奉使入蜀，前往劝二人和解。然而，彼时的昭宗明显高估了自己作为末世皇帝的话语权，同时也低估了雄踞四川的王建的实力。当年僖宗逃亡四川时，王建不过是权倾朝野的大宦官田令孜的义子，但当他杀了田令孜并最终"获封"西川节度使之后，已然成为一支可以与朝廷抗衡的势力。在这种情况下，昭宗想当然的"皇威"，又怎么会被王建放在眼里呢？这位巴蜀枭雄，不仅对谏议大夫李询和韦庄宣读的诏书毫不理会，而且继续大战顾彦晖并大败之，占据了两川之地。日渐成势的王建彼时也开始有意搜罗人才，以图日后大举，通过一番接触，发现韦庄颇具才能，便有意招韦庄至自己麾下，可当时韦庄并未立即答应。在韦庄看来，昭宗是一位有为之君，假以时日，大唐的这驾老马车也许会扳回正轨。正因如此，在回到长安韦庄被任命为左补阙之后，他安下心来做了两件文化整理的工作：一是与兄弟韦蔼合作编著了《又玄集》，集中收录了"才子一百五十人，名诗三百首"。尤其值得一提的是，收录了十九家女诗人的诗篇，开了诗集收录女子诗的先例。除此之外，暮年及第的韦庄对未能通过或参加科考的文人抱以深深的文人认同，积极为李贺、贾岛、温庭筠、陆龟蒙等十人奏请，追赠他们进士名誉或赠官。韦庄自蜀回京之后做的这两件文化工作，虽与政治无关，但从中却能看出韦庄对昭宗、对唐王朝的信心。

然而，毕竟走过近三百年的大唐王朝已如风中的沙漏，可悲地进入了倒计时。励精图治的昭宗不会想到，自己在此后短暂的帝王生涯中会随风飘零。在他亲手除掉了扶持自己的宦官杨复恭之后，却被另一个叫刘季述的宦官软禁起来；而当乱世军阀朱温平灭了宦官势力，昭宗已成为彻底的摆设，不久就被朱温乱刀砍死。最终，随着年仅十七岁的傀儡小皇帝昭宣帝李柷被鸩杀，三百年大唐基业风流云散，成为历史天空里的一缕烟尘。

>南北三年一解携，海为深谷岸为蹊。
>已闻陈胜心降汉，谁为田横国号齐。
>暴客至今犹战鹤，故人何处尚驱鸡。
>归来能作烟波伴，我有鱼舟在五溪。
>
>——韦庄《赠云阳裴明府》

这首诗是韦庄听到昭宗被软禁时所作。当唐王朝的国祚已经呈现无可挽回之势，韦庄深感绝望，"已闻陈胜心降汉，谁为田横国号齐"，在发出这声叹息不久，便死心塌地地投奔了在四川的王建。王建对韦庄的归顺大喜过望，当即命他为掌书记。据《唐诗纪事》载：朝廷"寻召为起居舍人，（王）建表留之"。而随着朱温鸩杀昭宣帝自立为帝，建国号梁，史称后梁，韦庄也劝进深耕巴蜀多年的王建称帝。这位绝望的前朝遗老面对着四分五裂的天下大势，与众位将领对王建道："大王虽忠于唐，唐已亡矣，此所谓天与不取也。"并率官吏民众大哭三天后，拥戴王建即皇帝位，天复七年（907），王建称帝，国号大蜀，史称"前蜀"。韦庄晋升左散骑侍，判中书门下事等官。次年韦庄被委以宰相之职，据《十国春秋》载，凡蜀之"开国制度，号令，刑政，礼乐，皆由庄所定"。这一系列举措使得蜀地减轻了战乱之患，而韦庄此后再也没离开这座天府之国，直至七十五岁病逝。

洛阳城里春光好，洛阳才子他乡老。柳暗魏王堤，此时心转迷。

桃花春水渌，水上鸳鸯浴。凝恨对残晖，忆君君不知。

——韦庄《菩萨蛮》

如果说在仕唐时期，韦庄用沉郁的诗歌表达着自己的悲怆，那么当他偏居巴蜀，成为一个小王朝的重臣，承接这种情绪的文体，已经由诗变成了词。虽然在前蜀小朝廷身居要职，官运亨通，但入蜀之后对家园的瞻望，对故乡的忧念，仍是韦庄挥之不去的心结，而最能表现这种去国怀乡之思的，就是韦庄一口气写下的五首《菩萨蛮》。"洛阳城里春光好，洛阳才子他乡老。"当年那段困顿洛阳的日子，已经让韦庄将洛阳看作了自己的第二故乡，而在过上锦衣玉食的生活之后，这种别样的乡愁不减反增。他怀念着自己曾经驻足的江南，认为"人人尽说江南好，游人只合江南老"，又说"未老莫还乡，还乡须断肠"，叶嘉莹先生认为这是借江南之美，来写"游子的故乡之思，则未尝或忘也"。他感慨"春愁南陌，故国音书隔"，又写"谁向桥边吹笛，驻马西望销魂"，俞陛云《五代词选释》直指其"思唐之意，其言悔结同心，倚栏深思者，身仕霸朝，欲退不可，徒费深思，追梦觉而风琴触绪，斜月在窗，写来悲楚欲绝"。这种去国怀乡之思，弥散在巴山蜀水之间，构成了韦庄生命最后十几年里标签式的词风。尽管留存不多的韦词中不乏妍姿清趣、闺阁怨情，但总体的姿态，却是翘首伫立的望乡之姿。《白雨斋词话》评曰："韦端己词，似直而纡，似达而郁，最为词中胜境。"而宋人周济在评价温庭筠、韦庄这两位"花间词人"时，更是切中肯綮。在他看来，"飞卿，严妆也；端己，淡妆也"，认为温庭筠的词精工艳丽，有如着浓妆的妇人，而韦庄的词则清丽疏淡，有如着淡妆的妇人。而放眼中国文人以诗为词的历史源头，我们发现，韦庄无疑是重要的导入者和开创者之一。我们当然不能回避有些韦词是应歌而作，但韦词所特有的诗性却让词冲破了"艳科"的羁绊，直接为后世苏东坡等人的"以诗为词"延宕开了一条新的思路。诚如夏承焘先生所说："文人拿词作抒情工具，使它逐渐脱离了音乐而自有其文学的独立生命的，在北宋是著名的作家苏轼。苏轼以前要数到李煜和韦庄。我们原不能说韦庄的词完全不是为应歌而作，在那个时代里那是不可能的；但他的词因为有自己的生活内容，因为他是拿词作为抒情工具的，便自然会和那些只为应歌而作的作品分路了。我们读他的《谒金门》《女冠子》这类词，有那样洋溢的生活感情，是不可能想象它是只为应歌而作的。"

史载，一生师杜的韦庄入川后，对杜甫曾生活过的浣花溪做过一番深情的踏访。韦蔼《浣花集序》云，韦庄曾在"浣花溪寻得杜工部旧址，虽芜没已久，而柱砥犹存，因命芟夷，结茅为一室。盖欲思其人而完其庐，非敢广其基构耳"。而韦庄在生命弥留之际，一直吟诵的诗句，则是杜甫的"白沙翠竹江村暮，相对柴门月色新"。这位和杜甫一样最终也没能回到故乡的文人，站在晚唐五代的分界线上，用自己特有的"诗史"和杜甫形成了精神上的对应，同时，也用自己特有的词风开启了李煜、苏轼的情感之门。"洛阳才子他乡老"，这是韦庄的时代宿命，当然，也是后世的文化偏得。

跋：穿越唐朝，坐望喧嚣

写完最后一个字，不是如释重负，而是依依不舍。

以唐诗为载体，切入历史的深处，自上大学起，就是我比较喜欢的言说方式，而萌生以唐诗观照唐史的想法，却是源于四年前的秋天，在唐诗和唐史中逡巡日久，便有了让这两条线交叉的冲动。我当时给自己的写作定了一个基本的计划：共分三卷，第一卷《帝王和帝国事》，侧重以唐诗审视唐史，第二卷《诗人和人间世》，侧重唐代诗人的命运辗转，第三卷《众生和烟火气》，侧重唐人的风俗流变。这是一个逼自己系统学习的工程，也注定是一个旷日持久的工程，四年前当我写下《去唐朝》这部三卷本的第一个字，我已披挂征衣，勇往直前。

事实证明，这是一次痛并快乐着的征程。当我走进卷帙浩繁的诗歌和卷帙浩繁的史料，我感受到的是爬梳文字的艰辛，体味到的是力图超越的不易，但更多的，是享受穿越历史的欢愉。近三百年的大唐历史，从来就没有言说的边界，每个人的视角不同，决定了这锅"冷饭"可以常炒常新，而我在不断掘进的过程中，也总在收获着惊喜，收获着一个穿越者的快乐。以唐诗为翼，我的航程里，是近三百年的繁华与喧嚣：武德、贞观、神龙、开元、天宝、永贞、元和、会昌……这些夹带着风雷的年号，让我视野里的大唐王朝充满了高山深谷，也总能见到大河奔流；走近陈子昂、骆宾王、李白、王维、韩愈、白居易、李贺、李商隐这些星光粲然的名字，我看到他们的意气风发，"仰天大笑出门去，我辈岂是蓬蒿人"，也看到他们的家国情怀，"孰知不向边庭苦，纵死犹闻侠骨香"；坐望唐人的生活，我更感受到这群活跃在公元七世纪至九世纪之间的人的生活情趣和审美追求，他们用心地烹制着人间至味，开朗地融入盛世欢歌，诗意地栖居行止，虔诚地拥抱精神之乡……

这样的飞行，让我眼花缭乱，也让我兴奋不已。唐诗为我编织的片片羽翼，助力我在大唐三百年这个横切面中可以自由地锁定历史、政治、文化、艺术、经济、军事、民俗等诸多坐标。在这些耀眼的唐代坐标上，我常常会坐望良久，感受王朝的律动，谛听市井的喧嚣。唐史的迭宕壮魄、气势如虹，唐人的刚健奋扬、开放包容，常令我按捺不住创作的冲动，挫入笔端，化作深沉的歌吟。我相信，李白的醉卧长安是可以理解的，长安是大唐王朝最光鲜的符号，唐人的喜怒哀乐、唐史的风云变幻，都在这个符号下弥散、放大；我也相信，高适的击剑酣歌是只属于唐人的，生逢奔放豪纵的时代，势必诞生奔放豪纵的诗人；我更相信，王维的长河落日不仅是状写边塞的风光，更是抒写唐人的生命状态和精神皈依……是的，沉浸于唐人的这种喧嚣，我已不想抽离，不愿抽离。

  感谢家人给我的持续热力,让我每天都像个精神饱满的攀登者;感谢黄佳梦先生的鼎力相助,让我不舍昼夜,快马加鞭;感谢余慧敏女士的蕙质兰心,让我孜孜不倦,务求甚解。最后,我还要感谢拜根兴教授的严谨校阅,慨然作序,让我的前行多了一份自信和底气。

  "星垂平野阔,月涌大江流。"唐诗开阔的意境总是在导引着人们走上不断求索的道路,我相信,此作完成,不是自己研习唐诗的终点,而是一个全新的起点,全新的征途!

常 华

2021年7月7日